Herbert Steffny | Dr. Wolfgang Feil

DIE GROSSE LAUF-DIÄT

Herbert Steffny | Dr. Wolfgang Feil

DIE GROSSE LAUF-DIÄT

richtig essen | richtig laufen | richtig schlank

südwest

INHALT

VORWORT

Damit es besser läuft

Mit der Lauf-Diät kombinieren wir alle Möglichkeiten, wie Sie zu mehr Vitalität kommen. Ganz nebenbei werden Sie dauerhaft schlank. Erfolgsgaranten sind stoffwechselaktivierende Ernährungs- und Bewegungspläne – einfach und mit viel Freude durchzuführen. Dadurch bekommen Sie einen klaren Rahmen an die Hand, bei dem nichts dem Zufall überlassen ist. Freuen Sie sich jetzt schon auf Ihren Erfolg!

Eine Laufdiät? Oh Schreck! Klingt das denn nicht gleich doppelt abschreckend-asketisch? Laufen, um Gottes willen! Da kommt bei vielen der 1000-Meter-Lauf, ein traumatisches Erlebnis aus der Schulzeit, wieder hoch. Sport ist Mord, und dazu gibt es dann wohl noch Magerkost? Gesund vielleicht schon, aber fad. Das soll die Lösung für die überflüssigen Pfunde sein? Jawohl, und zwar für immer! Allerdings ist unser Weg viel lustvoller, als Sie vielleicht denken.

Schlank mit Spaß

Es geht in der Tat um sanfte Bewegung in Kombination mit vitalstoffreicher Ernährungsoptimierung mit Elementen aus der asiatischen und mediterranen Küche. Sie werden sehen, dass Sie sich bei der stoffwechselaktivierenden Bewegung und Ernährung weder quälen noch auf Geschmack verzichten müssen. Im Gegenteil, Sie werden sogar Spaß daran finden und nebenbei weitaus mehr bekommen, als Sie jemals gedacht haben. Wir wollen nämlich nicht nur, dass Sie erfolgreich und nachhaltig abnehmen, sondern auch, dass Sie mit mehr Lebensqualität gesünder und leistungsfähiger werden, einfach gut drauf sind!

Schluss mit dem Diätwahn!

Haben die klassischen Diäten – und davon gibt es viele Hunderte – Sie bisher weitergebracht? Dann würden Sie wahrscheinlich dieses Buch nicht lesen. Viele Versprechungen und Rezepturen, die oft auf Halbwahrheiten, Desinformationen, Weltanschauungen, kommerziellen Interessen oder flüchtigen Trends beruhen und nicht selten sogar stark die Gesundheit schädigen können. Diätbücher füllen in den Buchläden ganze Regale. Die Titel sind so verheißungsvoll wie verwirrend. Kostprobe? »Fit mit Fett« heißt es hier, und daneben steht vielleicht der Titel: »Fit ohne Fett«. Ja, was denn nun? Auch der Blätterwald der Frauen- und Fitnesszeitschriften verheißt immer etwas Neues – und natürlich noch Besseres. Mal wird Fett verteufelt, dann wieder die Kohlenhydrate. Findige Autoren bieten witzige Varianten an: Wie wäre es

Ihre Coaches: links Herbert Steffny, u. a. Diplombiologe, 16-facher Deutscher Meister und Marathon-Olympiateilnehmer, seit 30 Jahren Fitnessseminarveranstalter und Bestsellerautor, rechts Dr. Wolfgang Feil, u. a. Biologe und Sportwissenschaftler, Dozent an der Hochschule Furtwangen und aktiver Läufer.

z. B. mit einer »Schnaps-mit-Bockwurst-Diät«? Sie ahnen, da läuft etwas nicht richtig. Apropos Laufen: Bei den meisten konventionellen Diäten erhalten Sie, wenn überhaupt, den lapidaren Hinweis, dass Sie sich auch bewegen sollten. Das war's dann schon. Bei uns bekommen Sie die komplette Anleitung!

Machen Sie eine gute Figur!

Hatten Sie das Gefühl, dass es ab dem Alter von 30 immer schwerer wurde, Ihr Gewicht zu halten? Haben Sie vielleicht mit Diäten wie viele zunächst Anfangserfolge gehabt und einige Kilogramm abgenommen? Schon bei der nächsten Diät erging es Ihnen genauso, aber anschließend kamen wieder ein paar Pfunde zusätzlich auf die Hüften? Haben Sie genug vom Jo-Jo-Effekt und suchen einen wirklich leicht gangbaren Weg, nicht nur ein für alle Mal das lästige Übergewicht loszuwerden, sondern auch dabei fitter und gesünder zu werden? Sie möchten sich vor anderen und sich selbst auch nicht mehr mit dem leichtgewichtigen Argument »Ich habe eben schwere Knochen« herausreden? Ihnen ist längst klar, dass die Veranlagung nicht allein schuld sein kann und dass es auch kein Wundermittel in Pillenform geben wird?

Diätlust statt -frust!

Eines ist ganz klar: Es wird sich nichts ändern, wenn Sie sich nicht selbst verändern! Wir helfen Ihnen und bringen Licht ins Dunkel. Aus der Sicht der jahrzehntelangen Berufspraxis zweier Biologen, eines erfahrenen Lauftrainers und eines Nährstoffspezialisten, erfahren Sie in diesem Buch, wie durch eine umfassende Stoffwechseloffensive Ihre Körperzellen richtig aufblühen und zu voller Vitalität finden. Wir zeigen Ihnen, welche Lebensmittel die hormonellen Kreisläufe wieder in Schwung bringen, was Sie essen können, damit Ihr inneres Feuer richtig lodert, und wie Sie mit viel Spaß an Bewegung Ihren »inneren Ofen« am Glühen halten. Durch diese Ganzkörper-Stoffwechseloffensive gehen im ersten Monat ganz nebenbei sechs Pfund und im zweiten Monat sogar sieben Pfund weg – und sie funktioniert ohne frustrierendes Kalorienzählen, sie bringt Lust ins Leben; kleinere Sünden sind erlaubt, gewollt und eingerechnet. Durch den erhöhten Stoffwechsel können Sie sich die ohne schlechtes Gewissen sogar leisten.

Spielen Sie die Joker aus!

Sie lernen in diesem Buch die sieben wichtigsten Stoffwechseljoker kennen, die wir für Sie in einen ausgeklügelten Trainings- und Ernährungsplan liebevoll eingearbeitet haben. Durch einfache, schnelle, aktivierende und leckere Rezepte können Sie sich sofort auf den Erfolgsweg begeben. Die Lauf-Diät nach Herbert Steffny und Dr. Wolfgang Feil wird nicht nur für Sie zum Erfolg führen, sondern beschreibt die hochwertigste und damit beste Versorgung für Ihre gesamte Familie.

Wir freuen uns, Sie auf Ihrer Stoffwechseloffensive auf dem Weg zum Gourmetläufer begleiten zu dürfen!

Herbert Steffny und Dr. Wolfgang Feil

DAS JOKERSYSTEM

Der Weg zum Erfolg

Erfolgreiches Gewichts- und Vitalitätsmanagement braucht viele Trümpfe und Joker. Sie sind immer auf der Gewinnerseite, wenn Sie durch möglichst viele Joker Ihren Bestand an Trümpfen deutlich ausbauen. Mit den Jokern aus der Lauf-Diät macht es Ihnen Spaß, laufend vitaler zu werden. Ganz nebenbei werden Sie immer mehr Pfunde los.

Gesunde, junge Menschen haben einen agilen Stoffwechsel: Die körpereigene Hormonproduktion läuft auf vollen Touren, und man fühlt sich fit und energiereich. Schon ab dem Alter von 35 produziert der Körper jedoch immer weniger von diesen fitmachenden Hormonen. Ohne Gegensteuerung gelangen Sie in die Stoffwechselfalle: Ihre hormonellen Regelkreise laufen verlangsamt ab – mit der Folge, dass sich mehr Fett anlagert und die Muskulatur weniger wird. Wenn jetzt nicht gegengesteuert wird, steigt das Körpergewicht jedes Jahr stetig an.

Mit diesem Buch bekommen Sie diejenigen Steuerungselemente an die Hand, mit denen Sie Ihren Stoffwechsel wieder flottkriegen, sodass die Fetteinlagerungen verschwinden und Sie dafür wieder Muskulatur aufbauen. Diese Steuerungselemente sind Ihre sieben Stoffwechseljoker. Wenn Sie alle diese Joker ausspielen, werden Sie der fatalen Stoffwechselfalle dauerhaft entrinnen. Bei unseren Rezepten ab Seite 102 haben wir alle Joker für Sie eingearbeitet, sodass Sie sofort mit Ihrem Erfolgsplan beginnen können.

DIE ERNÄHRUNGS-JOKER

THERMOGENESEJOKER

Das Feuer entfachen

Jedes Lebensmittel liefert dem Körper Energie. Einen Teil verbraucht der Körper sofort für die Verarbeitung dieses Lebensmittels im Darm, für den Transport der aufgespaltenen Nährstoffe und die Speicherung im Körper. Dieser Energieaufwand liegt im Durchschnitt bei ungefähr 10 % der täglichen Energieaufnahme. Die Ernährungswissenschaft spricht bei diesem Energieverbrauch durch die Nahrungsverarbeitung von Thermogenese, da diese Energie in Form von Wärme abgeleitet wird.

Mit Scharfem den inneren Ofen anfeuern

Sie haben diesen Thermogeneseeffekt sicher auch schon gespürt, wenn Sie z. B. beim Chinesen oder beim Inder eine scharfe Speise gegessen haben. Da wird es Ihnen warm, ohne dass Sie sich bewegen, Sie haben Ihr inneres Feuer gezündet, und der Kalorienzähler läuft. Stark belebend auf das innere Stoffwechselfeuer wirken Gewürze, frische Kräuter und Keimlinge.

Bei der Stoffwechseloffensive heizen Sie Ihren inneren Ofen richtig an; die Rezepte der Stoffwechseloffensive sind durch das Mehr an Gewürzen, Kräutern und Keimlingen ein Genuss für Ihren Gaumen. Nebenbei kräftigen Sie auch Ihr Immunsystem, Ihr Herz und Ihre Blutgefäße.

Damit Sie sich langsam an die pikantere Note in Ihren Speisen gewöhnen, sollten Sie Ihren Speiseplan im Bereich der Gewürze aufsteigend gestalten: Jede Woche legen Sie also ein zusätzliches Scheitchen für Ihren inneren Ofen nach.

Auf Pfeffer und Chili setzen

In der ayurvedischen Medizin wurde Pfeffer traditionell eingesetzt, um schlechte Bakterien in Lebensmitteln fernzuhalten oder abzutöten. Wir setzen Pfeffer in der Stoffwechseloffensive verstärkt ein, da er auf den Kreislauf anregend wirkt und die Durchblutung der Schleimhäute fördert. Mehrere neue wissenschaftliche Untersuchungen konnten inzwischen nachweisen, dass durch Pfeffer die Nährstoffverwertung entscheidend verbessert wird. Ihrem Körper stehen dadurch insgesamt deutlich mehr Mineralstoffe, Spurenelemente, Vitamine und pflanzliche Wirkstoffe aus der Nahrung zur Verfügung. Ebenfalls hat ein Wirkstoff im Pfeffer, das Piperin, die Fähigkeit, Ihre Blutgefäße zu schützen und schön elastisch zu halten.

Da wir bei der Stoffwechseloffensive generell mehr Gemüse und Ballaststoffe aufnehmen (siehe Seite 32), könnte es während der Umstellungsphase verstärkt zu Blähungen kommen. Hiergegen hilft die höhere Pfeffermenge auch, da Pfeffer vermehrte Gasbildung verhindert. Greifen Sie also großzügig zur Pfeffermühle, lassen Sie den Salzstreuer links liegen. Zeigen Sie sich geizig beim Salzen und Nachsalzen: Salz fördert nämlich die Ausschwemmung von Kalzium – was kontraproduktiv für unsere Stoffwechselziele ist. Pfeffer hat jedoch bei extrem hoher Dosierung einen Nachteil: Bei ca. 1,5 Gramm bzw. einem halben Teelöffel pro Mahlzeit wirkt Pfeffer stark reizend auf die Magenschleimhaut. Daher sollte Pfeffer möglichst regelmäßig bei jeder Mahlzeit, aber moderat zugeführt werden.

Kaum zu glauben, aber wahr: Schützend für die Schleimhäute wirkt Chili. Da Chili ebenfalls Ihre Fettverbrennung erhöht und gleichzeitig einen Schutzfaktor für die Schleimhäute (und damit auch für den Magen) bereitstellt, kombinieren wir bei der Stoffwechseloffensive immer den Pfeffer mit ausreichend Chili. Chili wird heute aufgrund des Schleimhautschutzes in der modernen Medizin auch erfolgreich bei Magengeschwüren oder Magenblutungen eingesetzt, was vor einigen Jahren undenkbar gewesen wäre. Der Wirkstoff im Chili, das Capsaicin, hält darüber hinaus Ihr Blut flüssig und beugt auf diese Weise Embolien vor; außerdem kräftigt Chili Ihr Immunsystem. Die Liste der positiven Effekte von Chili geht weiter: Es konnte nachgewiesen werden, dass Chili glücklich macht, indem er die Endorphinproduktion im Gehirn ankurbelt.

Aus all diesen Gründen sollten Sie künftig auf Chili und Pfeffer bei keiner Mahlzeit mehr verzichten. Selbst für den Nachtisch- und Süßspeisenbereich haben wir für Sie Rezepte mit Chili und Pfeffer zusammengestellt. Lassen Sie sich überraschen und freuen Sie sich schon an dieser Stelle auf die leckeren Süßspeisen mit der exotischen Geschmacksnote! Diese Süßspeisen genießen Sie ohne Reue. Sie können sich das gar nicht vorstellen? Dann haben wir für Sie alternativ einen tollen Tipp parat:

Tipp – Chilischlucken

Schlucken Sie nach jeder Mahlzeit ein bis drei kleine Chilis einfach mit Wasser (so wie eine Kapsel oder Tablette). Beim Chilischlucken empfehlen wir, die kleinen Chilis zu verwenden (Größe fünf bis zehn Millimeter). Fragen Sie in Ihrem Bioladen danach!

Der aktivierende Effekt einer mit Chili gewürzten Mahlzeit basiert auf der höheren Durchblutung der Schleimhäute im Mund-, Rachen- und Darmbereich und der Aktivierung des Hitzerezeptors im Gehirn. Deshalb ist die mit Chili gewürzte Mahlzeit aktivierender, als wenn Sie Chili in Kapseln oder als kleine Stücke nach einer Mahlzeit schlucken. Den größten Effekt, überflüssige Pfunde nachhaltig loszuwerden, haben Sie, wenn Sie beide Strategien kombinieren: Nehmen Sie zukünftig also etwas mehr Pfeffer sowie deutlich mehr Chili beim Kochen und schlucken Sie nach der Mahlzeit die kleinen Chilis. Wenn Sie sich diese Chilianwendung zur Gewohnheit machen, ist Ihr Erfolg am größten. Sie stabilisieren ganz nebenbei Ihr Immunsystem und versorgen Ihren Körper mit einem überragenden Krebsschutzfaktor.

Fangen Sie jedoch schleichend mit dem Chilischlucken an: In der ersten Woche einen Chili pro Tag, in der zweiten Woche einen Chili pro Mahlzeit, und ab der dritten Woche können Sie dann die Dosierung nochmals erhöhen. Chiliprofi sind Sie, wenn Sie die Chilis vor dem Schlucken kurz zerbeißen und anschließend mit viel Wasser nachspülen. Wenn Ihnen dies zu scharf wird, dann spülen Sie mit Buttermilch nach – das nimmt die Schärfe sofort.

Auch Daniel Unger vertraute auf scharfe Helfer – und wurde völlig überraschend für die Triathlonszene nicht zuletzt dank der Nährstoffbetreuung durch Dr. Feil Weltmeister.

Ingwer, Kurkuma und Zimt neu entdecken

Diese Gewürze werden in der traditionellen östlichen Medizin schon mehrere Tausend Jahre lang angewendet. Auch sie beschleunigen den Stoffwechsel und erhöhen dadurch den Fettabbau. Ihre Speisen bekommen so gewürzt darüber hinaus eine besondere Note. Wir setzen Ingwer, Kurkuma und Zimt verstärkt auch deshalb ein, da diese drei Gewürze Ihre Gelenke zusätzlich vor vorzeitigem Abbau schützen und Ihr Immunsystem kräftigen. So können Sie auch in vielen Jahren noch voller Lust laufen, schwimmen und Rad fahren oder sich mit den »Jungen« auf Musik gekonnt bewegen.

Ingwer sollte immer als Wurzel gekauft werden – wählen Sie glatte, unverschrumpelte Ingwerteile aus, da diese frischer sind. Nach dem Waschen kann frischer Ingwer ungeschält benutzt werden; wenn die Schale jedoch schrumpelig ist, dann sollte sie weggeschnitten werden, allerdings nur dünn, um die wirksamen Gingerole nicht zu sehr zu reduzieren. Wir schätzen an Ingwer auch dessen Kapazität, Blähungen zu verhindern (siehe auch Seite 13).

Zimt und Kurkuma verwenden wir als Pulver. Freuen Sie sich jedes Mal bei der Verwendung von Zimt auch für Ihren Magen; dieser wird durch Zimt unangreifbar für Helicobacter pylori, ein Bakterium, das Magengeschwüre verursacht. Auch Hefepilze (Candidainfektionen) werden durch Zimt an der Ausbreitung gehindert.

In unserer westlichen Küche bislang kaum bekannt ist Kurkuma. Wir haben Kurkuma in unsere stoffwechselaktivierenden Rezepte eingearbeitet, da wissenschaftliche Untersuchungen zeigten, dass Kurkuma die Cholesterinwerte senkt, vor der Alzheimererkrankung schützt und sogar bestehende Alzheimerplaques im Gehirn zurückbilden kann.

Scharfe Helfer – Meerrettich, Senf, Knoblauch und Zwiebel

Auch Meerrettich, Senf, Knoblauch und Zwiebel unterstützen Sie darin, dass Ihr Feuer über den Tag entfacht bleibt. Das

Gemeinsame dieser Lebensmittel sind deren schwefelhaltige Inhaltsstoffe wie z. B. das Alliin oder die Isothiocyanate. Die vor Krebs schützende Wirkungsweise dieser Stoffe wurde mehrfach belegt. Selbst bei vorhandenem Krebs wirken Zwiebel & Co. einer weiteren Ausbreitung des Krebses entgegen. Im Fachjargon spricht man von einem Schutz vor Metastasenbildung. Auch unerwünschte Keime wie z. B. Helicobacter pylori, Hefepilze oder Staphylococcus aureus werden wie von Zimt durch diese schwefelhaltigen Lebensmittel verdrängt. Im Kasten unten sind weitere wissenschaftlich belegte gesundheitliche Wirkungen dieser Schwefelverbindungen aufgelistet. Sie sehen, dass Meerrettich, Senf, Knoblauch und Zwiebel reine Goldgruben für Ihre Gesundheit sind, und daher haben wir, so oft es möglich war, diese Lebensmittel in der Stoffwechseloffensive berücksichtigt.

Neben den Schwefelverbindungen zeichnen sich Meerrettich, Senf, Knoblauch und Zwiebel auch durch den hohen Bioflavonoidgehalt aus. Dieser kräftigt Ihr Immunsystem und schützt vor Herzinfarkt. Zwiebeln gehören zu den »Top four« der bioflavonoidreichen Lebensmittel. Bei regelmäßigem Verzehr von Zwiebeln ist statistisch belegt, dass sie das Herzinfarktrisiko um 20 % senken können (die anderen Top-four-Lebensmittel sind Äpfel, grüner sowie schwarzer Tee und Brokkoli).

Wirkungen von Allizin und Isothiozyanaten

Wissenschaftlich nachgewiesen sind:

- Erfolgreiches Gewichtsmanagement
- Senkung des Blutdrucks
- Senkung der schlechten LDL- und Gesamtcholesterinwerte
- Erhöhung des schützenden HDL-Cholesterinspiegels
- Senkung der herzinfarktauslösenden Triglyzeridwerte
- Kräftigung des Immunsystems
- Verdrängung von Helicobacter pylori und dadurch Schutz vor Magenkrebs
- Schutz vor Darmkrebs
- Schutz vor Metastasenbildung
- Verbesserung der Blutzuckerwerte bei Diabetes mellitus
- Abbau von Entzündungen und damit gut bei Rheuma und entzündlicher Arthrose
- Schutz vor vorzeitigem Altern (Zellschutz)
- Antimikrobielle Wirkung gegen Candida (Hefepilz) und Staphylococcus aureus

Holen Sie mehr aus Zwiebel & Co.

Einer der Hauptinhaltsstoffe, das Alliin, ist in der Zwiebel oder im Knoblauch schön verpackt – getrennt davon ist ebenfalls verpackt das Enzym Alliinase. Sobald beim Schneiden von Zwiebeln oder Knoblauch diese beiden Stoffe zusammenkommen, entsteht der Aktivstoff Allizin, der für die Wirkung von Zwiebel und Knoblauch verantwortlich ist. Aus diesem Grund riechen ungeschnittene Zwiebeln oder Knoblauchzehen relativ moderat. Zur vollen Allizinausbildung ist es erforderlich, aufgeschnittene Zwiebeln oder Knoblauchzehen fünf bis zehn Minuten ruhen zu lassen. Werden diese Lebensmittel nach dem Schneiden sofort angebraten, kann sich nicht genügend Allizin bilden, und sie verlieren einen Großteil der Wirkstoffe. Die Praxis, geschnittene Zwiebel- und Knoblauchstücke fünf bis zehn Minuten ruhen zu lassen, wurde in einer Studie mit Tieren bestätigt: Knoblauch, der sofort nach dem Schneiden angebraten wurde, bot keinen Krebsschutz, während Knoblauch, den man ruhen ließ, die Tiere vor der Krebsentwicklung schützen konnte.

Dieser Praxistipp ist für die Stoffwechseloffensive auch deshalb so bedeutsam, da genau dieses Allizin wichtig für ein erfolgreiches Gewichtsmanangement ist: Tieren wurde eine Kost vorgesetzt mit gleicher Kalorienzahl, allerdings einmal mit und einmal ohne Allizin. Die Tiere, die das Allizin bekommen hatten, nahmen deutlich weniger zu im Vergleich zu den Tieren, die den Wirkstoff nicht bekommen hatten.

So verheimlichen Sie Ihren Zwiebel- und Knoblauchkonsum

Nach einer zwiebel- oder knoblauchhaltigen Mahlzeit verhindert das Kauen von Blattpetersilie und von Fenchelsamen die starke Ausdünstung der gesundheitsfördernden Schwefelverbindungen. In der Stoffwechseloffensive arbeiten wir mit reichlich Zwiebel und Knoblauch – deshalb haben wir bei den Rezepten immer gleichzeitig viel Petersilie eingearbeitet. Generell empfehlen wir, auf dem Tisch ein Schälchen mit indischen Verdauungsgewürzen bereitzuhalten, da hier immer Fenchel enthalten ist (erhalten Sie im Feinkostgeschäft).

Frische Kräuter – da lodert das Feuer auf

Frische Kräuter geben Ihren Speisen die richtige Würze und kurbeln den Stoffwechsel lang anhaltend an. Außerdem wecken sie die Lebensgeister und kräftigen Ihr Immunsystem. Es gibt keine Lebensmittel, die pro Gramm eine ähnlich hohe Nährstoffdichte haben. Deshalb setzen wir überall dort frische Kräuter ein, wo es möglich ist.

Die Kräuter werden dabei nicht gekocht, sondern immer erst beim Anrichten über die Gerichte gestreut oder kalt verarbeitet. Auch in Saucen kommen die frischen Kräuter erst unmittelbar vor dem Servieren.

Ganz besonders stoffwechselaktiv wirken Schnittlauch, Petersilie, Rosmarin und Basilikum. Während Schnittlauch viel schwefelhaltige Inhaltsstoffe enthält, die Ihre Belastbarkeit erhöhen, zeichnet sich Petersilie durch reichlich Pflanzenwirkstoffe aus, die Ihren Körper vor dem Altern schützen. Allerdings sollten Sie jetzt nicht täglich Petersilie bundweise essen, da solche Übermengen an Petersilie auch zu Herzrhythmusstörungen führen können. Ebenso sollten Schwangere keine größere Petersilienmenge essen, da der Inhaltsstoff Apiol

Nachgewiesene Wirkungen von Gewürzen und Kräutern

	Aktivierend, fettverbrennend	Cholesterin-senkend, zellschützend *, blutverdünnend **	Gelenkschützend, entzündungs-abbauend	Stabilisierend für das Immunsystem ***	Sonstige Wirkungen
Chili	x	x	x	x	Schutz vor Magengeschwüren
Pfeffer	x	x	x	x	Schutz vor anderen Bakterien, gut gegen Blähungen; erhöhte Verwertung von Vitaminen, Mineralstoffen, Spurenelementen und Pflanzenwirkstoffen
Ingwer	x	x	x	x	Gut gegen Blähungen
Kurkuma	x	x	x	xx	Schutz vor der Alzheimerkrankheit
Zimt	x	x	x		Schutz vor Candida (Hefepilze C), Schutz vor Helicobacter pylori, gut bei Diabetes mellitus
Schnittlauch	x	x	x	x	Schutz vor Candida (Hefepilze C), Helicobacter pylori und Staphylococcus aureus
Petersilie	x	x	x	xx	
Basilikum	x	x	x	x	Schutz vor Staphylococcus aureus
Oregano	x	x	x	x	
Rosmarin	x	x	x	x	Gehirnaktivierend, entgiftend
Salbei	x	x	x	x	Gehirnaktivierend, entgiftend

* Schutz vor Herzinfarkt ** Schutz vor Thrombose *** Schutz vor Krebs

auch die Gebärmuttermuskulatur anregt, was Fehlgeburten auslösen könnte.

Wir verwenden in unseren stoffwechselaktiven Rezepten darüber hinaus Basilikum. Basilikum schützt unsere Zellen vor dem Altern, unterdrückt krank machende Keime in der Ausbreitung und verringert Entzündungsreaktionen im Körper.

Auch Rosmarin und Salbei finden Sie in unseren Rezepten vermehrt, da deren Inhaltsstoffe die Aktivität Ihrer Leberenzyme erhöhen. So kann Ihr Körper vermehrt Schadstoffe ausleiten. Den beiden Kräutern wird auch nachgesagt, dass sie belebend auf die Gehirnaktivität wirken. So bleiben Sie körperlich und gleichzeitig geistig auf der Höhe.

Das gesundheitsfördernde Potenzial dieser aktivierenden Kräuter haben wir Ihnen in der Übersicht auf Seite 17 dargestellt. Wenn Sie sie durchsehen, werden Sie voller Lust und auch mit einer gewissen Ehrfurcht diese Kräuter und Gewürze einsetzen.

Wir haben für Sie die wirksamsten Rezepte aus unserer langjährigen Erfahrung in der Betreuung von Nationalmannschaften und Profisportlern zusammengestellt und diese nochmals weiter mit den beschriebenen Gewürzen und Kräutern bereichert. Entdecken Sie mit der Stoffwechseloffensive den umfassenden Einsatz dieser Gewürze und Kräuter, auch in bislang für Sie ungewohnter Umgebung (z. B. in aktivierenden, leckeren Frühstücksdrinks). Freuen Sie sich schon jetzt darauf!

Ernten Sie aus Ihrem eigenen Kräutergarten

Damit Sie immer genügend frische Kräuter zur Hand haben, empfehlen wir, Kräutertöpfe bereitzuhalten. Es wäre gut, wenn Sie jeweils zwei Töpfe Schnittlauch, Petersilie und Basilikum kaufen würden – bei Rosmarin und Salbei reicht ein Topf.

Stoffwechselaktivatoren Keimlinge

Lassen Sie Samen und Getreidekörner zum Wohle Ihrer Vitalität keimen. Durch den Keimvorgang erhöhen sich die Vitamingehalte der Samen- und Getreidekörner um mehrere 100 %. Dadurch leisten Keimlinge einen beträchtlichen Beitrag zu Ihrer Stoffwechselaktivierung.

Zur Keimung geeignet sind Getreide (Weizen, Dinkel, Hirse), Hülsenfrüchte (grüne Erbsen, Kichererbsen, Mungbohnen und Linsen), spezielle Keimsaaten (Rettich, Radieschen, Bockshornklee, Brokkoli und Alfalfa) oder Samen (Sonnenblumenkerne, Kürbiskerne, Sesam).

Der Kasten rechts zeigt, wie gut Sie mit frisch gekeimten Weizenkörnern Ihren täglichen Vitaminbedarf decken können. Im Vergleich dazu sind die Werte von ungekeimtem Vollkornmehl bzw. hellem Mehl aufgeführt.

Durch den Keimvorgang werden darüber hinaus die Mineralstoffe und Spurenelemente aus dem Getreidekorn wesentlich besser im Darm aufgenommen, da bei der Keimung der Hemmfaktor Phytinsäure abgebaut wird. Wenn Sie gekeimtes Getreide essen, verbessert sich somit die Aufnahme von Magnesium, Kalzium, Kalium, Zink und Eisen. Dadurch wird Ihr Stoffwechsel richtig angekurbelt.

Keimlinge sind sehr gut verträglich

Manche Menschen können rohe Getreideprodukte nicht vertragen, da sie empfind-

Das können Keimlinge

Tägliche Vitamindeckung in Prozent durch 100 Gramm frische Weizenkeimlinge, Vollkornmehl oder Weißmehl:

	B1	B2	B6	C	E	Biotin	Niazin	Folsäure
Dinkelmehl Typ 630	4,5	4,4	7,0	0,0	14,3	2,2	4,6	5,2
Dinkelvollkornmehl	27,0	8,8	15,6	0,0	19,1	6,7	19,1	15,5
Gekeimter Dinkel	51,0	53,0	32,0	44,0	51,0	50,0	29,0	42,0

lich auf sogenannte Lektine reagieren. Dies sind antennenartige Strukturen, die auf den Randschichten und im Keimling der Getreidekörner sitzen. Das Getreide schützt sich durch die Lektine vor Fraßfeinden. Lektine können bei empfindlichen Personen Schleimhäute schädigen und zu Entzündungsreaktionen führen. Durch die Keimung von Getreide werden diese schleimhautschädigenden Lektine abgebaut. Gekeimte Getreidekörner können Sie deshalb unbeschwert genießen. Sie passen gut zu jedem Salat oder auch in Suppen oder zu einem Dessert.

Wenn Sie Keimlinge kaufen, achten Sie darauf, dass Sie immer frische Ware haben. Bis zum Erreichen des Ablaufdatums sollten immer noch mindestens drei Tage liegen. Die Keimlinge halten sich nicht lange und sollten deshalb zügig aufgebraucht werden. Natürlich können Sie auch Ihre Sprossen in einem Keimlingsgerät selbst ziehen und immer wieder ernten. Etwas besser haltbar sind übrigens Sojakeimlinge. Diese können Sie auch zwei bis drei Tage länger im Kühlschrank aufbewahren.

Mittlerweile in den meisten Lebensmittelmärkten verfügbar sind Kresseschalen. Diese frische Kresse bereichert jeden Salat und eignet sich darüber hinaus auch zum Garnieren von Suppen oder Salaten oder für Kräuterquark.

Wir legen in der Forschungsgruppe »Allergieprävention« sehr viel Wert auf die Kräftigung der Darmschleimhaut. Hier arbeiten wir gezielt mit Dinkelkeimlingen, die in einem Spezialkeimvorgang zwei Tage gekeimt und anschließend blanchiert werden. Die Haltbarkeit dieser frischen Keimlinge beträgt ungeöffnet sechs Monate. Für eine wirksame, nachhaltige Darmkur sollten Sie dabei acht bis zwölf Wochen lang 50 bis 60 Gramm Dinkelkeimlinge essen. Dr. Bugl von der Universität Hohenheim konnte darüber hinaus aufzeigen, dass durch Getreidekeimlinge auch die gesunden Laktobakterien zunehmen.

Mehr Flüssigkeit – die besten Trinkstrategien

Nach dem Aufstehen zunächst ein Glas Wasser trinken.

Zu jeder Tasse Kaffee oder schwarzem Tee ein Glas Wasser trinken.

Im Büro und/oder zu Hause eine Kanne Wasser oder ungesüßten Tee auf dem Tisch bereithalten und bis zur Mittagspause leeren.

Nach dem Mittagessen die Kanne wieder füllen und bis zum Abend nochmals leer trinken.

Generell ist kohlensäurefreies oder -armes Wasser besser, da Sie davon mehr trinken.

Ständig ein kleines Fläschchen Wasser (¼ Liter) bei sich haben.

Sollten Sie von Wasser gerade mal genug haben, greifen Sie zu Fruchtsaftschorlen mit reinem Fruchtsaft (zwei Teile Wasser, ein Teil Saft).

Bereiten Sie Kräuter-, Früchte- oder Grüntee zu und geben Sie etwas frische Zitrone dazu; auch kalt ein Genuss!

Bei Milch Vollfett besser als fettarm

Auch Milchprodukte (Milch, Joghurt, Buttermilch, Käse) sind aufgrund ihres hohen Kalzium- und Eiweißgehalts sehr wirksame Aktivatoren, um das innere Feuer zu entfachen. Wir empfehlen bei Milchprodukten immer die Vollfettvariante zu nehmen, denn gesättigte Fettsäuren sind wichtig für ein starkes Herz (Palmitinsäure) und ein starkes Immunsystem (Laurinsäure). Eine fettarme Ernährung mit „light"-Produkten macht uns daher krank. Wenn Sie keine Milchprodukte vertragen, dann sollten Sie diese natürlich auch nicht einsetzen. Dies wird den Erfolg Ihrer Lauf-Diät nicht negativ beeinflussen. Milch in den Rezepten ersetzen Sie einfach durch Mandeldrink, Reisdrink und Kokosdrink (nicht durch Sojadrink).

Mehr Power durch Wasser, grünen Tee und Kaffee

Auch reines Wasser und besonders grüner Tee wirken stoffwechselaktivierend.

Wenn Sie Ihren inneren Ofen richtig anheizen wollen, ist es unumgänglich, dass Sie viel trinken. Das Minimum sind täglich drei Liter Flüssigkeit in Form von etwa zwei Litern Wasser und drei Tassen grünem Tee. Für Liebhaber von Kaffee hier noch eine gute Nachricht: Auch Kaffee hat einen thermogenetischen Effekt; dieser ist allerdings etwas kleiner als der von grünem Tee.

Tipp für Kaffeetrinker

Trinken Sie zu jeder Tasse Kaffee ein Glas Wasser – mehr als drei Tassen pro Tag sollten es nicht sein. Vielleicht finden Sie ja Gefallen an Grüntee. Hier konnte eine Studie aufzeigen, dass Zitronensaft oder Vitamin C den Grünteewirkstoff Catechin ummantelt. Dadurch wird ein Catechinabbau im Darm verhindert. So können Sie mit einem Spritzer Zitronensaft, einer Zitronenscheibe oder mit einer Prise Vitamin-C-Pulver deutlich mehr aus dem Grüntee herausholen.

Der Thermogenesejoker im Überblick

Gewürze Chili, Pfeffer, Ingwer, Kurkuma, Zimt, Senf
Kräuter Petersilie, Basilikum, Salbei, Schnittlauch, Rosmarin
Gemüse, Samen, Knollen, Wurzeln Rucola, Zwiebel, Knoblauch, Meerrettich, Keimlinge
Kalziumquellen aus Milch Buttermilch, Milch, Joghurt, fettarmer Käse (z. B. Mozzarella)
Getränke Wasser, Früchtetee, Grüntee, Schwarztee, Kaffee

- Wissenschaftliche Untersuchungen haben ergeben, dass die innere Aktivierungswärme größer ist, wenn weniger Mahlzeiten aufgenommen werden im Vergleich zu vielen kleinen Mahlzeiten. Deshalb ist es besser, wenn Sie drei Hauptmahlzeiten (morgens, mittags und abends) zu sich nehmen, anstatt mehrmals am Tag herumzusnacken.
- Die Rezepte ab Seite 102 wurden so zusammengestellt, dass massenhaft stoffwechselaktivierende Rohstoffe eingearbeitet wurden. Durch jede Mahlzeit wird somit das innere Feuer nachhaltig entfacht. Allein durch die Kraft des Thermogenesejokers verlieren Sie mit Leichtigkeit pro Monat mehr als ein Pfund Körperfett, gleichzeitig gewinnen Sie Vitalität für alle Ihre Körperzellen – und damit auch für Ihr Leben.
- Wissenschaftliche Untersuchungen haben gezeigt, dass das Ausmaß der Thermogenese abhängig ist vom Ausmaß der täglichen Bewegung. Dies bedeutet, dass ohne ausreichende tägliche Bewegung der Thermogenesejoker nicht richtig zündet. Thermogenese und Bewegung gehören somit untrennbar zusammen wie der Sauerstoff zum Feuer.

VITALSTOFFJOKER

Supersprit für den Körper

Wenn die Waage über einen längeren Zeitraum zu viel anzeigt, dann geht dies Hand in Hand mit einer verschlechterten Nährstoffversorgung. Dies bewirkt einen verlangsamten Stoffwechsel, wodurch Ihr Körper auf Gewichtszunahme ausgerichtet wird. Wenn Sie aus dieser Stoffwechselfalle herauskommen wollen, dann kombinieren Sie am besten nährstoffreiche Lebensmittel mit der richtigen Zubereitung.

Schonende Temperaturen sind angesagt

Gemüse sind Lebensmittel mit einer hohen Nährstoffdichte. Wenn jedoch Gemüse zu lange und mit hoher Temperatur gekocht oder in Öl stark angebraten wird, dann sinkt der Gehalt an Vitaminen, Mineralstoffen, Spurenelementen und Pflanzenstoffen. Dadurch geht wertvolles Aktivierungspotenzial verloren. Bei der Stoffwechseloffensive erhöhen wir den täglichen Rohkostanteil und dämpfen Gemüse kurz und schonend. Das Kochwasser wird dabei knapp bemessen, sodass nach dem Garen keines oder nur noch wenig davon übrig bleibt. Die Dampftemperatur liegt nicht höher als 100 °C – beim Andünsten mit Öl haben wir häufig Temperaturen im Bereich von 130 bis 160 °C, und wenn man nicht aufpasst, auch schnell Temperaturen darüber. Dabei werden freie Radikale gebildet, die wir mit der Mahlzeit aufnehmen – und das ist nicht im Sinne des Erfinders. Freie Radikale sind beteiligt an der Zellalterung im Körper. Die Stoffwechseloffensive braucht jedoch vitale Zellen, damit eine spürbar höhere Vitalität erreicht wird. Besorgen Sie sich einen Dampfgarer – bitte nicht verwechseln mit einem Dampfkochtopf. Beim Dampfkochtopf wird der Druck im Topf erhöht, was zu einem schnelleren Garen führt. Beim Dampfgarer wird Ihr Gemüse schonend im Dampf gegart – die hitzeempfindlichen Pflanzenstoffe und Vitamine bleiben weitestgehend erhalten.

»Moderate Carb« anstatt »Low Carb«

In den letzten Jahren kam aus den USA eine neue Ernährungsphilosophie zu uns herübergeschwappt, Low Carb. Als mögliche Diät zum Abnehmen war diese Ernährungsform bald in aller Munde. Die Theorie klingt interessant; wollen wir mal sehen, was dahintersteckt.

Durch die Einsparung von Kohlenhydraten soll der Blutzuckerspiegel nach der Mahlzeit nicht so stark ansteigen, wodurch ein längeres Sättigungsgefühl erreicht werden soll. Dieses Prinzip ist jedoch nur von Bedeutung bei Betrachtung einer isolierten Kohlenhydratmahlzeit: z. B. wenn Sie ausschließlich Kartoffeln, Nudeln oder Brot ohne jegliche Beilagen oder Saucen als Mahlzeit essen oder zuckerhaltige Limonade trinken. Dennoch bringt »Low Carb« in den ersten Monaten schnelle Erfolge: Wenn Kohlenhydrate eingespart werden, hat man ca. 250 Gramm weniger Kohlenhydrate und gleichzeitig 750 Gramm weniger Wasser in der Muskulatur eingelagert. Dieses Kilogramm ist dann nicht mehr auf der Waage zu sehen, daher fühlt man sich schnell schlank bei einer Low-Carb-Diät.

Das Vitalstoffloading

Die stoffwechseloffensive Ernährung überwindet die Schwächen von »Low Carb«, da sie auf dem Prinzip des Vitalstoffloadings bei jeder Mahlzeit basiert: Sie geben Ihrem Körper eine hohe Menge an Vitalstoffen und tanken gleichzeitig lang anhaltende Energie. Dies wird erreicht durch die Kombination vollwertiger Kohlenhydrate mit viel Gemüse, Salat, aktivierenden Fettsäuren und einem kleinen Eiweißspender. Bei der Stoffwechseloffensive liegt der Schwerpunkt auf Gemüse und Salat, da Obst (besonders reifes Obst) wesentlich mehr Kalorien enthält und deshalb nicht unbegrenzt gegessen werden kann.

Langkettige Kohlenhydrate bringen Energie

Lebensmittel mit viel Zucker oder auch Weißmehlprodukte enthalten wenig natürliche Begleitstoffe. Damit ist deren Aktivierungspotenzial für Ihren Stoffwechsel klein. Solche Lebensmittel treiben darüber hinaus den Blutzucker- und Insulinspiegel sehr schnell nach oben. Dies führt zu wiederholtem Heißhunger und vermehrtem Gewicht auf den Rippen.

Im Folgenden sind diese schlapp machenden Lebensmittel benannt, ebenfalls mögliche Alternativen. Diese Alternativen verwenden wir natürlich bei der Stoffwechseloffensive in unseren Rezepten.

Schwächen von »Low Carb«

- Wenig Energie für den Tag, solange der Fettstoffwechsel noch nicht angepasst ist.
- Dadurch hohe Abbruchrate der Low-Carb-Diät von über 50 %.
- Bei einer radikalen Kostumstellung auf Low Carb rebelliert häufig der Darm.

Tipps für »Süße«

Das Empfinden von »süß« ist Gewohnheitssache. Wenn Sie bisher Kaffee oder Tee nur mit Zucker trinken, dann verringern Sie den Zuckergehalt wöchentlich um 20 %. Wenn Sie die harte Tour lieben, lassen Sie den Zucker von heute auf morgen einfach weg. Zucker bringt nur leere Kalorien und treibt Ihre Heißhungergefühle an. Auch der Einsatz von Süßstoffen ist hier keine Lösung: In der Tiermast werden Süßstoffe eingesetzt, damit die Tiere schneller und mehr essen. Aus diesem Grund sind Süßstoffe zusätzliche Mastmittel, auf die Sie besser verzichten sollten.

Gemeine Verführer

Kennen Sie das Gefühl, vor einem Büfett zu stehen und schon die Süßspeisen im

Aktivierende statt schlappe Lebensmittel

Schlappe Lebensmittel	Stoffwechselaktivierende Lebensmittel
Limonaden, Fruchtnektare, Colagetränke	Direktsäfte mit viel Wasser oder Mineralwasser gemischt
Zucker in Tee oder Kaffee	Ungesüßter Tee oder Kaffee
Dosenmilch in Kaffee	Frischmilch in Kaffee
Sahnetorten, Cremetorten	Obstkuchen, Obstkuchen mit dünnem Boden
Apfelmus	Frischer Obstsalat
Fruchtjoghurt	Naturjoghurt mit frischen oder gefrorenen Beeren
Handelsübliche Marmelade	Marmelade mit Fruchtanteil über 50 %
Süßes Teilchen	Dunkle Schokolade
Müsli mit Zucker, Honigpops, Cornflakes	Ungesüßtes Müsli oder frisch gemahlenes Getreide; über Nacht eingeweicht
Toastbrot, Weißbrot	Dinkel-Vollkornbrot aus Natursauerteig
Vollmilchschokolade	Bitterschokolade, Trockenfrüchte
Weinbrand, Schnaps, Rum	Rotwein (optimal: drei bis fünf Gläser pro Woche)

Visier zu haben, ohne vorher richtig zu schauen, was es an Vor- und Hauptspeisen gibt? Besonders hart wird es, wenn Sie Ihre Lieblingssüßspeise entdecken und sich der Gedanke einschleicht, dass diese nachher vielleicht nicht mehr da ist. Umgehen Sie diesen Stress, holen Sie sich gleich eine kleine Portion und stellen Sie diese an Ihren Platz. Jetzt können Sie sich in Ruhe und völlig entspannt den großen Salat- und Gemüseportionen widmen, ohne dass Sie ständig an die Süßspeise denken müssen, die nachher eventuell nicht mehr da ist. Wenn Sie die Auswahl beim Nachtischbüfett haben, greifen Sie zu frischem Obst und gönnen Sie sich von den kalorienträchtigen Verlockungen eine kleine Naschportion. Kombinationen aus Fett und Zucker sind übrigens besonders anhänglich – so ist ein Himbeersorbet garniert mit frischen Himbeeren leichter zu verarbeiten als ein Vanilleeis mit Sahne und Schokosauce.

Der Kuchentrick

Auch diese Situation kennen Sie sicher gut: Sie haben sich vorgenommen, etwas abzunehmen, und sind nun zu einem Fest eingeladen. Wenn Sie nun nur ein kleines Stückchen Kuchen nehmen, werden Sie mit Fragen bedrängt – und mit Bemerkungen wie »Ach, ein zweites Stückchen geht schon noch, da sind fast keine Kalorien drin, du hast es doch eh nicht nötig«. Eine gute Freundin hat mir den Trick der Schlanken verraten: Nehmen Sie ein Stück Kuchen und machen Sie einfach Ihren Teller nicht leer – unterhalten Sie sich mit den anderen Gästen und lassen Sie bewusst noch zwei Gabeln Kuchen auf Ihrem Teller; solange Sie noch etwas übrig haben, wird Sie niemand nötigen, nochmals zuzugreifen.

Mit gutem Fett schneller zum Ziel

Fett war lange verrufen als der Dickmacher der Nation. In der Lauf-Diät sehen wir Fett heute anders. Denn: Gesunde Fette können in unserem Körper Entzündungsreaktionen abschwächen, sie stärken unser Immunsystem, schützen unsere Organe und machen uns nebenbei noch schnell und schlau. Ohne die richtigen Fette können wir also nicht überleben. Um Ihren Stoffwechsel zu aktivieren, sollten Sie daher auf eine fettschlaue und nicht auf eine fettarme Ernährung achten. Im folgenden Kapitel erklären wir, was eine fettschlaue Ernährung ist und wie man sie ganz einfach umsetzen kann.

Vorsicht, Rheuma!

Bei Entzündungskrankheiten wie Rheuma ist es unerlässlich, die richtigen Fettsäuren zu verwenden. Die Verwendung falscher Fettsäuren erhöht die Schmerzen und reduziert die Beweglichkeit der Gelenke.

Fettsäuren auf einen Blick

Typ	Gesättigte Fettsäuren	Ungesättigte Fettsäuren		
Untertyp		Einfach ungesättigt	Mehrfach ungesättigt	
			Omega-3-Fettsäure	Omega-6-Fettsäure
Vorkommen	Fett zum Anbraten, Wurst, Fleisch, Kuchen, Milchprodukte, Fleischprodukte, Bio-Kokosöl	Oliven(öl)	Meeresfisch, Rapsöl, Leinöl	Sonnenblumenöl, Distelöl

So verwenden Sie Fett richtig

	Optimal	"Second Best"	Schlecht
Zum Braten	Kokosöl, Butterschmalz	Butter, Bio-Palmöl	Sonnenblumenöl, Distelöl, Sojaöl, Maiskeimöl, Olivenöl, Rapsöl
Für die kalte Küche	Olivenöl, Speiseleinöl, Hanfnussöl	Walnussöl, Avocado-Öl, Kürbiskernöl, Arganöl	Sonnenblumenöl, Distelöl, Sojaöl
Fisch	Hering, Seelachs, Forelle, Makrele	Lachs	Thunfisch, Scholle, Pangasius
Milch	Rohmilch, Vorzugsmilch	Bio-Milch, nicht homogenisiert	Normale Milch, H-Milch

Kokosöl, Butterschmalz und Milch enthalten gesättigte Fettsäuren. Diese werden heute jedoch gesundheitlich positiv bewertet (siehe unten). Bei Kokos- und Palmöl sollte auf die Bio- und Fairtrade-Stufe geachtet werden, um ökologisch nachhaltig zu wirken und um keine Transfettsäuren aufzunehmen.

Gesättigte Fettsäuren – auch diese brauchen wir

Früher hat man angenommen, dass gesättigte Fettsäuren aus Milch und Fleisch Entzündungen fördern. Das trifft jedoch nur für Massentierhaltungsprodukte zu, die wir nicht empfehlen. Heute bewerten wir ein ausgewogenes Maß an gesättigten Fettsäuren jedoch als gesundheitsförderlich, da diese für viele Funktionen in unserem Körper benötigt werden. Gönnen Sie sich daher ruhig beim Nachtisch Ihre Portion Sahne und Ihre tägliche Portion Butter. Zum Anbraten sind gesättigte Fettsäuren wie Butterschmalz und Bio-Kokosöl unsere erste Wahl.

- Buttersäure: Ernährung der Dickdarmschleimhaut
- Laurinsäure: stabilisiert Membranen, wirkt entzündungssenkend und antibakteriell und erhöht den schützenden HDL-Spiegel
- Palmitinsäure: wichtiger Energielieferant für das Herz
- Stearinsäure: wird zu Ölsäure umgebaut und stabilisiert so Membranen

Transfettsäuren – der Feind Ihrer Vitalität

Transfettsäuren entstehen bei der Härtung von pflanzlichen Ölen. Damit werden pflanzliche Öle streichbar. Ebenso wird eine längere Haltbarkeit erreicht.

Diese künstlichen Transfettsäuren erhöhen das Risiko für Herz- und Darmerkrankungen wie z. B. Morbus Crohn. Leider enthalten bei uns in Deutschland immer noch viele Fertiglebensmittel wie Suppengewürze, Cappuccinopulver, Chips und Süßigkeiten Transfettsäuren in erheblichen Mengen. Auch viele Imbissbuden benutzen Öle mit gehärteten Fettsäuren.

Ein Lebensmittel mit Transfettsäuren ist an der Zutat »pflanzliches Öl, teilweise gehärtet« einfach zu erkennen (sehen Sie in der Zutatenliste nach – es besteht Kennzeichnungspflicht). Auch viele Margarinen enthalten immer noch eine hohe Menge an Transfettsäuren, obwohl die Anstrengung der Margarineindustrie in den letzten Jahren hier schon lobenswert ist. Wir empfehlen entweder Margarine ohne gehärtete Fettsäuren (also ohne die Zutat »pflanzliches Öl, teilweise gehärtet«) oder das Naturprodukt Butter. Butter enthält auf der einen Seite sehr viele gesättigte Fettsäuren, die für das Herz wichtig sind – andererseits aber auch aktivierende konjugierte Linolsäure, die das Immunsystem stabilisiert. In Tierversuchen konnte der konjugierten Linolsäure ein schlank machendes Potenzial attestiert werden. Zum heißen Braten empfehlen wir Butterschmalz anstatt Butter, da Butterschmalz noch hitzestabiler ist.

Die Gesundheitsbehörde von New York City hat im Dezember 2006 die gesundheitliche Gefährdung, die durch künstliche Transfettsäuren hervorgerufen wird, erkannt und im gesamten Stadtgebiet alle Restaurants verpflichtet, keine Speisen mehr mit Transfettsäuren herzustellen.

Trotz hoher Kaloriendichte machen die richtigen Fette nicht dick. Optimal: Sie verwenden mehr aktivierende Fettsäuren und reduzieren Kohlenhydrate.

Die Übergangszeit dauerte bis Juli 2008, sodass wir jetzt in New York City bedenkenlos essen gehen können. Andere Städte folgten dem Vorgehen von New York City, z. B. Philadelphia – in vielen anderen Städten in den USA gibt es Bestrebungen, den New-York-City-Transfettsäuren-Bann zum Wohle der Volksgesundheit ebenfalls umzusetzen. Wir würden es begrüßen, wenn auch in Deutschland diese Kampagnen gegen die Transfettsäuren gestartet werden würden.

Die Rezepte unserer Stoffwechseloffensive verwenden selbstverständlich keine Lebensmittel mit gehärteten Fetten, zusätzlich achten wir natürlich darauf, dass Sie immer eine Vielzahl an verschiedenen Fettsäuren zu sich nehmen. Gesättigte, einfach ungesättigte und mehrfach ungesättigte Fettsäuren. Die Abwechslung ist hier ganz entscheidend.

Olivenöl und Omega-3-Fettsäuren bringen Power

Stoffwechsel-aktivierende sind auch die einfach ungesättigten Fettsäuren sowie die mehrfach ungesättigten Omega-3-Fettsäuren. Öle und Lebensmittel mit einem hohen Anteil an diesen Fettsäuren sollten Sie verstärkt einsetzen (siehe Kasten unten). Reich an Omega-3-Fettsäuren sind Speiseleinöl, Rapsöl, Walnüsse, Tofu, Lachs, Thunfisch, Makrele und Hering – prominentester Vertreter der einfach ungesättigten Fettsäuren ist das Olivenöl.

Einfach ungesättigte Fettsäuren sowie Omega-3-Fettsäuren bauen Entzündungen ab. Dadurch wird Ihr Schutzschild gegen rheumatische Erkrankungen verstärkt. Durch die regelmäßige Verwendung von Lebensmitteln mit diesen schützenden Fettsäuren sinken auch die schlechten LDL-Cholesterinwerte. Speziell die Omega-3-Fettsäu-

Gute Speiseöle für die Stoffwechseloffensive

Diese Speiseöle haben entweder einen hohen Gehalt an einfach ungesättigten Fettsäuren und/oder einen hohen Gehalt an Omega-3-Fettsäuren – Angaben in g/100 g

	Gesättigte Fettsäuren	Ungesättigte Fettsäuren		
		Einfach ungesättigt	Mehrfach ungesättigt	
			Omega-3-Fettsäure	Omega-6-Fettsäure
Speiseleinöl	12	19	55	14
Rapsöl	7	64	9	20
Olivenöl*	18	73	1	8

*Ähnliche Werte haben Mandel-, Macadamia- und Haselnussöl.

Lebensmittel mit hohem Omega-3-Fettsäuregehalt

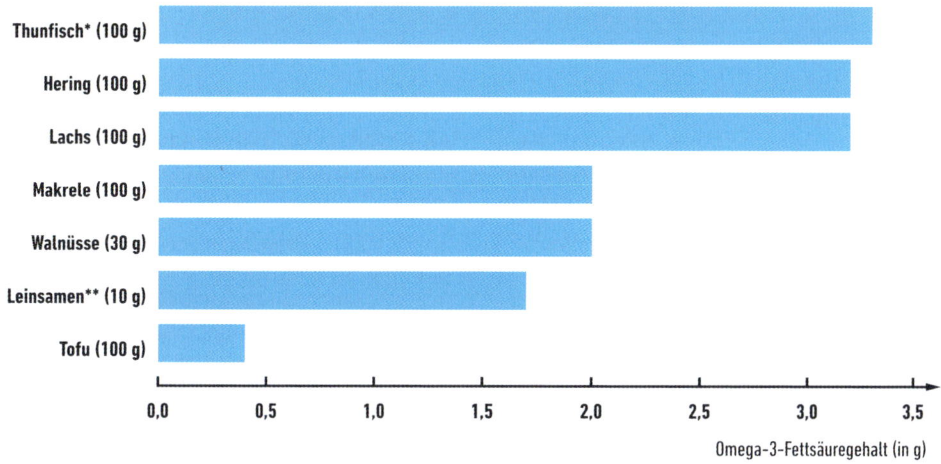

* Beim Thunfischfang kommt es vor, dass auch Delfine gefangen werden. Deshalb werden eher Hering, Lachs oder Makrele empfohlen.

** Die Omega-3-Fettsäuren aus dem Speiseleinsamen kann der Darm nur dann resorbieren, wenn die Leinsamenkörner gut gekaut werden. Die Alternative wäre die Verwendung von geschrotetem oder aufgebrochenem Leinsamen.

ren verbessern zudem die Blutfettwerte (Triglyzeridwerte werden gesenkt), wirken schützend vor einer Thrombose und hellen das Gemüt auf. Außerdem werden Muskelmembranen und Immunsystem sowie Sehnen, Bänder und Gelenke stabilisiert. Zum Anbraten und Dünsten eignen sich von den schützenden Ölen nur Olivenöl und Rapsöl. Speiseleinöl ist nicht erhitzbar, da es sehr schnell überhitzt, wodurch krebserregende Stoffe entstehen. Deshalb sollte Speiseleinöl nur unerhitzt für Salate oder Dips benutzt werden.

Neue Studien aus den USA belegen, dass die amerikanische Bevölkerung zu 99 % mit Omega-3-Fettsäuren unterversorgt ist. Für Deutschland gibt es derzeit noch keine derartige Erhebung – das Ergebnis würde jedoch nur unwesentlich anders aussehen. Bei der Stoffwechseloffensive legen wir aus ökologischen Gründen den Schwerpunkt auf pflanzliche Omega-3-Fettsäuren. Deshalb kommen wir mit einmal pro Woche Meeresfisch aus.

Omega 3 optimal nutzen

Wie schon ausgeführt, brauchen Sie die Omega-3-Fettsäuren, damit Ihre Knorpelstrukturen erhalten bleiben – und als Schutzschild gegen rheumatische Erkrankungen. Omega-3-Fettsäuren werden jedoch auch benötigt, damit Ihre Zellmembranen im Körper hoch elastisch und vital bleiben. Hierbei ist das richtige Zusammenspiel mit den Omega-6-Fettsäuren notwendig. Omega-3- und Omega-6-Fettsäuren zählen zu den essenziellen Fettsäuren. Diese kann der Körper nicht aus anderen Fettsäuren herstellen.

Speiseöle, die in der Stoffwechseloffensive tabu sind

Diese Speiseöle haben entweder einen hohen Gehalt an Omega-6-Fettsäuren und/oder einen geringen Gehalt an Omega-3-Fettsäuren – Angaben in g/100 g.

	Gesättigte Fettsäuren	Ungesättigte Fettsäuren		
		Einfach ungesättigt	Mehrfach ungesättigt	
			Omega-3-Fettsäure	Omega-6-Fettsäure
Sonnenblumenöl	15	21	1	63
Distelöl	11	13	1	75
Maisöl	17	29	1	53
Sojaöl*	16	21	8	55

*Sojaöl enthält viel Omega-3-Fettsäuren, allerdings auch eine ganze Menge Omega-6-Fettsäuren.

Es ist notwendig, dass beide Fettsäuren in der Nahrung ausreichend, allerdings im richtigen Verhältnis, vorkommen.

Sie können sich das so vorstellen, dass Omega-3- und Omega-6-Fettsäuren im Körper auf den gleichen Bus warten. Der bringt die Fettsäuren zu den Zellmembranen und ins Bindegewebe, wo sie eingebaut bzw. verwertet werden. Das Verhältnis von Omega-6- zu Omega-3-Fettsäuren liegt bei 15 : 1. D. h., dass 15-mal mehr Omega-6- an der Bushaltestelle bereitstehen als Omega-3-Fettsäuren. Die Folge ist, dass nur verhältnismäßig wenige Omega-3-Fettsäuren in den Bus gelangen und dadurch nur wenige in die Zellmembranen eingebaut werden. Weitere Folge ist, dass die Membranen nicht ausreichend elastisch gehalten werden und höhere Entzündungswerte im Körper bestehen bleiben.

Für die Stoffwechseloffensive ist ein Verhältnis von 3–4:1 (Omega-6- : Omega-3-Fettsäuren) anzustreben, damit Ihre Zellmembranen elastisch werden. Dieses Fettsäureverhältnis erreichen Sie, indem Sie die Omega-6-Fettsäuren reduzieren und die Omega-3-Fettsäuren verdreifachen. Besonders reich an Omega-6-Fettsäuren in Form von Linolsäure sind Sonnenblumen- und Distelöl. Auf diese Öle verzichten wir deshalb in der Stoffwechseloffensive.

Tierisch oder pflanzlich?

Früher hat man nur den Omega-3-Fettsäuren aus Meeresfischen besondere Bedeutung beigemessen. Begründet wurde dies mit einer geringen Umwandlungsrate der kürzerkettigen pflanzlichen Omega-3-Fettsäuren in die längerkettigen tierischen Omega-3-Fettsäuren. Viele Studien belegen jedoch inzwischen eindeutig, dass die pflanzlichen Omega-3-Fettsäuren ähnlich wirksam wie die tierischen sind. Der Umbau ist jedoch abhängig von einer guten Versorgung an Vitamin B6, Vitamin C, Niazin, Magnesium und Zink sowie ebenfalls von einer niedrigen Aufnahme gesättigter und gehärteter Fettsäuren. Im Ernährungsplan nach der Stoffwechseloffensive haben wir natürlich gezielt die guten Kofaktoren für eine bessere Omega-3-Bilanz in Ihrem Körper berücksichtigt, und gleichzeitig nehmen Sie wenig gesättigte und keine gehärteten Fettsäuren auf. Auf diese Weise unterstützen Sie die Omega-3-Bilanz in Ihrem Körper durch die Stoffwechseloffensive nachhaltig.

Welches Fettsäurespektrum für die Stoffwechseloffensive?

Wir haben uns nun bewusst gemacht, dass wir Omega-6-Fettsäuren einsparen und Transfettsäuren ganz meiden sollen. Außerdem sollten Olivenöl und Omega-3-Fettsäuren verstärkt verwendet werden. Nun stellt sich die Frage: Wie sieht das richtige Verhältnis im Bereich der Fettsäuren aus, und mit welcher Lebensmittelzusammenstellung kommen wir annähernd dahin? Die Grafik auf dieser Seite zeigt die derzeit übliche Verteilung der Fettsäureaufnahme – im Vergleich dazu die Fettsäureaufnahme für Ihre Stoffwechseloffensive.

Die Fettsäureverteilung

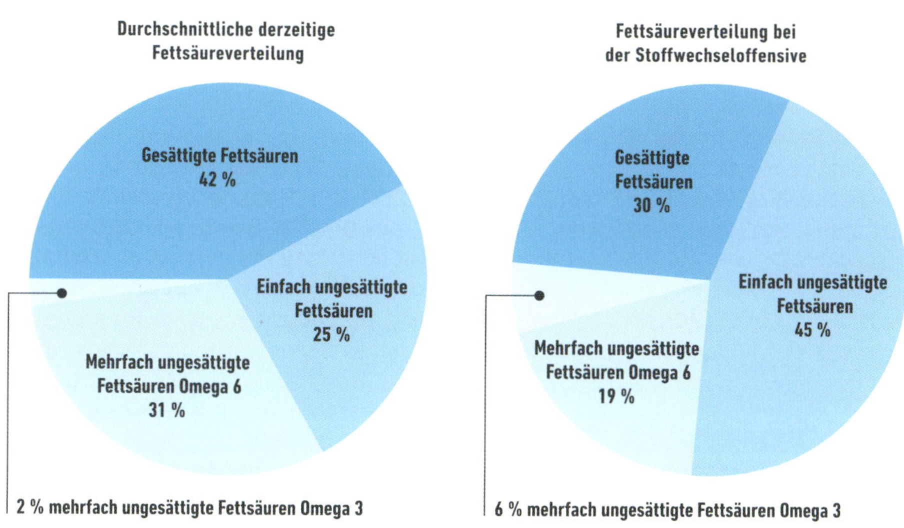

Wichtig: Auch das gesündeste Fett macht im Übermaß dick!

Vorteile der Fettsäurenoptimierung

Durch das Mehr an Olivenöl und Omega-3-Fettsäuren und das Weniger an gesättigten und Omega-6-Fettsäuren erhöht sich Ihre Vitalität spürbar. Die neue Ernährung stimmt Ihr Gemüt fröhlicher, und Sie sind darüber hinaus besser geschützt vor Allergien und der Alzheimerkrankheit. Ihr Blutdruck, Ihre Cholesterinwerte und Ihre Blutfettwerte verbessern sich innerhalb von vier Wochen deutlich. Auch das Risiko, eine Thrombose zu erleiden, verringert sich entscheidend. Ihre Lebenserwartung steigt, und gleichzeitig verbessert sich Ihre Lebensqualität spürbar.

Die Fettsäurenoptimierung durch die Stoffwechseloffensive ist also die beste Versicherung, dass Sie Ihre Rente richtig lang bei guter Gesundheit genießen können.

Mehr Ballaststoffe – besser in Form

Wissenschaftliche Studien haben ergeben, dass eine Gewichtsabnahme nachhaltig ist, wenn der Ballaststoffgehalt der aufgenommenen Nahrung erhöht wird. Deshalb setzen wir in der Stoffwechseloffensive deutlich mehr ballaststoffhaltige Lebensmittel wie Gemüse, Salat, Hülsenfrüchte und verschiedenes Obst ein.

Ballaststoffe sorgen für ein gutes, lang anhaltendes Sättigungsgefühl und einen funktionierenden Stuhlgang. Gleichzeitig haben Ballaststoffe die Fähigkeit, während der Darmpassage Fett an sich zu binden und auszuscheiden. Wenn keine Ballaststoffe zur Bindung zur Verfügung stehen, werden diese Fette als »Hüftgold« abgelegt. Dies macht rein rechnerisch pro Tag wohl nur etwa 60 Kilokalorien aus. Hochgerechnet auf ein Jahr sind das jedoch drei Kilogramm weniger Körpergewicht.

Während wir bei Gemüse und Salat fast keine Grenzen kennen und die Portionen für Sie deutlich größer machen, setzen wir bei Brot und Nudeln nicht nur auf Vollkornprodukte. So können Sie sich zwischendurch auch an einem hellen Brötchen, an einer Laugenbrezel mit Butter oder an hellen Nudeln erfreuen – ebenso an einer leckeren Süßspeise, die wir natürlich mit stoffwechselaktiven Gewürzen versehen. Damit macht die Stoffwechseloffensive Spaß, lässt keine Gelüste aufkommen und ist nicht dogmatisch. Insgesamt kommen Sie bei der Stoffwechseloffensive auf täglich etwa 35 Gramm Ballaststoffe. Durchschnittlich nehmen wir in Deutschland täglich 26 Gramm Ballaststoffe auf – Vegetarier ungefähr 42 Gramm.

Aktiver Stoffwechsel – länger fit!

In einer englischen Studie an über 25 000 Menschen aus dem Jahr 2008 verlängerte sich das Leben um durchschnittlich 14 Jahre, wenn täglich fünf Portionen Obst oder Gemüse gegessen wurden, die Menschen körperlich aktiv waren (durch Freizeitsport oder körperliche berufliche Tätigkeit), nicht rauchten und Alkohol moderat (also nicht mehr als täglich ein Glas Wein) tranken. Die Stoffwechseloffensive nach Steffny und Dr. Feil berücksichtigt alle Bausteine aus dieser Studie und setzt darüber hinaus noch auf weitere, die Lebensqualität verbessernde Strategien. So ist gewährleistet, dass Sie Ihre gewonnenen Jahre in vollen Zügen genießen können – und nochmals einige Jahre in voller Vitalität dazukommen.

Nachhaltige Darmpflege

Falls Sie bislang immer wieder mal Schwierigkeiten mit Verstopfung hatten, dann sind diese Zeiten durch die Stoffwechseloffensive vorbei. Sie kommen damit zu einem regelmäßigen Stuhlgang. Die Ballaststoffe beschleunigen die Darmpassage des Nahrungsbreis und tragen so zum Schutz vor Darmkrebs bei. Die Kontaktzeit möglicher krebsfördernder Substanzen im Darm ist wesentlich geringer.

Darüber hinaus verbessern sich Ihre Cholesterinwerte, die Darmflora und die Funktionsfähigkeit Ihrer Schleimhäute im Darm. Besonders im Dünndarm werden Sie mehr Bifido- und Laktobakterien haben, wodurch Ihr Immunsystem gestärkt wird und Sie einen besseren Schutz vor rheumatischen Erkrankungen gewinnen.

Schokolade – die ideale Zwischenmahlzeit

Eine sehr gute Zwischenmahlzeit, wenn der Heißhunger trotz höherer Ballaststoffe mal durchkommt oder wenn der Stoffwechselplan einmal nicht ganz eingehalten werden kann, ist dunkle Schokolade. Diese sollte allerdings mindestens 80% Kakao enthalten. Dunkle Schokolade oder besser gesagt Kakao enthält nämlich eine ganze Menge an Nährstoffen, die dem Stoffwechsel so richtig einheizen können. Neben Catechinen, welche Entzündungen in Ihrem Körper senken, enthält Kakao auch Salsolinol, was zu einer erhöhten Dopamin-Ausschüttung in Ihrem Gehirn führt. Dies wiederum lässt Ihre Laune steigen. Allerdings ist es wichtig, dass die Schokolade Bio-Qualität ist, denn Kakao gehört zu den am meisten gespritzten Pflanzen in der Welt. Gönnen Sie sich also ruhig regelmäßig ein Stückchen Schokolade.

Vollkornbrot mit Sauerteig statt helles Brot

Beim Brot empfehlen wir, generell Sauerteigbrote einzusetzen. Die Säurebakterien des Natursauerteigs bauen den Hemmstoff für die Eisenaufnahme, die Phytinsäure, ab. Dadurch steht Ihrem Körper ein Vielfaches an Eisen aus dem Getreide zur Verfügung. Die besten Brote sind Dinkelvollkornbrote (mit Sauerteig), da Dinkel weniger Lektine enthält als Weizen oder Roggen. Lektine aus Weizen und Roggen sind sehr aggressiv und für uns nicht verdaubar. Lektine können daher in Ihrem Körper Entzündungen hervorrufen.

Der richtige Biss: Vollkornbrot schmeckt gut und tut gut.

Chrom – nicht nur für glitzernde Stoßstangen

Der Vitalstoffjoker basiert auch auf chromreicher Ernährung. Pro Tag gönnen Sie Ihrem Körper in der Stoffwechseloffensive eine natürliche Chromaufnahme von mindestens 150 Mikrogramm Chrom. Zum Vergleich: Die Deutsche Gesellschaft für Ernährung empfiehlt eine tägliche Chromaufnahme zwischen 30 und 100 Mikrogramm, um keinen Chrommangel zu erleiden. Die Stoffwechseloffensive beschränkt sich jedoch nicht auf die Verhinderung von Mangel, sondern hat das Ziel, dass Sie eine maximale Stoffwechselleistung und Vitalität erreichen.

Nüsse und Essiggurken – Geheimwaffen gegen Heißhunger

Bei der Stoffwechseloffensive empfehlen wir, mehr Nüsse, besonders in Form von Walnüssen, zu essen, um gezielt die Chrommenge zu erhöhen. Heißhungerattacken werden damit der Vergangenheit angehören. Keine Angst, die Kalorien haben wir hierbei berücksichtigt.

Eine neue Studie hat außerdem gezeigt, dass auch Essiggurken Heißhunger vertreiben können. Wenn Sie deshalb Lust auf Zwischenmahlzeiten haben, greifen Sie einfach ganz beherzt ins Essiggurkenglas. Die Essiggurken sind so gut wie kalorienfrei und erhöhen Ihre Vitalstoffaufnahme zusätzlich.

Eiweiß satt, Fett ade?

Während Low Carb nicht zum langfristigen, gesunden Erfolg führt (siehe Seite 23), stellt sich nun die Frage, ob man mit mehr Eiweiß oder sogar durch mehr Fett, wie es beispielsweise die Atkins-Diät propagiert, schlank werden kann. Hierzu beleuchten wir aktuelle wissenschaftliche Studien.

Chromreiche Lebensmittel

Die tägliche Chromaufnahme sollte bei mindestens 100 µg (bevorzugt 200 µg) liegen. Bitte beachten Sie auch die vergleichend dargestellten Chromwerte von Vollkornprodukten im Vergleich zu hellen, verarbeiteten Lebensmitteln. (Angaben pro Portion in µg)

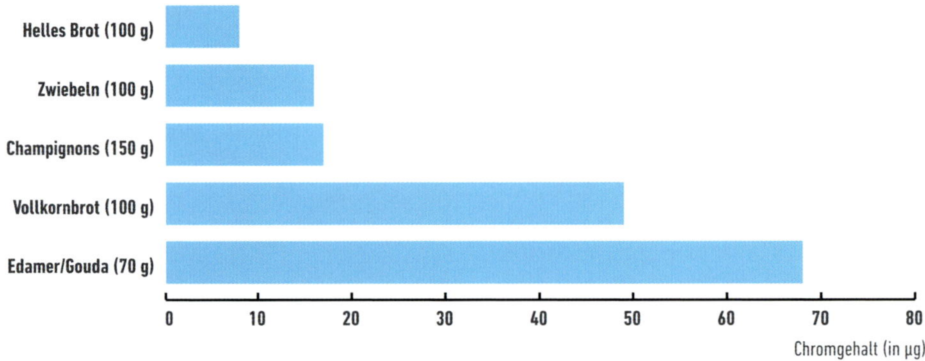

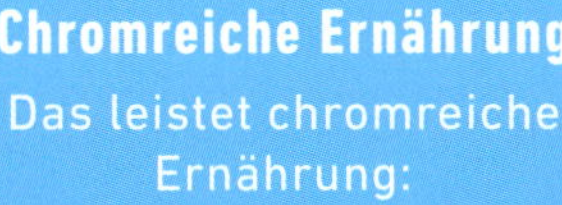

Chromreiche Ernährung

Das leistet chromreiche Ernährung:

- Fördert den Fettstoffwechsel
- Erhöht die schützenden HDL-Cholesterinwerte
- Gibt mehr Energie und erhöht dadurch den inneren Antrieb
- Dämpft Heißhungerattacken

Ein langfristig zu hoher Eiweißgehalt durch übermäßig viel Eiweiß bei den Mahlzeiten (insgesamt mehr als 4 g Eiweiß pro kg Körpergewicht – also bei 75 kg mehr als 300 g Eiweiß pro Tag) führt nicht zum Ziel, da der Körper übersäuert. Diese Übersäuerung kann durch basisch wirkendes Gemüse nicht mehr ausbalanciert werden. Deshalb unsere Empfehlung: 1,5 g Eiweiß pro Kilo Körpergewicht.

Eine neue Studie mit über 300 übergewichtigen Teilnehmern (BMI = 30) aus dem Jahr 2008 verglich den langfristigen Erfolg dreier Diäten: Die Teilnehmer der Gruppe 1 hatten eine eingeschränkte Energieaufnahme, wobei zusätzlich fettarm gegessen wurde (30 % Fettkalorien = Magerdiät nach der amerikanischen Herzgesellschaft); die zweite Gruppe hatte auch eine eingeschränkte Kalorienaufnahme, allerdings mit einem Fettanteil von 35 % (mediterrane Diät mit Betonung von Fisch, Obst, Gemüse). Die dritte Gruppe hatte keine Kalorieneinschränkung, aß jedoch generell wenig Kohlenhydrate (Low Carb, Atkins-Diät). Obwohl alle drei Gruppen nach zweijähriger Studie durchschnittlich weniger Gewicht auf die Waage brachten, waren die Ergebnisse eher ernüchternd: Bei der Magerdiät (Beschränkung auf 30 % Fettkalorien) wogen die Teilnehmer nach zwei Jahren durchschnittlich knapp drei Kilogramm weniger. Die anderen zwei Diätformen erzielten nach zwei Jahren ein durchschnittlich um ca. 4,5 Kilogramm geringeres Körpergewicht, wobei die Atkins-Diät (mit Low Carb) den schnellsten Anfangserfolg hatte, der jedoch nicht gehalten werden konnte.

Diese Untersuchung zeigt, dass generell fettarm nichts bringt – aber auch eine mediterrane Ernährung oder eine Atkins-Diät (mit Low Carb und uneingeschränktem Essensverzehr) bringt keine motivierenden Ergebnisse. Um nachhaltigen, großen Erfolg zu haben, müssen alle Stoffwechseljoker gespielt werden. Im Bereich der Kalorienträger setzen wir dabei auf »Moderate Carb«, auf aktivierende Fettsäuren und auf eine hohe biologische Eiweißwertigkeit der Mahlzeiten.

Der Mix für Lauf-Diät-Starter

Die Stoffwechseloffensive basiert auf einem ausgewogenen Verhältnis der Kalorienträger. Weitere Einsparungen bei den Kohlenhydraten sind wünschenswert.

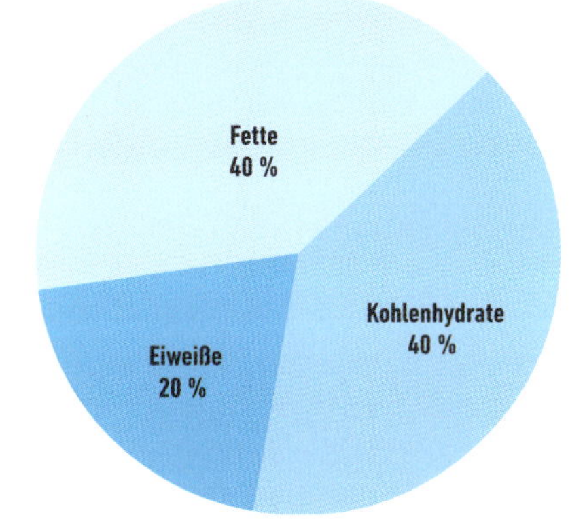

Mit verbesserter Esskultur zum Erfolg

Essen Sie zukünftig nur noch, wenn Sie dafür Zeit haben. Viele essen heute nur noch nebenher – oder wie es neudeutsch heißt »to go«. Dadurch verkümmert die sinnliche Erfahrung liebevoll zubereiteter Lebensmittel zur schnellen Kalorienaufnahme. Wenn man weiß, dass ein wohliges Sättigungsgefühl erst nach 15 bis 20 Minuten eintritt, dann sind Schnell- und Hektikesser zu bedauern: Sie essen innerhalb von zehn Minuten Unmengen an Kalorien, ohne jedoch anschließend richtig satt zu sein – geschweige denn, die Mahlzeit genossen zu haben.

Essen – mehr als nur Magenfüllung

Eine Mahlzeit dient nicht nur der Magenfüllung, sondern sollte alle Sinne ansprechen: Frisch geschnittene Kräuter regen den Geruchssinn an, der Speichel beginnt zu fließen, und man freut sich auf die Mahlzeit; belebend und erfreuend fürs Auge wirkt auch ein liebevoll kombinierter bunter Salatteller. Auch der Klang des Schöpfens aus einer vollen Schüssel bringt Freude und regt die Verdauung an, ebenso das frisch duftende Brot in der Hand.

Tipp: Brot mit Oliven- oder Speiseleinöl beträufeln und etwas Salz und Pfeffer darüber streuen. Mit vielen Kräutern belegt ist dies eine großartige Stoffwechselalternative zu Butter- oder Wurstbrot.

Ein schön gedeckter Tisch wirkt harmonisierend

Zelebrieren Sie jede Mahlzeit: Gönnen Sie sich eine ruhige Zeit, eine Tischdecke und schönes Geschirr. Decken Sie den Tisch schön, eine Kerze oder eine Blume wirken Wunder auf die Seele. Werfen Sie angeschlagenes Geschirr weg und ersetzen Sie dieses durch etwas, was Ihnen gut gefällt und Sie erfreut. Manche Menschen neigen dazu, den Esstisch nur funktionell als Ablage für Käse und Wurst zu sehen, und packen diese Lebensmittel häufig gar nicht aus dem Papier aus. Gönnen Sie sich und Ihrer Umgebung etwas mehr an Esskultur. Und Hand aufs Herz – mit Zeit hat das nichts zu tun.

Fernseher, Radio und Zeitung – nicht beim Essen!

Richten Sie Ihre Konzentration beim Essen ausschließlich auf die schön hergerichteten Speisen. Leider ist es heute in

vielen Familien zur Gewohnheit geworden, dass neben dem Essen der Fernseher oder das Radio läuft. Egal, was gerade kommt, Ihre Aufmerksamkeit wird vom Essen abgelenkt, und Sie essen meist mehr und zudem unbewusst.

Auch die Tageszeitung sollte während des Essens vom Tisch verbannt werden, sonst sind die Teller leer, und Sie wundern sich, wo Ihre Mahlzeit hingekommen ist. Nach dem Motto: Alles zu seiner Zeit – genießen Sie Ihre Zeitung bei einer guten Tasse Tee oder Kaffee nach dem Essen. Stellen Sie sicher, dass die Schokoladentafel oder Kekspackung wieder sicher verstaut wurden, bevor Sie mit dem Zeitunglesen beginnen.

Drei Hauptmahlzeiten sind das A und O

Im Kapitel »Thermogenesejoker« (Seite 12ff.) haben wir schon angesprochen, dass drei Hauptmahlzeiten mehr inneres Feuer entfachen, als wenn Sie sich durch den Tag snacken. Die drei Hauptmahlzeiten (Frühstück, Mittag- und Abendessen) bringen Rhythmus in den Tag. Rhythmus ist fürs Wohlfühlen ein wesentlicher Faktor in der Stoffwechseloffensive. Mit drei

Müsli mit Früchten ist eine gesunde Mahlzeit. Es liefert Vitamine, Mineral- und Faserstoffe. Die Kombination aus Milch und Haferflocken ist eine hochwertige Eiweißquelle.

aktivierenden Hauptmahlzeiten können Sie sich jeden Tag auf die Mahlzeiten freuen. Ihr Körper gewöhnt sich nach kurzer Zeit an den neuen Rhythmus. Kleine »Gelüste« können in sichere Bahnen gelenkt werden, da es bis zur nächsten vollwertigen Mahlzeit nicht mehr lange dauert. Wenn Sie den Drei-Mahlzeiten-Rhythmus gelernt haben, gehen Sie den nächsten Schritt: Lassen Sie zweimal pro Woche eine Mahlzeit aus. Das wirkt stark aktivierend.

Kantine und Büfett – die besten Strategien

Ihre neue Ernährungsform soll Sie nicht in eine Isolierung bringen. Wenn Sie bisher in froher Gemeinschaft mit Kollegen/ Freunden Ihr Mittagessen in einer Kantine oder an einem Büfett gegessen haben, dann sollen Sie das weiterhin so machen. Es wäre falsch, wenn Sie durch die Stoffwechseloffensive zum Ernährungsaußenseiter mutieren würden. Genießen Sie die sozialen Kontakte beim Essen, lassen Sie einfach eine Mahlzeit aus dem Stoffwechselplan weg und essen Sie außer Haus intelligent: Gönnen Sie sich einen halben Liter stilles Wasser vor dem Essen. Starten Sie mit einer großen Portion Salat oder Gemüse. Sparen Sie mit Fertigdressings; diese können aus einem leichten Salat im Handumdrehen eine kalorienreiche Hauptmahlzeit werden lassen. Würzen Sie Ihren Salat »italian-style«: Nehmen Sie etwas Olivenöl, reichlich Pfeffer, etwas Salz und Essig oder Aceto balsamico.

Essen Sie ganz bewusst und langsam. Wenn Sie Kräuter oder Keimlinge sehen, laden Sie diese großzügig auf Ihren Teller. Wenn es Brot gibt, dann reduzieren Sie einfach die Menge: Nehmen Sie einfach 1-2 Scheiben anstatt 3 Scheiben. Ein gutes Sättigungsgefühl bringen auch Essiggurken oder Pilze. Auch hier dürfen Sie also hemmungslos, genauso wie bei Gemüse, zugreifen.

Wenn Sie eine Pizza bestellen, dann können Sie den Belag um aktivierende Zwiebeln ergänzen und um etwas mehr Kräuter bitten. Vielleicht wählen Sie einfach eine Pizza mit dünnem Boden, so reduzieren Sie die „leeren" Kohlenhydrate.

Meiden Sie Würstchen, Wurstsalat und Fleischkäse. Ziehen Sie Rindfleisch dem Schweinefleisch vor. Auf Seite 24 haben wir für Sie die wichtigsten Kohlenhydrat- bzw. Zucker- und Fettfallen aufgelistet und gute Alternativen dagegengestellt. Beim Büfett lohnt es sich, wenn Sie Ihren Teller fürs Auge attraktiv und in kleinen Portionen zusammenstellen. Anstelle eines voll geladenen Tellers gehen Sie lieber ein zweites Mal zum Büfett.

Spaßig wird Ihre Essensrunde, wenn Sie Ihren eigenen Chilistreuer herausholen und erklären, warum Sie Ihre Speisen jetzt mit Chili aufwerten. Spätestens nach dem dritten Tag werden die Ersten Sie fragen, ob sie Ihr Chilipulver auch mal benutzen dürfen. Wenn es einmal eine andere, kalorienreichere Süßspeise sein soll, dann bringen Sie hier Ihre Extraportion Chilipulver ein und lassen einfach die Hälfte stehen. Dann passt es auch.

Tipp für alle, die morgens keine Zeit haben

Wir haben unsere Frühstücksrezepte ab Seite 103 so angelegt, dass Sie die Drinks abends vorbereiten können. Bereiten Sie Ihren Drink also abends fertig zu und stellen Sie ihn in den Kühlschrank. Morgens brauchen Sie dann nur noch kurz umzurühren – und schon ist das vollwertige Frühstück fertig.

HORMONJOKER

Bote der Schlankheit

Mit etwa 30 Jahren haben wir unseren hormonellen Höhepunkt erreicht. Der Körper ist in diesem Lebensabschnitt voll leistungsfähig: Die aufbauenden Vorgänge in Ihrem Körper sind stärker als die abbauenden, Ihre Verdauung und dadurch Ihre Nährstoffaufnahme laufen rund, Ihr Herz pumpt kraftvoll Blut in Ihre Adern, Ihr Immunsystem ist fast unangreifbar, Ihre Sehnen und Bänder sind stark wie Drahtseile, und Ihre Knochen sind belastbar.

Leider geht dann mit weiteren Lebensjahren die körpereigene Hormonproduktion immer weiter zurück. Die Muskelmasse nimmt dadurch ab – und gleichzeitig das Fettgewebe zu. Der hormonelle Abschwung schwächt auch Ihre Knochenfestigkeit und kann zu höheren Blutdruckwerten führen. Aus dieser Hormonfalle können Sie einerseits durch Bewegung und Krafttraining herauskommen (siehe Seite 266ff.), andererseits auch durch eine gezielte Ernährung, damit Ihr Körper wieder mehr Hormone bilden kann.

Aminosäuren contra Fett

Bei Übergewichtigen wurde festgestellt, dass ihr Körper zu wenig körpereigenes Wachstumshormon produziert. Allein dies hat zur Folge, dass mehr Fett eingelagert wird. Bestimmte Aminosäuren (Eiweißbausteine) haben jedoch die Fähigkeit, die körpereigene Produktion von Wachstumshormon anzukurbeln. Hierzu zählen die Aminosäuren Arginin, Lysin und Glutamin. Die Rezepte der Stoffwechseloffensive haben wir so ausge-

Achten Sie auf Ihren Körper. Durch Bewegung, eine gesunde Ernährung und Lebensweise steigern Sie Ihre Vitalität und Lebensfreude und beugen vorzeitigem Altern vor.

legt, dass diese speziellen Aminosäuren in besonders hoher Menge integriert sind. Auch auf eine ausreichende Versorgung an Phenylalanin, einer weiteren Aminosäure, wird in der Stoffwechseloffensive geachtet. Diese Aminosäure ist die Vorstufe von Tyrosin, das wiederum die Ausgangssubstanz des Schilddrüsenhormones Thyroxin darstellt. Eine optimierte Thyroxinproduktion steigert den Grundumsatz und damit Ihren Kalorienverbrauch in Ruhe und im Schlaf. Nur wenn Sie die PKU-Erkrankung haben (Phenylketonurie), sollten Sie die phenylalaninhaltigen Lebensmittel meiden, da dann die Aminosäure nicht verwertet werden kann.

Für eine ausreichende Schilddrüsenaktivität braucht Ihr Körper neben dem Phenylalanin natürlich auch die direkte Aminosäure Tyrosin. Hier empfehlen wir die Tyrosinspender Mandeln (bzw. entöltes Mandelmehl), Rindfleisch, Forelle oder Hüttenkäse. Für eine ausreichende Schilddrüsenaktivität bedarf es darüber hinaus einer guten Jodversorgung. Da wir in Deutschland in einem Jodmangelgebiet leben und viele Menschen eine Schilddrüsenunterfunktion und damit einen gebremsten Stoffwechsel haben, empfehlen wir Ihnen generell ein unraffiniertes Salz, das mit natürlichen jodhaltigen Braunalgen angereichert ist. Jodiertes Salz sollten Sie nicht nehmen,

Lebensmittel mit fettabbauenden Aminosäuren

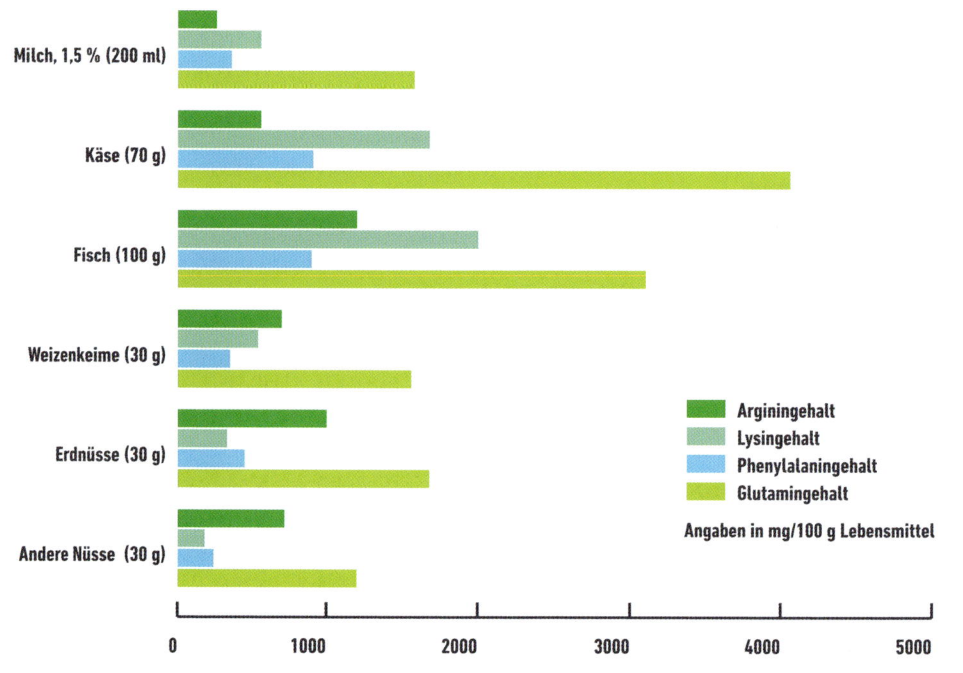

Hitliste borreicher Lebensmittel

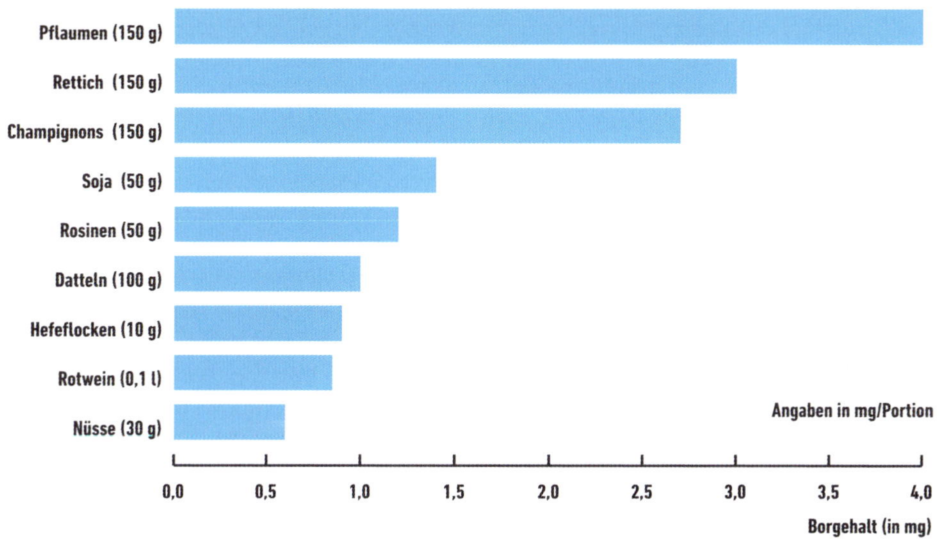

da das Jodid beim Kochen entweicht und jodiertes Salz in der Regel raffiniert ist und damit Rückstände enthält. Falls Sie zu den wenigen Menschen gehören, die eine Schilddrüsenüberfunktion diagnostiziert bekommen haben, setzen Sie anstelle des Jodsalzes Kräutersalz ein. Fische können Sie jedoch nach wie vor essen, jedoch dann schwerpunktmäßig Süßwasserfische wie beispielsweise ein Forellenfilet.

Bor für den Muskelaufbau

Wenn Sie mehr Fettgewebe abbauen und Muskulatur aufbauen und gleichzeitig stabile Knochen haben wollen, dann brauchen Sie die Kombination aus Bewegung, Muskelaufbau und eine Ernährung, die Ihre körpereigene Hormonproduktion unterstützt. Dabei ist neben den hier genannten Aminosäuren auch das Spurenelement Bor wichtig.

Die durchschnittliche tägliche Borzufuhr in Deutschland liegt im Bereich von ein bis zwei Milligramm. Die Stoffwechseloffensive nach Steffny und Dr. Feil versorgt Sie dagegen mit täglich durchschnittlich drei Milligramm Bor. Ganz nebenbei haben Sie damit auch einen Schutzpatron für starke Knochen aufgenommen.

Sie können sich durchaus Ihr tägliches Gläschen Rotwein gönnen, aber mehr als ⅛ sollte es nicht werden. Dieses bringt ein Milligramm Bor. Sie sollten jedoch nach dem Gläschen die Flasche wegstellen, denn Alkohol hat auch jede Menge Kalorien. Gleichzeitig hemmt er den Abbau von Fettgewebe, da Alkohol den Blutzuckerspiegel erhöht, wodurch die Insulinausschüttung angeregt wird. Da Insulin wiederum als Dickmacherhormon gilt, macht übermäßiger Alkoholkonsum dick. Zudem muss natürlich vor der Suchtwirkung gewarnt werden.

Kaloriengehalt von Alkohol

In dieser Tabelle finden Sie den Kaloriengehalt verschiedener Alkoholika (Angaben in kcal/Portion)

Caipirinha (0,3 l)	325
Tequila Sunrise (0,3 l)	210
Bier (0,5 l)	200
Piña Colada (0,2 l)	185
Sekt (0,2 l)	170
Wein (1/8 l)	100
Whisky (20 ml)	50

Vorsicht Alkohol: Übermäßiger Konsum führt zu viele Kalorien zu und hemmt den Fettstoffwechsel.

Soja-Produkte nur in Maßen einsetzen

Mehrere wissenschaftliche Studien konnten zeigen, dass die Phytoöstrogene in Soja-Produkten unseren Hormonstoffwechsel ganz schön durcheinanderbringen können. Auch gibt es Indikatoren, die darauf hindeuten, dass ein sehr hoher Sojakonsum zur Schilddrüsen-Unterfunktion führt und bei Männern den Testosteronlevel sinken lässt. Ein anderer Grund, der gegen einen Soja-Konsum spricht, ist die starke Bearbeitung dieser Produkte. Hierbei entstehen viele Schadstoffe. Wir empfehlen daher, Soja-Produkte spärlich einzusetzen und nicht mehr als zweimal pro Woche zu verwenden.

Damit es richtig funkt – Magnesium

Magnesium aktiviert mehr als 300 Vorgänge im Körper. U. a. wird auch die Leistungsfähigkeit Ihrer Hormone durch Magnesium beeinflusst. Es fungiert als Zündkerze für die meisten Stoffwechselprozesse. Zahlreiche Untersuchungen belegen, dass durch die »normale« Mischkost zu wenig Magnesium aufgenommen wird. Symptome eines Magnesiummangels sind, ähnlich wie bei Eisenmangel, Müdigkeit, Abgespanntheit und Gereiztheit. Auch eine erhöhte Essgeschwindigkeit (und damit eine höhere Kalorienaufnahme) werden mit Magnesiummangel in Verbindung gebracht. In der Stoffwechseloffensive haben wir deshalb für Sie gezielt Lebensmittel ausgesucht, die in der Hitliste der magnesiumreichen Lebensmittel stehen. Sie erreichen damit täglich eine Magnesiumzufuhr zwischen 400 und 500 Milligramm, wodurch Ihr Körper sich versorgt fühlt, als wäre er der eines Spitzensportlers. Wenn Sie tagsüber im Stress waren, Ihre Planungsaufgaben im Vorfeld nicht geschafft (siehe Motivationsjoker, Seite 88ff.) und zu wenig magnesiumreiche Lebensmittel aufgenommen haben, dann empfehlen wir eine Nahrungsergänzung mit Magnesium von 200 Milligramm. Zur Überwindung von nächtlichen Muskelkrämpfen sollten Sie die Magnesiumzufuhr nochmals erhöhen und morgens und abends jeweils 200 mg Magnesium extra zuführen. Eine höhere Magnesiumzufuhr ist auch gut fürs Herz – wenn die Extra-Magnesiumzufuhr zu hoch ist, dann reagiert der Darm mit Durchfall. In diesem Fall einfach die Magnesiumdosierung wieder zurückfahren. Bei nächtlichen Muskelkrämpfen sollte eine Magnesiumergänzung 6 bis 8 Wochen dauern. Das Magnesium muss in die Muskelmembranen und das braucht

Hitliste magnesiumreicher Lebensmittel

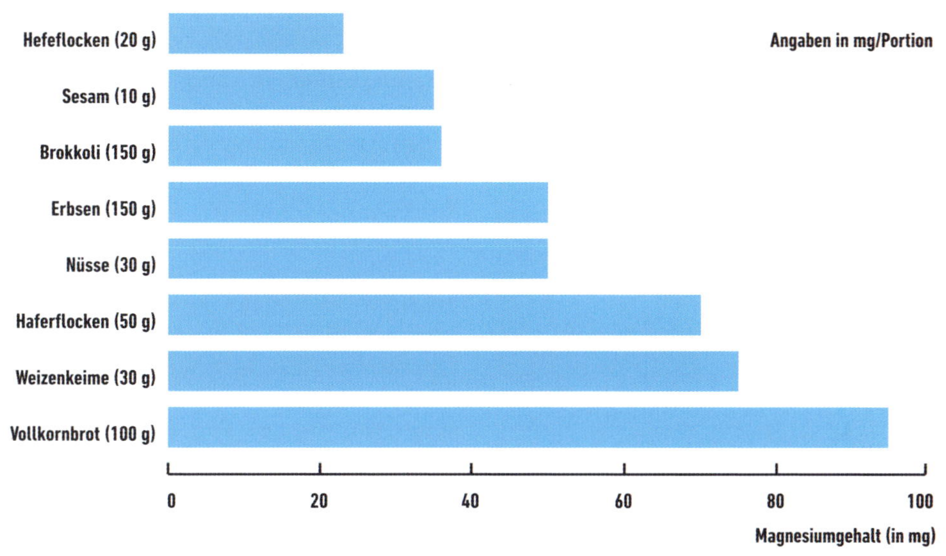

etwas Zeit. Seien Sie sich aber bewusst, dass eine Nahrungsergänzung niemals den Wert der natürlichen Lebensmittel erreichen kann. Im natürlichen Lebensmittel haben wir eine Fülle von Begleitstoffen, die für Ihre Vitalität wesentlich sind.

Tipp

Auch eine gezielte Auswahl von magnesiumhaltigen Mineralwässern unterstützt Ihre Magnesiumversorgung. Achten Sie auf die Analyse auf dem Etikett! Das Mineralwasser sollte mindestens 100 Milligramm Magnesium pro Liter enthalten, um eine unterstützende Wirkung auf Ihre Magnesiumaufnahme zu leisten.

Zink hält den Hunger in Schach

Mehrere wissenschaftliche Untersuchungen konnten inzwischen ganz eindeutig belegen, dass Menschen mit zu viel Pfunden einen Zinkmangel haben. Dies ist von großem Nachteil, da Zink besonders benötigt wird für die Produktion von fettabbauenden Hormonen wie beispielsweise Testosteron. Für die Stoffwechseloffensive besonders wertvoll waren Untersuchungen, die nachweisen, dass Zink das Essverhalten mitsteuert: Es konnte aufgezeigt werden, dass ein Zinkmangel das Verlangen nach fettreichem Essen unterstützt. Dies könnte erklären, warum Übergewichtige eher von fettreichem Essen angezogen werden. Wenn man sich die Frage stellt, welche spezifischen Stoffwechselprozesse Zink steuert, damit ein komplexer Vorgang wie das Essverhalten beeinflusst werden kann, weiß die Wissenschaft heute, dass dies über die körpereigene Leptinbildung erfolgt: Durch eine gute Zinkversorgung produziert der Körper mehr

Bedeutung von Zink

- Stärkung des Immunsystems
- Mehr körpereigene Hormone (z. B. Testosteron)
- Regulierung des Blutzuckerspiegels
- Balancierung des Säure-Basen-Haushalts
- Gut für die Wundheilung
- Regulierung des Essverhaltens

Leptin. Dieser Botenstoff ist es, der auch den Heißhunger auf Süßes herunterreguliert.

Damit Sie mit Zink immer ausreichend versorgt sind und weder Heißhunger auf Fett noch auf zuckerhaltige Lebensmittel bekommen, setzen wir bei unserer Stoffwechseloffensive bewusst zinkreiche Lebensmittel ein. Die Deutsche Gesellschaft für Ernährung (DGE) hatte noch vor einigen Jahren eine tägliche Zinkaufnahme von 15 Milligramm empfohlen. Diese Empfehlung wurde dann eher willkürlich auf 7 Milligramm für Frauen und 10 Milligramm für Männer herabgesetzt, da die meisten Menschen diese ursprüngliche Empfehlung nicht mehr erreichten. Bei der Stoffwechseloffensive mogeln wir jedoch nicht: Wir bringen Ihre Stoffwechselprozesse ins Optimum. Deshalb geben wir uns nicht mit solch zweitbesten Lösungen zufrieden. Sie erreichen durch die Stoffwechseloffensive täglich eine durchschnittliche Zinkaufnahme von 15 Milligramm. In Pha-

Hitliste zinkreicher Lebensmittel

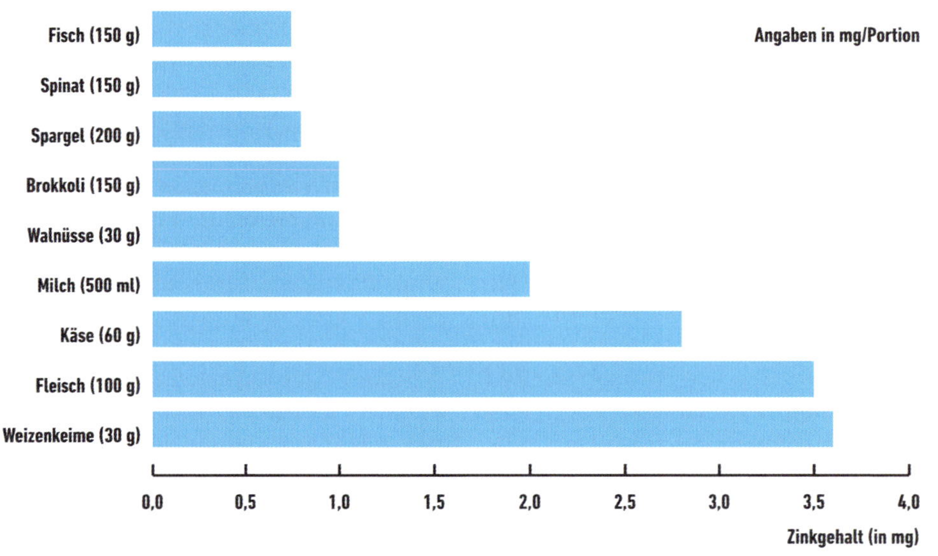

sen höherer Infektanfälligkeit ist es ratsam, zusätzlich 10 bis 15 mg Zink über eine Nahrungsergänzung aufzunehmen. Besonders bewährt sich Zink in der Anfangsphase einer beginnenden Erkältung, da Zink eine antivirale Wirkung hat. Wenn diese Anfangsphase jedoch schon vorbei ist, dann ist es für die zusätzliche Zinkdosis zu spät.

Auch Bewegung ist ein Hormonjoker

Walking, Jogging und Krafttraining macht Sie schlanker, gesünder, fitter, vitaler, jünger und ausgeglichener. Keine Pille, kein Medikament kann so viel wie das Naturheilmittel Bewegung. Laufen kann Sie wirklich positiv süchtig machen. Sie werden es nicht mehr missen wollen, weil Sie sich einfach wohlfühlen, weil Sie wirklich besser in Form sind, weil Ihnen sonst die Auszeit zum Besinnen fehlt, weil Sie so herrlich ausgeglichen von einem Morgenläufchen zurückkommen und sich Ihr Frühstück verdient haben. Laufen ist eine Sucht, etwa vergleichbar damit, sich nach einem lieben Menschen zu sehnen, weil es einem guttut. Sport regt die natürliche Produktion von Hormonen und deren natürliche Regulation an. Beim Joggen oder Walking bauen Sie Stresshormone so ab, wie es die Natur vorgesehen hatte, nämlich ohne die Krankmacher Drogen, Glimmstängel, Süßigkeiten und Alkohol. Das ist billiger und gesünder. Durch Muskeltraining erhalten Sie die aufbauenden und jung erhaltenden Hormone wie Testosteron und Wachstumshormon auf einem höheren Level. Das ist das natürlichste Anti-Aging! Durch die beim Sport ausgeschütteten »Happyhormone« Serotonin und Endorphin, körpereigene Opiate, sind Sie nicht nur beim Training, sondern auch danach glücklich und zufriedener. Nach dem Jogging ist nicht nur der Grundstoffwechsel nachhaltig erhöht, sondern Hormone wie Cholecystokinin dämpfen den Hunger – ein Phänomen, das jeder Läufer kennt.

Bewegung schüttet nicht nur Glückshormone aus. Auch die Aufbau-, Regenerations- und Wachstumshormone nehmen zu und halten Sie fit und jung.

DIE BEWEGUNGS- UND MUSKELJOKER

IN GANG KOMMEN

Bewegung – das Lebenselixier

Eine Kerze brennt am schnellsten herunter, wenn man sie von zwei Seiten anzündet. Wer nachhaltig abnehmen möchte, muss nicht nur seine Ernährung optimieren und den Kalorienbedarf anpassen, sondern sich auch unbedingt bewegen. Wer übergewichtig ist, möchte sich beim Sport natürlich nicht blamieren – aber keine Angst, wir werden Ihnen einen ganz sanften Einstieg bieten, nichts, was Sie nicht schon könnten. Sie werden durch den Bewegungsjoker fitter, bekommen eine bessere Lebensqualität und werden biologisch jünger.

Fitschlank statt schlappschlank

Eine konventionelle Diät setzt mit meist fragwürdigem Ernährungskonzept einseitig an. Man kann die Nahrung reduzieren und hungern. Wenn das überhaupt klappen sollte, werden Sie vielleicht abnehmen, aber nicht fitschlank, sondern schlappschlank! Dünn und kränklich. Das kann nicht das Ziel sein. Wenn Sie wie bei der von uns empfohlenen Lauf-Diät an beiden Schwachstellen ansetzen, sich neben einer Ernährungsumstellung auch moderat bewegen, werden Sie auf jeden Fall Fett abbauen und abnehmen, aber zusätzlich aktives Körpergewebe wie Muskulatur aufbauen.

Die Muskeln spielen lassen

Ernährungsoptimierung und Bewegung geben Ihnen mehr Kondition, Ausdauer und Belastbarkeit im Alltag, in der Freizeit und im Beruf. Muskeln geben knackigere Formen, stabilisieren den Rücken, schützen vor Knochenabbau (Osteoporose) und erhöhen den Grundstoffwechsel. Sie verbrauchen dank des gesteigerten Anteils an aktivem Körpergewebe auch nachts im Bett, sozusagen im Schlaf, mehr Kalorien. Nach dem Sport ist der Stoffwechsel noch länger angekurbelt, was weitere Kalorien verbraucht. Lassen Sie also regelmäßig Ihre Muskeln spielen.

Dafür müssen Sie sich übrigens keine Muskelpakete antrainieren oder gar Marathon laufen. Die Gymnastik, aber vor allem Walking und Jogging verbrauchen natürlich bei der Ausübung selbst eine Menge Kalorien. Mehr bei gleichem Zeitaufwand als nahezu alle anderen Sportarten. Dabei sind die von uns empfohlenen Bewegungsprogramme ganz leicht und überall durchzuführen.

Die ganzheitliche Reise zu sich selbst

Vielleicht wollten Sie am Anfang nur abnehmen oder das Herz und den Kreislauf in Schwung bringen. Doch schon nach einigen Wochen regelmäßigen Laufens merken Sie, dass sich im Kopf und Körper noch sehr viel mehr, sozusagen »en passant«, also nebenbei »im Vorbeilaufen« verändert. Auch Ihr Wohlbefinden und die Psyche werden dabei nämlich äußerst positiv beeinflusst.

Sie begeben sich auf eine lebenslange, ganzheitliche Reise zu sich selbst:

- Sie verbessern Ihre Ausdauer, also die Ermüdungswiderstandsfähigkeit, Sie halten einfach in Alltag, Freizeit und beim Sport länger durch.
- Das Gewicht sinkt durch den erhöhten Kalorienverbrauch, Sie erreichen und erhalten Ihr Normal-, Wunsch- oder Idealgewicht.
- Überschüssiges Fett wird beim Laufen abgebaut, und es kommt zu einem Muskelzuwachs, die aktive Körpermasse nimmt prozentual zu.
- Laufen ist das optimale Training für Bauch, Beine und Po, denn gerade der aufrechte Gang des Menschen formt nicht nur straffe und knackige Beine, sondern insbesondere den prominenten Gesäßmuskel.
- Die Ernährung wird sich ganz natürlich umstellen; Läufer kennen sich in Ernährungsfragen meist überdurchschnittlich gut aus.
- Sie werden beim Essen kein schlechtes Gewissen haben und mehr genießen können, da Sie am nächsten Tag die Kalorien wieder abtrainieren.
- Ihr Herz- und Kreislaufsystem wird belastungsfähiger, und die Gefäße werden elastischer, die Blutwerte optimieren sich.
- Das Immunsystem wird gestärkt, Sie werden weniger und schwächere Erkältungen und grippale Infekte haben, die zudem schneller ausheilen.
- Die Sehnen, selbst die Knochen werden stabiler und die Gelenke geschmiert.
- Sie bauen spielerisch, ohne sich zu verausgaben, Stresshormone ab, statt mit Zigaretten, Naschen oder Alkohol zu kompensieren.
- Sie fühlen sich durch Freisetzung der Botenstoffe Serotonin, Myokine und Endorphine wohler. Das sind die natürlichsten Drogen!
- Wenn Sie allein joggen, haben Sie endlich eine Auszeit, sich freizulaufen, zum Entspannen oder sogar zum Meditieren.
- Sie können dabei prima Kopfarbeit leisten, private und berufliche Probleme überdenken. Die meist glasklaren Gedankengänge könnten Sie mit einem Diktiergerät festhalten.
- Sie werden nach einem Lauf erst einmal wieder wach und konzentriert sein, aber später besser schlafen.
- In der Gruppe finden Sie Geselligkeit und Kontakte unter Gleichgesinnten und positiv denkenden Menschen. Freuen Sie sich auf einen Laufplausch!

- Nach den ersten Erfolgserlebnissen werden Sie sich auch in anderen Lebensbereichen mehr zutrauen und dort ebenfalls Ihre Grenzen erweitern.
- Sie bringen Körper, Geist und Seele in die Balance. Ihr Körper wird Ihr Freund. Sie werden ganzheitlich besser drauf sein, wieder erfreut in den Spiegel schauen und mit der Waage Frieden schließen.
- Ihr Selbstwertgefühl wird sich steigern. Sie werden weniger anfällig für Depressionen und Vorbild für Ihre Kinder oder andere.

- Sie haben Spaß beim Sport in der freien Natur. Statt zentralbeheizten, vollklimatisierten Räumen setzen Sie sich wieder den Elementen Wind, Regen, Schnee und Sonne aus. Sie kommen Ihrer eigenen Natur, dem Urmenschen und dem Lauftier in Ihnen wieder näher.

- Laufen ist seit Jahrmillionen ein natürliches Anti-Aging. Sie werden statistisch einige Jahre älter werden. Viel wichtiger aber: mit einer viel höheren Lebensqualität im fortgeschrittenen Alter. Sie sind biologisch gegenüber Normalpersonen um Jahrzehnte jünger!

Ehrlich Gewohnheiten hinterfragen

Wer nicht problem-, sondern lösungsorientiert an seine Pfunde heranwill, muss ehrlich mit sich ins Gericht gehen und bereit sein, liebgewonnene Gewohnheiten über Bord zu werfen. Das kann dazu führen, dass man teilweise auch den Bekanntenkreis wechselt. Wer bisher jeden Abend mit Freunden in die Kneipe ging, um sich den Frust rauszulabern und zu trinken, oder sich mit Freundinnen zum Kaffee-und-Kuchen-Kränzchen traf, braucht sich nicht zu wundern, wenn das auf die Hüfte angesetzt hat. Neue Freunde kann man auch beim Walktreff oder in der Jogginggruppe finden. Während man in der Kneipe oder im Café Kalorien aufnahm, sich vielleicht auch gegenseitig noch bestärkte, dass das Schicksal schuld am Übergewicht sei, verlieren Sie bei einem munteren Schwätzchen die Pfunde beim geselligen Spaziergang, Walking oder Lauftreff.

Sportler denken positiv

Bei einem gut geführten Walk- oder Lauftreff werden Sie in allen Leistungsklassen, aber besonders bei den Einsteigern und Fitnessläufern auf fröhliche Menschen aller Altersgruppen treffen, die weniger jammern und alle noch etwas vorhaben. Hier trainiert Oma mit dem Enkel, und keiner stört sich daran. Generationen sind gesellig beieinander, die sich in der Freizeit sonst gar nicht begegnen würden. Ältere Teilnehmer gelten den Jüngeren im Lauftreff sogar als Vorbild. Der grauhaarige 70-Jährige vielleicht, der den anderen beim Joggen vorschwärmt, dass er dieses Jahr noch den Kilimandscharo besteigen will. »Wenn ich in dem Alter noch so gut drauf bin, dann wäre ich froh!«, denkt da manch Jüngerer. Nach dem Laufen haben alle ein ruhiges Gewissen, nicht nur, weil sie eine gute Zeit mit anregenden Gedanken oder Gesprächen verbracht haben, sondern auch, weil sie etwas für die Figur getan haben. Das Frühstück oder Abendessen schmeckt umso besser.

Stress ade!

Die meisten Läufer werden nach einiger Zeit bestätigen, dass sie zum Entspannen laufen. »Wie bitte, zur Entspannung? Ich habe schon genug Stress, und jetzt soll ich noch laufen?«, werden Sie vielleicht denken. Ob Bewegung Stress oder Entspannung ist, kommt darauf an, was Sie daraus machen. Es ist wie mit Wein: Man kann ein Viertel genießen oder sich mit zwei Flaschen unter den Tisch trinken und am nächsten Morgen mit einem dicken Kopf aufwachen.

Bewegung ohne Stress

Wer mit Sport, oft aufgrund traumatischer Urerfahrungen aus der Schulzeit, Blamage und Muskelkater assoziiert, muss unbedingt umdenken und Laufen oder zu Beginn auch Walking vollkommen neu erlernen. Wer Sport so betreibt, dass er sich quält und Schmerzen bekommt, macht es ganz falsch. Muskelkater oder Kniebeschwerden sind Zeichen einer Überlastung, der Reiz war zu hoch, das Schuhwerk ist möglicherweise falsch. Richtig trainieren Sie, wenn Sie zunächst nicht zu viel erwarten, langsam beginnen und es einfach mal fließen lassen, die Bewegung genauso wie Ihre Gedanken oder ein nettes Gespräch. Vielen ist nicht bewusst, dass Fett nur im Sauerstoffüberschuss verbrannt wird. Wer also außer Atem durch die Gegend hetzt, macht sich nicht nur unnötigen Stress und geht ein hohes Verletzungsrisiko ein, sondern baut dabei nicht einmal Fett ab und optimiert auch nicht die anderen Blutwerte wie Cholesterin, Blutfette oder Blutdruck. Auch das geschieht nämlich nur im »grünen Bereich«. Bei guter Sauerstoffversorgung im Gehirn ist Laufen dann nicht nur eine Oase der Entspannung, sondern auch prima zum Nachdenken und zum Abbauen des Alltagsstresses geeignet.

Zu Beginn ist für Einsteiger ein Spaziergang, Walking oder Nordic Walking meist besser geeignet, als gleich loszurennen.

Vom Nichtstun Muskel- und Knochenschwund

Was passiert, wenn man nichts tut? Dann kann doch auch nichts schiefgehen? Von wegen! Im Schongang bekommt man keine Fitness, im Gegenteil! Vielleicht hatten Sie mal den Arm oder ein Bein gebrochen und dann einige Wochen im Gips. Das Ergebnis war zwar ein geheilter Knochen, aber die Muskeln, die Sie nicht mehr bewegt haben, sind zurückgegangen. Astronauten, die monatelang im Weltall der Schwerelosigkeit ausgesetzt sind, belasten den Bewegungsapparat nicht mehr genügend wie bei normaler Erdanziehung. Die Konsequenz: Muskelschwund, Osteoporose, Abbau des Herz-Kreislauf-Systems. Nach langen Aufenthalten müssen viele sich sogar vorübergehend im Rollstuhl fortbewegen. Was rastet, das rostet – und vom Nichtstun reduziert der Körper alles bis auf ein Minimum.

Ohne Bewegung um 15 Jahre älter

Auch auf Erden haben Wissenschaftler Experimente gemacht und gesunde Menschen für einen Monat ins Bett gelegt, als ob sie krank wären. Von dieser Bettlägrigkeit haben Muskulatur, Herz und Kreislauf, Knochendichte und andere verglichene Werte innerhalb von nur

So wirkt moderates Laufen auf die Gesundheit

Herz	Volumenzunahme, Ruhe- und Arbeitspulssenkung, bessere Durchblutung der Herzkranzgefäße
Kreislauf	Vermehrte feinste Haargefäße (Kapillaren), dadurch bessere Sauerstoff- und Nährstoffzufuhr, höhere Elastizität der Gefäße, geringeres Thrombose- und Arterioskleroserisiko, geringerer Blutdruck, bessere Temperaturregulation, weniger Wetterfühligkeit
Blut	Absenkung des schädlichen LDL-Cholesterins und der Triglyzeride, Anhebung des schützenden HDL-Cholesterins, verbesserte Regulation des Blutzuckerspiegels, höhere Pufferkapazität, Fließeigenschaften und Volumenzunahme des Blutes
Hormone	Abbau der Stresshormone Adrenalin, Noradrenalin und Kortisol, Freisetzung von natürlichen körpereigenen Opiaten (Endorphine), Myokinen und dem Glückshormon Serotonin
Immunsystem	Erhöhte Infektabwehr, weniger Erkältungskrankheiten, Abhärtung durch Wind und Wetter im Freien, bei Sonne Vitamin-D-Produktion
Darm	Weniger Darmträgheit, Verstopfung und Darmblutungen
Lungen	Vermehrte Kapillarisierung und bessere Atemökonomie, weniger starke Asthmaanfälle
Muskeln	Ausdauerleistungsfähiger, straffer und knackiger, verbesserte muskuläre Balance, höhere Durchblutung, größere Energie- und Sauerstoffspeicher (Myoglobin)
Skelett	Höhere Dichte und Festigkeit der Knochen, weniger Rückenbeschwerden
Gelenke	Beweglicher, besser geschmiert, verringerte Degeneration
Gewicht	Aktivierung des Fettstoffwechsels, erhöhter Arbeits- und Grundumsatz, sinnvolle und nachhaltige Gewichtsreduktion
Altern	Statistisch einige Jahre lebensverlängernd, aber biologisch Jahrzehnte jünger und langsamer alternd, höhere Lebensqualität im Alter

30 Tagen so viel abgebaut, dass diese Parameter durchschnittlich den Werten von 15 Jahre älteren Menschen gleichkamen. Was folgt daraus? Bewegungsmangel ist viel gefährlicher als Älterwerden, und durch Bewegung erhält man sich jung! Sportmediziner haben älteren Menschen bescheinigt, dass sie durch moderates Ausdauertraining die Fitness von 20 Jahre jüngeren Normalpersonen

erreichen können – oder anders ausgedrückt 20 Jahre lang biologisch 40 Jahre alt bleiben können. Dieser enorme Fitnessvorsprung gegenüber Gleichaltrigen ist Lebensqualität pur! Während die einen über Rückenschmerzen jammern, spielen Sie mit Ihren Kindern draußen Fußball oder machen eine zünftige Bergwanderung.

Schöne Beine und stabile Knochen dank Laufen

Durch Laufen formen Sie nicht nur schöne Beine, sondern aktivieren auch die Venenpumpe. Die arbeitenden Muskeln pumpen das venöse Blut aus den Beinen zum Herz zurück, was beim Rumsitzen dort versacken würde. Mit Jogging beugen Sie beispielsweise Thrombosen oder Besenreisern vor und mildern Beschwerden bei Krampfadern. Ab dem 35. Lebensjahr bauen nicht nur die Muskeln, sondern auch die Knochen unmerklich ab. Frauen sind durch die nachlassende Hormonproduktion stärker gefährdet als Männer. Moderate Bewegung wie Walking und Jogging ist bei Verschleiß und Beschwerden am Bewegungsapparat in Absprache mit einem sporterfahrenen Arzt besonders zu empfehlen. Eine Knochenerweichung kann bereits in frühen Stadien aufgehalten und durch das Schmieren der Gelenke kann einer Arthrose vorgebeugt werden.

Laufen ist zeiteffizient

Sie haben keine Zeit zum Laufen? Eine Redensart besagt: Der Fleißige hat immer Zeit! Man könnte auch sagen: Man hat nur die Zeit, die man sich nimmt. Natürlich haben wir alle die gleiche Menge an Zeit. Machen wir eine kleine Rechnung: Die Woche

So einfach ist Walking oder Laufen

- Keine komplizierte Technik, einfach (wieder) zu erlernen
- Auch im (höheren) Alter möglich und sinnvoll
- Vergleichsweise billige Ausrüstung
- Kostengünstig: keine Übungsstunden, Liftkarten, Platzmieten …
- Zeitungebunden: keine Hallen- oder Platzbelegungspläne
- Allein oder gemeinsam in geselliger Runde möglich
- Geringer Zeitaufwand bei höchster Effizienz für das Herz-Kreislauf-System
- Hoher Kalorienverbrauch pro Zeitaufwand
- Ab der Haustüre oder vom Hotel aus möglich
- Ganzjährig bei jedem Wetter machbar
- Training in der freien Natur, stimuliert Vitamin- und Hormonproduktion
- Umweltfreundlich: kein Lärm, Abgase, geringer Material-/Platzbedarf

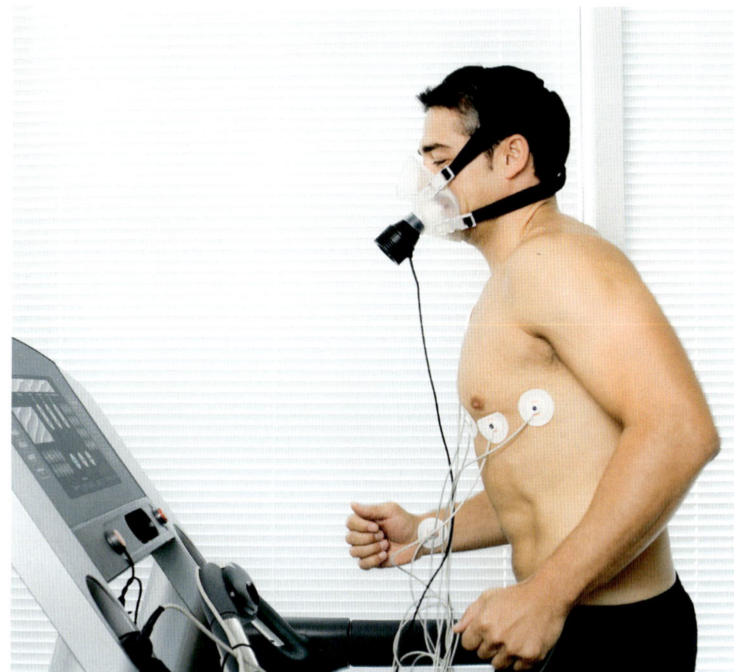

Wer mit dem Training beginnt, sollte sich zuvor von einem sporterfahrenen Arzt grünes Licht geben lassen, ob Herz und Kreislauf und Bewegungsapparat belastbar sind. Das gilt umso mehr, je älter Sie sind und wenn Sie mehrere Risikofaktoren haben.

hat 168 Stunden, davon werden etwa sieben mal sieben ist gleich 49 Stunden verschlafen. Es verbleiben noch 119 wache Stunden. Zieht man davon die Arbeitszeit von 40 bis 70 Stunden ab, so verbleiben 79 bis 49 Stunden für sonstige Tätigkeiten in der Freizeit übrig. Der Zeitbedarf eines Joggingprogramms für die Gesundheit beträgt bei dreimal Laufen inklusive Gymnastik, Duschen und Umziehen aber nur rund fünf Stunden in der Woche. Das sind also nur 10 bis 6 % des Freizeitbudgets und nur 3 % der Gesamtwochenstunden für Ihre Gesundheit! Es entspricht etwa einem Abend in der Kneipe – und der hat Sie bestimmt nicht fit gemacht. Für andere empfehlenswerte Ausdauersportarten wie Radfahren müssten Sie für denselben Kalorienverbrauch doppelt so lange trainieren oder wie beim Schwimmen oder Skilanglauf erst einmal zur Sportstätte hinkommen.

Zu Beginn ein Besuch beim Arzt

Wenn Sie mit einem geregelten Gesundheitstraining anfangen, lassen Sie sich zunächst von Ihrem Hausarzt oder besser einem selbst sporttreibenden Arzt untersuchen. Dies ist umso wichtiger, je älter Sie sind und je länger Sie keinen regelmäßigen Sport mehr ausgeübt haben. Allgemein gilt das für Personen über 35 Jahre, insbesondere wenn Sie bereits einige der Risikofaktoren Rauchen, Übergewicht, Diabetes mellitus, erhöhte Cholesterin- und Blutdruckwerte haben. Auch wenn Sie orthopädische Probleme haben oder stark übergewichtig sind, sollten Sie zunächst ärztlichen Rat einholen.

Neben einer allgemeinen Untersuchung und Überprüfung von Blutwerten wären ergänzend ein Belastungs-Elektrokardiogramm und eine Herz- und Gefäßultraschalluntersuchung sinnvoll.

Wenn das Laufen selbst ein Risiko ist

Wer einen akuten Infekt mit Fieber hat, gehört ins Bett, nicht in die Laufschuhe! Bei einem leichten Schnupfen können Sie langsamer und kürzer joggen. Es gibt auch keinen Zwang, täglich laufen zu müssen. Wenn Sie sich schlecht fühlen, etwas wehtut, will Ihnen Ihr Körper vielleicht sagen: heute nicht! Wer sehr stark übergewichtig ist und orthopädische Beschwerden und Fehlstellungen hat, muss damit rechnen, dass Laufen vielleicht nicht seine Sportart ist. Eventuell wäre man dann mit Walking, Schwimmen und Radfahren zumindest zu Beginn besser beraten.

Auch Medikamente können das Lauftraining beeinflussen. Blutdrucksenkende Mittel wie Beta-Blocker erniedrigen künstlich Ihre Pulswerte trotz hoher Belastung. Ein Puls von 120 kann dann vielleicht schon viel zu hoch sein!

Keine faulen Ausreden gelten lassen!

Vielleicht haben Sie jetzt schon die besten Vorsätze. Viele gute Argumente haben wir bisher aufgeführt, aber da ist auch noch der innere Schweinehund, sich zu überwinden. Eigentlich weiß man, dass einem Sport guttun würde, aber es fällt schwer, sich aufzuraffen. Der chinesische Philosoph Laotse hat treffend formuliert: »Verantwortlich ist man nicht nur für das, was man tut, sondern auch für das, was man nicht tut!«, und Platon und Aristoteles dozierten: »Der Anfang ist die Hälfte des Ganzen!« Der Unternehmer Henry Ford bemerkte einmal: »Die meisten Menschen verschwenden mehr Zeit und Kraft daran, um die Probleme herumzureden, als sie anzupacken.«

Der Beginn wird bei Weitem nicht so schlimm, wie man es sich vielleicht ausgemalt hat. Da Sie langsam trainieren sollen, kommt zumindest schon mal kein Sportstress auf Sie zu. Stellen Sie sich vor, Sie wären Hochspringer, zwei Meter wären Ihr anspruchsvolles Ziel. Legt man im Training zu Beginn die Latte gleich auf zwei Meter? Nein! Man kann es doch noch nicht und würde scheitern. Ein guter Trainer würde raten: Fangen wir erst mal unten an mit dem, was du jetzt kannst, und dann steigern wir jede Woche ein wenig mehr. Man wächst also an der Aufgabe. Sie müssen nur einsteigen und kontinuierlich weitermachen. Noch einmal hilft Laotse: »Eine Reise von tausend Meilen beginnt mit dem ersten Schritt!«

Vor dem Schnüren der Schuhe kommt die Beratung im Fachgeschäft.

12 faule Ausreden auf dem Prüfstand

Ich laufe schon den ganzen Tag im Büro oder Haushalt herum!	Sie »laufen« nicht, sondern gehen mit Pausen im Haus. Aber nur wenigstens eine halbe Stunde Training am Stück verbessert den Kreislauf und verbrennt ausreichend Kalorien.
Ich habe schon genug Stress!	Laufen ist kein Stress; wenn Sie es sanft betreiben, bauen Sie sogar Stress ab, es ist dann eine Oase der Entspannung.
Allein macht mir Laufen keinen Spaß, es ist mir zu langweilig!	Sie können mit Freunden oder gesellig beim Lauftreff joggen. Aber warum gönnen Sie sich nicht eine Auszeit mit sich selbst? Kommen Sie mit sich allein nicht klar?
Ich würde trainieren, wenn es ein Fitnesscenter gäbe!	Laufen können Sie auch ohne Fitnesscenter überall in der freien Natur am Wohn- und auch am Urlaubsort.
Es regnet, stürmt, schneit draußen!	Mit einer guten Funktionsbekleidung gibt es kein schlechtes Wetter mehr. Bei Regen ist die Luft sogar am saubersten!
Ist Laufen in kalter Luft im Winter nicht zu gefährlich?	Die Frage haben Sie sich beim Skifahren bestimmt noch nie gestellt! Wer regelmäßig läuft, gewöhnt sich auch an Kälte.
Ich komme im Winter nicht zum Laufen, es wird immer so früh dunkel!	Am Wochenende ist es hell, sonst joggt man mit Freunden im beleuchteten Park oder entlang einer Allee oder kann ein Fahrradergometer oder Laufband im Fitnesscenter benutzen.
Ich habe Rücken-, Knie- oder andere Probleme!	Wer Laufen richtig betreibt, wird seinen Bewegungsapparat sogar stärken! Die meisten Menschen müssen zum Orthopäden, weil sie nichts tun.
Sport ist Mord, da verletzt man sich nur!	Fordern, aber nicht überfordern! Lassen Sie dem Körper Zeit für die notwendigen Anpassungen. Verletzungen treten bei Ungeduld, Übereifer und falschem Ehrgeiz auf.
Ich schone mich lieber, das hält mich gesund!	Biologische Strukturen und Funktionen, Knochen, Gelenke, Muskeln oder Ihr Herz brauchen einen Erhaltungsreiz. Vom Nichtstun werden sie abgebaut und verkümmern.
Habe einfach keine Zeit!	Wer für Gesundheit keine Zeit hat, macht in seiner Lebensplanung etwas falsch! Laufen macht Sie ausgeglichener, Sie werden dadurch effizienter arbeiten, beim Laufen Kopfarbeit leisten, letztlich dadurch sogar Zeit gewinnen.
Nicht mehr in meinem Alter!	Jogging und Walking sind die naturgemäßeste Bewegungsform des Menschen, sie sind in jedem Alter möglich und sinnvoll.

LAUFTRAINING PLANEN

Maßvoll und erfolgreich

Die Ausdauer durch Laufen oder Walking zu trainieren bedeutet, die Widerstandsfähigkeit gegenüber Ermüdung zu verbessern. Daneben verbrennen Sie fleißig Kalorien und bauen zusammen mit dem ergänzenden Gymnastikprogramm Muskulatur auf. Das alles aber will stimmig geplant und aufgebaut sein.

Ausdauertraining

Wer seine Ausdauer verbessern und dabei Fett verbrennen möchte, muss eine moderate Belastungsintensität im Sauerstoffüberschuss, also im »grünen oder aeroben Bereich« über einen möglichst langen Zeitraum, aber wenigstens eine halbe Stunde aufrechterhalten. Der Fettstoffwechsel und die sauerstofftransportierenden Systeme wie Lunge, Herz und Kreislauf optimieren sich. Die verbesserte Durchblutung und Sauerstoffversorgung des ganzen Körpers führt zur höheren geistigen und körperlichen Leistungsfähigkeit.

Um die Wirkung und Qualität Ihres Trainings zu garantieren, sollten Sie Folgendes beachten:

- In der richtigen Intensität und Häufigkeit üben
- Das Training nur langsam steigern
- Das Programm variabel gestalten
- Auf das Zusammenspiel von Belastung und Erholung achten
- Kontinuierlich trainieren

Der sinnvolle Trainingsaufbau

Trainingsreize müssen eine bestimmte Reizschwelle überschreiten, um eine Leistungsverbesserung hervorzurufen, dürfen aber keinesfalls zu hart sein. Wir steuern das am besten über Herzfrequenzmessung, Körpergefühl und Atmung. Nach einigen Wochen werden Sie leistungsfähiger sein. Das Training in den Plänen unserer Lauf-Diät wird wie folgt gesteigert:

- Zuerst die Erhöhung der Häufigkeit des Trainings und
- die Verlängerung der Dauer einzelner Einheiten,
- zuletzt erst die Steigerung des Tempos.

Ständig gleichartige Stimulierung führt zur Monotonie, der Leistungszuwachs stagniert. Mit variablen Trainingsreizen kann man aber noch mehr herausholen. Im Gesundheitstraining mag es zunächst reichen, dreimal die Woche dieselbe Runde im gleichen Tempo zu joggen. Später kommt mehr Abwechslung durch flottere, bergige oder einzelne längere Einheiten in den Plan.

Belastung, Erholung und Geduld

Jedes Training ist nur so gut, wie es vor- und nachbereitet wird. Ohne Erholung ist Training nicht wirksam. Erfolgt der nächste Trainingslauf durch Übermotivation zu früh, so können Übertraining mit Schlappheit und sogar eine Verletzung die Folge sein. Im Rahmen der Lauf-Diät erhalten Sie ohnehin eine optimale Ernährung. Aber auch andere Einflussfaktoren wie Schlafverhalten und Regenerationsmaßnahmen wie Gymnastik, Sauna oder Massage spielen hierbei eine große Rolle. Trainingsreize müssen über einen längeren Zeitraum kontinuierlich wiederholt werden, um eine stabile und optimale Anpassung zu erzielen. Drei bis vier Mal pro Woche wären optimal. Zu Beginn kann es zunächst noch weniger sein. Langsam in die neue Belastung hineinzuwachsen, ist wirklich wichtig, denn viele Strukturen wie Herz, Gefäße, Kapillaren, Knochen und Sehnen brauchen dafür einige Zeit. Während sich Muskeln in ein paar Wochen relativ schnell anpassen, braucht der passive Bewegungsapparat dazu Monate. Wer hier zu schnell zu viel will und zu Beginn etwa täglich läuft, riskiert, sich zu verletzen.

Training nach Körpergefühl

Wie können Sie die richtige Belastung für Ihr Fitnesstraining ermitteln und kontrollieren? Leider ist vielen, vor allem »Späteinsteigern«, das natürliche Maß für »locker« oder »anstrengend« verloren gegangen. Sie vergreifen sich oft im Tempo und trainieren meist zu hart oder zu gleichförmig. Die optimale Belastung lässt sich über die Herzfrequenz und über Tests mit Blutlaktatmessung ermitteln. Sie können aber auch lernen, die Körpersignale richtig einzuschätzen.

Machen Sie Ihren Körper zu Ihrem Freund. Wer Walking oder Jogging vernünftig betreibt, hört auf dessen Signale und entwickelt ein gutes Körpergefühl für die richtige Dosierung der Belastung.

Auf Körpersignale hören

Was leicht, locker oder anstrengend bedeutet, müssen viele scheinbar erst neu lernen. Neben Herzfrequenz- und Laktatmessung können aber auch einige ganz einfache Merksätze dazu beitragen, im Training nicht zu überziehen:

- Laufen ohne Schnaufen!
- Reden ist Gold, Schweigen ist Silber!
- Lächeln statt Hecheln!

Diese Regeln beziehen sich auf das Körpersignal Atmung. Immer dann, wenn Sie außer Atem sind, befinden Sie sich im roten Bereich, wo die heftiger arbeitende Muskulatur nicht mehr genügend Sauerstoff nachgeliefert bekommt. Sie schnaufen und können keinen zusammenhängenden Satz ohne Japsen und Hecheln zu Ende reden, das Laufen wird unangenehm. Sie tun Ihrer Gesundheit und den Knochen keinen Gefallen und verbrennen auch kein Fett.

Natürlich kann man auch zu niedrig trainieren. Wer einen langsamen Spaziergang macht, kann sich auch prima unterhalten und lächeln. Das wäre wahrscheinlich zu wenig. Ein Weg, die richtige mittlere Belastung zu finden, wäre, Ihr Lauftempo langsam so zu steigern, bis die Atmung deutlich spürbar wird. Sie befinden sich nun im Bereich der anaeroben Schwelle. Die richtige Belastung im grünen Bereich wäre dann, etwas langsamer zu laufen.

Training nach Atemrhythmus

Man kann auch versuchen, nach einem Rhythmus, der sich zwischen Atmung und Laufschritt ergibt, sein Tempo zu steuern. Im flachen Gelände kann sich dabei ein gleichmäßiger Takt einstellen. Dann wäre es gut, auf jeden vierten Schritt ein- bzw. auszuatmen. Sie wären im grünen Bereich. Wenn Sie schneller laufen und mehr Sauerstoff brauchen, werden Sie vielleicht auf jeden dritten Schritt ein- und ausatmen. Spätestens jetzt sind Sie im anaeroben Schwellenbereich. Wenn Sie auf jeden zweiten Schritt oder schneller atmen müssen, sind Sie schon im tiefroten Bereich. Diese Trainingssteuerung nach Vierer-, Dreier- oder Zweierrhythmus ist im Flachen gut anwendbar, aber sobald Sie im bergigen Gelände laufen, wird sich der Takt mit dem Geländeprofil laufend ändern. Bergan sollten Sie höchstens im Dreierrhythmus laufen.

Training nach Pulsmessung

Am weitesten verbreitet ist die Steuerung der Belastung nach der Herzfrequenz. Das Herz schlägt als Pumpe für die Sauerstoffverteilung im Körper mit ansteigender Belastung immer schneller. Herz und Kreislauf passen sich im Lauf eines Ausdauertrainings an und spiegeln durch veranderte Herzfrequenzen Trainingsfortschritte, aber auch einen Rückgang der Fitness wider.

Herzfrequenzmesser

Am genauesten ist nach wie vor die Kontrolle des Trainingspulses mit einem Herzfrequenzmesser mit Brustgurt nach der EKG-Methode. Viele der Uhren, die nur mit einem Sensor am Handgelenk messen, sind leider ungenau. Die Elektroden des Brustgurts registrieren die elektrischen Impulse, die Ihr Herz beim Kontrahieren erzeugt, und funken sie an den Empfänger am Handgelenk. Die kontinuierliche Pulsanzeige gestattet es, das Training innerhalb bestimmter Grenzen zu gestalten und daher die Belastung und Erholung viel genauer zu dosieren.

Ruhe- und Erholungspuls

Unabhängig vom Training können Sie per Hand beispielsweise den morgendlichen Ruhepuls im Bett vor dem Aufstehen messen. Durchschnittsbürger haben zwischen 60 und 80 Herzschläge pro Minute, gut trainierte Ausdauersportler 50 bis 40 und darunter. Ein im Rahmen Ihres Lauftrainings über Wochen und Monate abnehmender Ruhepuls ist ein Zeichen für ein leistungsfähiger gewordenes Herz. Auch der Erholungspuls sagt etwas über Ihre Form aus. Je schneller die Herzfrequenz beispielsweise eine Minute nach einer vergleichbaren Belastung runtergeht, desto besser sind Sie drauf.

Belastung im Training

Für die optimale Belastung im Training, also den normalen Dauerlauf, gibt die nachfolgende simple Formel einen ersten Anhaltspunkt: Trainingspulsfrequenz ist 180 minus Lebensalter plus/minus 10 Schläge. Ein 40-Jähriger sollte also zwischen 130 und 150 Schlägen pro Minute laufen. Diese Formel trifft auf zwei Drittel aller Läufer einigermaßen gut zu. Haben Sie Zweifel oder den begründeten Verdacht, dass Sie von dieser Formel abweichen, so sollten Sie Ihre individuellen Zonen mit einem versierten Trainer oder Sportmediziner mittels einer Leistungsdiagnostik überprüfen und einjustieren.

Ein individuell eingestellter Herzfrequenzmesser ist zu Beginn eine gute technische Hilfe, um das oft verloren gegangene Körpergefühl wieder zu erspüren.

Maximalpuls – höher geht's nicht

Der Maximalpuls ist der höchstmögliche Puls, den Sie bei voller Belastung erreichen können, beispielsweise in einem Wettkampf beim Endspurt. Er wird individuell unterschiedlich mit dem Alter niedriger und sinkt dabei durchschnittlich um einen Schlag pro Lebensjahr. Die Höhe des Maximalpulses ist eher genetisch bedingt und durch Training nicht änderbar. Weiß man, wo der individuelle Maximalpuls liegt, lassen sich verschiedene Laufgeschwindigkeiten genauer in Prozent vom Maximalpuls angeben. Sie können versuchen, ihn über die Formel 220 minus Lebensalter abzuschätzen. Aber auch hier gilt: Diese Formel trifft nicht auf alle zu. Besser ist es, ihn praktisch zu ermitteln, wozu aber volle Belastung und hohe Motivation nötig sind.

Den Maximalpuls ermitteln

Wenn Sie vorhaben, den maximalen Puls zu ermitteln, ist es wichtig zu wissen, ob Sie kerngesund sind, denn dieser Grenzgang ist unter Umständen nicht ohne orthopädische und Herz-Kreislauf-Risiken! Sie sollten keinerlei Infekt, Herzfehler, Herzrhythmusstörung oder Verletzung haben. Ansonsten kann man dieses Verfahren zur Ermittlung der Trainingsbereiche selbst durchführen.

Schon gewusst? Auch erfolgreiche Wettkampfläufer trainieren überwiegend in der grünen Zone. Lediglich einzelne, wenige Tempospitzen verleihen ihnen die notwendige Tempohärte für Rennen.

Es gibt zur Ermittlung des Maximalpulses mehrere Möglichkeiten:

- Sie ermitteln den Maximalpuls im Training mit einem zuverlässigen Pulsmesser, indem Sie nach sorgfältigem Warmlaufen von mindestens zehn Minuten das Tempo für fünf Minuten deutlich steigern, bis Sie stark außer Atem sind. Dann spurten Sie aus diesem anstrengenden Tempo für eine Minute nochmals voll durch, bis Sie das Gefühl haben, dass nicht mehr drin ist. Nun sollten Sie nahe dem Maximalpuls sein.

- Alternativ können Sie nach dem Warmlaufen auch bergan oder im Fitnesscenter auf dem Laufband mit 10 % Steigung für fünf Minuten laufen, bis Sie außer Atem geraten, und dann nochmals eine Minute so schnell wie möglich laufen. Wichtig ist es, sich hinterher immer locker auszulaufen!

Trainingsbereiche festlegen

Wenn Sie Ihren Maximalpuls annähernd kennen und diesen als 100 % setzen, können Sie die Herzfrequenzbereiche für Ihr Training einfach daraus errechnen:

- Die anaerobe Schwelle, also der rot-grüne Übergangsbereich, liegt bei Einsteigern bei etwa 87 %.

- Der locker flotte Tempodauerlauf liegt zwischen 80 und 87 %.

- Der normale, ruhige Dauerlauf, bei dem die meisten Trainingskilometer zurückgelegt werden sollten, liegt zwischen 70 und 80 %. Hier ist auch die Fettverbrennung im Verhältnis zum Zeitaufwand optimal.

- Regeneratives Laufen liegt unter 70 %.

Im roten Bereich oberhalb der anaeroben Schwelle ist es nicht einfach, nach Puls zu steuern. Die lineare Beziehung zwischen Herzfrequenz und Lauftempo flacht in dieser Zone mehr oder weniger ab, wodurch die Pulsmessung ungenauer wird.

Anaerobe Schwelle und Laktat

Sie müssen, um Ihre Trainingszonen zu ermitteln, nicht unbedingt den Maximalpuls herausfinden, denn es reicht eigentlich zu wissen, wo die anaerobe Schwelle liegt, da Ihr Training darunter stattfindet. Auch Wettkampfläufer absolvieren 90 bis 97 % ihres Trainings im grünen Bereich. Zur Erinnerung: Nach Körpergefühl liegt diese anaerobe Schwelle etwa dort, wo Sie zu schnaufen beginnen oder Sie eine Unterhaltung durch Luftholen immer wieder unterbrechen müssen. Man kann die zugehörige Herzfrequenz oder die Geschwindigkeit auch über eine Laktatmessung in einem erfahrenen sportmedizinischen Institut, bei einem versierten Trainer oder in guten Laufseminaren ermitteln.

Das Blutlaktat, auch Milchsäure genannt, steigt als Nebenprodukt des Energiestoffwechsels bei höherem Tempo unter Sauerstoffnot so weit an, dass man immer heftiger schnauft und das Laufen schließlich abbrechen muss. Man ist in der Muskulatur übersäuert.

Es gibt dazu zwei verschiedene Verfahren: als Stufentest auf einem Laufband oder auf freier Strecke als Feldtest. Für einen sinnvollen Laktattest sollten Sie ausgeruht sein und außerdem vorher kohlenhydratreich gegessen haben. Im vereinfachten Verfahren ermittelt man nun die Pulsfrequenz und Geschwindigkeit an der anaeroben Schwelle, die bei einer Konzentration von vier Millimol Laktat pro Liter Blut erreicht wird.

DIE WISSENS-JOKER

DAS WUNSCHGEWICHT

Was darf's denn sein?

Eine gewichtige Frage: Was an Kilos ist normal, was ist zu viel – und was wäre ideal? Das ist individuell sicherlich verschieden, aber nicht nur Geschmackssache, und selbstverständlich haben sich Mediziner, Fitness- und Ernährungsexperten dazu Gedanken gemacht, wohin die Reise gehen soll. Sie sollten die nachfolgenden Vorgaben für BMI, Körperfettwert und Taillen-Hüft-Verhältnis erfüllen. Das wäre für die Gesundheit Pflicht. Noch mehr abzunehmen ist Kür, Geschmackssache – oder wollen Sie vielleicht ein Hungerhakenmodel oder Elitemarathonläufer werden?

Normal-, Idealgewicht und BMI

Die von uns als Ziel empfohlenen Optimalbereiche sind nicht das Wunschdenken einer Modelagentur. Dort müssten Sie sich garantiert untergewichtig vorstellen. Das sollte kein Vorbild sein! Sie stammen vielmehr aus den Sterblichkeits- und Risikotabellen von Kranken- und Lebensversicherern sowie soliden wissenschaftlichen Untersuchungen. Auch Leistungsläufer versuchen, in einem sinnvollen Rahmen ihr Gewicht zu reduzieren. Leichter läuft es sich schneller! Die vorgegebenen Bereiche für Gesundheit und Wohlbefinden lassen ein wenig Spielraum für persönlichen Geschmack innerhalb der oberen und unteren Grenzen zu. Nach folgenden Formeln können Sie berechnen, ob Ihr Gewicht für Ihre Größe in Ordnung ist:

Broca-Formeln

Sie gelten heute als veraltet, lassen aber eine grobe Einschätzung zu:

Größe (in Zentimetern) – 100 = Normalgewicht
Beispiel 180 – 100 = 80 kg

Normalgewicht – 10 % = Idealgewicht
Beispiel (180 – 100) x 0,9 = 72 kg

Das Normalgewicht liegt vergleichsweise zum Body-Mass-Index mehr am oberen Rand der Gesundheitsempfehlungen, das Idealgewicht mehr in der Mitte.

Body-Mass-Index (BMI)

Der BMI zeigt an, ob Ihr Gewicht zu Ihrer Größe passt. Er wird so ermittelt:

$$\frac{\text{Körpergewicht (kg)}}{\text{Körpergröße x Körpergröße (m)}} = \text{Body-Mass-Index (BMI)}$$

Beispiel Mit 72 kg und 1,80 m Größe hätte man einen BMI von 72 : (1,8 x 1,8) = 22,2 – das ist ok! Eine Frau mit 1,67 Meter Größe und 84 Kilogramm wäre mit BMI 30,1 bereits adipös!

- Sollwerte Männer: 20–25
- Sollwerte Frauen: 19–25
- Untergewicht: unter 18,5
- Übergewicht: über 25
- Fettsucht (Adipositas): 30–35
- Starke Fettsucht: über 35

Bei einem Body-Mass-Index über 27 steigt das Risiko einer koronaren Herzerkrankung, aber auch vieler anderer Erkrankungen deutlich an. Die orthopädische Belastung steigt ebenfalls stark mit dem BMI.

BMI – liegt Ihr Gewicht im Idealbereich?

	Idealbereich Frauen			Idealbereich Männer			Adipös
Alter	Bis 34	35–55	Über 55	Bis 24	25–50	Über 50	
BMI	19–24	20–25	21–26	19–24	20–25	21–26	> 30
Größe in cm	GEWICHT IN KG						
156	46,0–58,5	48,5–61,0	51,0–63,5	46,0–58,5	48,5–61,0	51,0–63,5	73,0
158	47,5–60,0	50,0–62,5	52,5–65,0	47,5–60,0	50,0–62,5	52,5–65,0	75,0
160	48,5–61,5	51,0–64,0	54,0–66,5	48,5–61,5	51,0–64,0	54,0–66,5	77,0
162	50,0–63,0	52,5–65,5	55,0–68,0	50,0–63,0	52,5–65,5	55,0–68,0	78,5
164	51,0–64,5	54,0–67,0	56,5–70,0	51,0–64,5	54,0–67,0	56,5–70,0	80,5
166	52,5–66,0	55,0–69,0	58,0–71,5	52,5–66,0	55,0–69,0	58,0–71,5	82,5
168	53,5–67,5	56,5–70,5	59,5–73,5	53,5–67,5	56,5–70,5	59,5–73,5	84,5
170	55,0–69,5	58,0–72,5	60,5–75,0	55,0–69,5	58,0–72,5	60,5–75,0	86,5
172	56,0–71,0	59,0–74,0	62,0–77,0	56,0–71,0	59,0–74,0	62,0–77,0	89,0
174	57,5–72,5	60,5–75,5	63,5–78,5	57,5–72,5	60,5–75,5	63,5–78,5	91,0
176	59,9–74,5	61,0–76,5	64,5–79,5	59,9–74,5	61,0–76,5	64,5–79,5	93,0
178	60,0–76,0	63,5–79,0	66,5–82,5	60,0–76,0	63,5–79,0	66,5–82,5	95,0
180	61,5–78,0	64,5–81,0	68,0–84,0	61,5–78,0	64,5–81,0	68,0–84,0	97,0
182	63,0–79,5	65,0–83,0	69,5–86,0	63,0–79,5	65,0–83,0	69,5–86,0	99,5
184	64,5–81,5	67,5–84,5	71,0–88,0	64,5–81,5	67,5–84,5	71,0–88,0	101,5
186	65,5–83,0	69,0–86,5	72,5–90,0	65,5–83,0	69,0–86,5	72,5–90,0	104,0
188	67,0–85,0	70,5–88,5	74,0–92,0	67,0–85,0	70,5–88,5	74,0–92,0	106,0
190	68,5–86,5	72,0–90,5	76,0–94,0	68,5–86,5	72,0–90,5	76,0–94,0	108,5
192	70,0–88,5	73,5–92,0	77,5–96,0	70,0–88,5	73,5–92,0	77,5–96,0	110,5
194	71,5–90,5	75,5–94,0	79,0–98,0	71,5–90,5	75,5–94,0	79,0–98,0	113,0
196	73,0–92,0	77,0–96,0	80,5–100,0	73,0–92,0	77,0–96,0	80,5–100,0	115,0
198	74,5–94,0	78,5–98,0	82,5–102,0	74,5–94,0	78,5–98,0	82,5–102,0	117,5
200	76,0–96,0	80,0–100,0	84,0–104,0	76,0–96,0	80,0–100,0	84,0–104,0	120,0

Fettsucht verkürzt das Leben statistisch um vier Jahre. Nur leichtes Übergewicht ist gesundheitlich kein großes Problem, vor allem, wenn man zusätzlich die Ausdauer trainiert. Rauchen ist eine unsinnige Methode abzunehmen, bei der man einen schwachen Risikofaktor durch einen starken ersetzt. Laufen Sie lieber und verbessern Sie Ihre Ernährung, denn Läufer sind schlanker als Raucher!

Den Wunsch-BMI berechnen

Wenn Sie ein Zielgewicht zu einem Wunsch-Body-Mass-Index berechnen wollen, so geht das folgendermaßen:

Wunsch-BMI x Ihre Größe^2 = Zielgewicht

Beispiel Eine übergewichtige Frau mit 82 Kilogramm Gewicht bei 1,71 Meter Größe hat einen BMI von 28 und möchte in den Idealbereich mit BMI 23 kommen. Berechnung: 23 multipliziert mit 1,71 x 1,71 = 67,3 Kilogramm für das anzustrebende Gewicht. Sie müsste also fast 15 Kilogramm abnehmen.

Fettmessung – schwere Knochen?

Der Körperfettanteil wird weder bei den Broca-Formeln noch beim Body-Mass-Index berücksichtigt. Er bestimmt das für die Gesundheit so wichtige Verhältnis von passivem Fett- zu aktivem Muskel-, Knochen- und Organgewebe. So wird ein Bodybuilder wegen seiner Muskelberge nach dem BMI übergewichtig sein, seine Fettwerte dagegen werden niedrig liegen. Letztlich ist aber zu viel Körperfett, also passives Körper-

Mehr Verständnis für die Fettwaage

Morgens leichter als abends

Bei Verwendung der modernen Bioimpedanzwaagen sind nicht wenige irritiert, dass die Fettwerte im Tagesverlauf schwanken. Verrückte Welt: Morgens wiegen Sie nach dem Aufstehen am wenigsten, der Fettwert ist aber am höchsten. Am Nachmittag ist es umgekehrt. Man war ohnehin misstrauisch und möchte die lästige Waage nun endgültig aus dem Fenster werfen. Doch halt! Bevor Sie das Objekt Ihrer Hassliebe voreilig entsorgen, stellen wir eine Überlegung an. Warum sind Sie eigentlich am Morgen am leichtesten? Nicht weil man über Nacht viel Fett abgebaut, sondern weil durch Schwitzen, Atmung und Urin Wasser verloren ging. Dadurch wird der relative Fettwert natürlich höher. Nachmittags hat man wohl schon einiges gegessen und getrunken. Mit der Gewichtszunahme von ein bis zwei Kilogramm im Tagesverlauf steigt überwiegend der Wasseranteil in Ihrem Körper. Prozentual hat man somit weniger Fett, die absolute Fettmenge ist dabei ziemlich gleich geblieben. Es ist also ganz natürlich, dass der prozentuale Fettwert im Tagesverlauf, aber bei Frauen auch im Verlauf des Monatszyklus durch Wassereinlagerungen schwankt.

Taillen-Hüftumfang-Verhältnis

Gesundheitsrisiko bei Übergewicht	Männer	Frauen
Hohes Risiko	Über 0,95	Über 0,85
Mittelgradig erhöhtes Risiko	0,90–0,95	0,80–0,85
Geringes Risiko	Unter 0,90	Unter 0,80

gewebe, das gesundheitliche Problem. Eine Fettmessung mit Bioimpedanzwaagen oder mit einer Caliper-Fettzange deckt die Wahrheit auf. Lange hat man vielleicht keinen Sport betrieben, zwar das Gewicht gehalten, aber klammheimlich Muskulatur verloren. Man hat nicht gemerkt, dass der Fettanteil zuungunsten der aktiven Körpermasse zunahm. Eine Körperfettmessung zeigt den wahren Fitnesszustand. Bei Männern liegen die gesundheitlich optimalen Fettwerte zwischen 13 und 22 % und bei Frauen zwischen 18 und 27 %.

Birne oder Apfel – wo ist die Problemzone?

Nicht nur zu viel Fett ist ein Risikofaktor, sondern auch das Verteilungsmuster am Körper. Genauer gesagt: um die Taille oder Hüfte? Frauen haben eher eine gesundheitlich günstigere gynoide Verteilung. Das bedeutet: Das Fett ist eher birnenförmig verteilt, also mehr um die Hüfte, Oberschenkel und Gesäß. Beim Männern überwiegt die riskantere androide, apfelförmige Verteilung mit mehr Fett am Bauch. Durch Messung des Taillen-Hüftumfang-Verhältnisses (waist to hip ratio) können Sie Ihr koronares Risiko selbst ermitteln. Nehmen Sie ein Bandmaß und messen im Stehen den Taillenumfang an seiner engsten Stelle etwa in Höhe des Bauchnabels, anschließend an der weitesten Stelle um Hüfte, Gesäß oder Oberschenkel. Mogeln Sie aber nicht, indem Sie mit dem Band in die Problemzonen einschneiden und das Fett komprimieren. Teilen Sie nun den Taillen- durch den Hüftumfang. Nun vergleichen Sie Ihren Wert mit der Tabelle. Frauen, die häufiger zu- und abnehmen, neigen eher dazu, mehr Bauchfett anzusetzen, also den ungünstigeren androiden Typ zu entwickeln.

Krankhafte Magersucht

Nicht wenige schlanke Frauen haben das gegenteilige Problem. Sie möchten sich am liebsten noch weiter »verdünnisieren«. Abnehmen steht krankhaft im Zentrum des Denkens und Handelns. Als Ursache nimmt man Störungen in der Geschlechtsidentifikation, Erziehungsdruck sowie mangelnde Selbstakzeptanz und familiäre Zerrüttung an. Diät- und Schlankheitswahn tun ihr Übriges. Das Essen wird verweigert, ein oft tödliches Spiel mit der Gesundheit. Diese Magersucht oder Anorexia nervosa benötigt psychotherapeutische Behandlung.

DER KALORIENVERBRAUCH

Leben Sie verschwenderisch

Für den Aufbau von Körpersubstanz und zur Aufrechterhaltung der Körpertemperatur verbrauchen wir Energie. Aber auch bei Bewegung – je mehr, desto besser! Man unterscheidet den Grundumsatz bei Ruhe im Bett und den Arbeitsumsatz, der durch Tätigkeiten im Alltag und durch Sport hinzukommt. Interessant ist natürlich zu wissen, wie viele Kalorien man beim Walking oder Laufen verheizt.

Der Grundumsatz wächst mit der Muskulatur

Wie viele Kalorien ein Mensch umsetzt, ist von verschiedenen Faktoren abhängig. Der Grundumsatz macht beim normalen Erwachsenen 60 bis 75 % des Tagesumsatzes aus. Weiterhin gehen 8 bis 15 % für die Umwandlung und Speicherung der Nahrungsenergie in die Bilanz ein, und 15 bis 30 % gehen bei körperlichen Aktivitäten drauf. Der Grundumsatz ist nicht konstant. Er korreliert zwar mit dem Gewicht, hängt aber auch von der fettfreien Körpermasse ab. Ein wichtiger Grund, durch Laufen und Krafttraining die Muskelmasse, also den aktiven Körperanteil, zu erhalten oder sogar zu erhöhen. Er ist bei Frauen bei gleichem Gewicht wegen des höheren Fettanteils um rund 10 % niedriger. Eine moderate Zunahme der Muskulatur um zwei Kilogramm kann den Grundstoffwechsel so erhöhen, dass man bei gleicher Ernährung über Monate sozusagen im Schlaf ganz nebenbei einige Kilogramm Fett verliert. Ein durchschnittlicher Mann hat bei einer Größe von 1,76 Meter und 74 Kilogramm einen Grundumsatz von 1740 Kilokalorien, eine Frau bei 1,64 Meter Größe und 59 Kilogramm nur 1340 Kilokalorien. Im Alter nimmt der Grundstoffwechsel ab. Kälte steigert ihn um 2 bis 5 %, Hitze um 0,5 % für jedes Grad über 30 °C.

Den Kalorienbedarf abschätzen

Den täglichen Gesamtenergiebedarf kann man unter Berücksichtigung von körperlichen Aktivitäten als Multiplikation des Grundumsatzes abschätzen:

- Beim Schlafen ist der Grundumsatz mit 0,95 zu multiplizieren
- Bei ausschließlich sitzender Tätigkeit multipliziert mit 1,2
- Bei überwiegend sitzender Tätigkeit multipliziert mit 1,6
- Bei überwiegend gehender, stehender Tätigkeit multipliziert mit 1,85

- Bei körperlich anstrengender Arbeit multipliziert mit 2,0 bis 2,4

Nun können wir nachrechnen. Unser oben genannter Referenzmann schläft 8 Stunden, treibt 2 Stunden Sport und verbringt 14 Stunden überwiegend sitzend am Tag. Das bedeutet einen durchschnittlichen Multiplikator von 8 x 0,95 + 2 x 2,2 + 14 x 1,6 = 34,4. Geteilt durch 24 Stunden ergibt das 1,43. Diesen Stundendurchschnittswert multiplizieren wir mit seinem Grundstoffwechsel von 1740 und erhalten einen Tagesbedarf von etwa 2500 Kilokalorien.

Energieverbrauch bei Walking und Jogging im Vergleich

Näherungswerte in Kilokalorien pro Stunde in Abhängigkeit von Körpergewicht und Tempo

Tätigkeit	Tempo (km/h)	50 kg	60 kg	70 kg	80 kg	90 kg	100 kg
Liegen	–	66	81	90	102	117	132
Sitzen	–	84	102	120	132	150	168
Wandern mit Rucksack	5	300	360	420	474	540	600
Bergsteigen	–	450	519	612	690	777	870
Gehen							
Spazierengehen	3	138	171	198	222	255	279
Walking	6	222	270	318	360	408	456
Nordic Walking*	6	350	425	501	565	641	716
Power Nordic Walking*	9	791	961	1121	1272	1432	1601
Powerwalking	9	504	612	714	810	912	1020
Racewalking	12	770	880	990	1100	1210	1320
Laufen							
Jogging	9	438	531	624	702	795	888
Dauerlauf	12	642	771	906	1024	1155	1290
Tempodauerlauf	16	798	963	1128	1278	1437	1602
Wettkampftempo	20	960	1158	1356	1536	1731	1932

Quelle: Herbert Steffny, »Walking – Nordic Walking«, Südwest Verlag

* mit intensivem Armeinsatz

Der Kalorienverbrauch beim Laufen

Bei Leistungssportlern ist der sportspezifische Kalorienumsatz selbstverständlich erheblich größer. Ein Tagesbedarf von bis zu 7000 Kilokalorien, wie er im Extremfall bei langen anstrengenden Bergetappen bei der Tour de France vorkommen kann, macht sogar Infusionen zur schnelleren Regeneration erforderlich. Ein Freizeitläufer oder Walker verbraucht erheblich weniger. Eine einfache, aber recht präzise Formel besagt, dass man beim Laufen oder flotten Walking pro Kilometer ungefähr so viele Kilokalorien verbrennt, wie man in Kilogramm wiegt.

Kalorienverbrauch beim Laufen/Walking = Körpergewicht x Laufkilometer

Eine übergewichtige, 85 Kilogramm schwere Joggerin verbraucht demnach bei einem Zehn-Kilometer-Lauf rund 850 Kilokalorien. Der oben angeführte Referenzmann hat mit 74 Kilogramm bei leichter Bürotätigkeit einen täglichen Kalorienbedarf von etwa 2500 Kilokalorien. Wenn er drei bis vier Mal in der Woche etwa eine Stunde joggt, kommen rund 2500 Kilokalorien in der Woche hinzu. Das ist mit rund 400 Kilokalorien täglich also ungefähr 16 % mehr als sein Bedarf ohne Laufen.

Hilfe – trotz Laufen stagniert mein Gewicht!

Manche Menschen nehmen gar nicht oder nur sehr langsam ab, weil Laufen allein nun mal einen geringeren Effekt als Sport plus kalorienangepasste Vollwertkost hat. Nicht wenige Läufer reduzieren eben leider nicht die Zahl der Biere oder Schokoladentafeln und sündigen munter weiter. Aber wer mit Sport und einer Ernährungsumstellung sinnvoll abnehmen möchte, braucht eben nicht nur Ausdauer in den Beinen, sondern auch ein wenig Geduld im Kopf.

Die Fitness schlägt zu Buche

Vielleicht laufen oder walken Sie als Einsteiger schon seit einem Monat, aber nichts tut sich auf der Waage! Alles umsonst? Wiederum würde eine Fettmessung hierbei helfen. Unmerklich hat sich Ihr Körperfettanteil bereits verringert, aber wieso wiegen Sie immer noch dasselbe? Ganz einfach: Die fettfreie, aktive Körpermasse hat mittlerweile zugenommen, weil Sie zu Beginn beim Laufen und Krafttraining erst mal Bein- und Rumpfmuskeln aufbauen. Langfristig werden die Sehnen und Knochen ebenfalls stärker. Weiterhin vergrößert sich das Blutvolumen. Auch die Energiespeicher, das Glykogendepot und darin gebundenes Wasser haben sich vermehrt. Das sind zu Beginn alles positive funktionelle Anpassungen für Ihre spürbar verbesserte Fitness!

Erst nach ein bis zwei Monaten, nachdem die Muskeln aufgebaut sind, beginnt die Fettabnahme deutlich auf der Waage in Kilogramm messbar zu werden. Wer beispielsweise 2000 Kilokalorien wöchentlich durch Jogging (zweimal 45 Minuten und am Wochenende eine Stunde) zusätzlich verbrennt, nimmt pro Monat je nach Trainingsplan (siehe Seite 272ff.) zwischen einem und fast zwei Kilogramm Fettgewebe ab.

DIE LAUFAUSRÜSTUNG

Von Fuß bis Kopf optimal

Bevor Sie loslaufen, benötigen Sie natürlich Laufschuhe und geeignete Bekleidung. Zum Glück ist die Ausrüstung nicht sehr aufwendig – Laufen gehört zu den kostengünstigeren Sportarten. Aber eine gute Qualität mit fachlicher Beratung bekommt man nicht zum Schnäppchenpreis am Wühltisch im Supermarkt. Eine gute Funktionsbekleidung wird zu allen Jahreszeiten für angenehmen Tragekomfort und Schweißtransport sorgen und ein Auskühlen verhindern.

Die Laufschuhe

Der Laufschuh ist mit Abstand das Wichtigste bei der Ausrüstung. Beginnen Sie auf keinen Fall mit alten Turn-, Aerobic- oder Tennisschuhen, damit ruinieren Sie sich garantiert die Knochen! Der richtig gewählte Laufschuh macht Joggen oder Walking komfortabel und hilft, Verletzungen zu vermeiden.

Dämpfen, führen, abrollen, korrigieren

Laufschuhe müssen Unglaubliches aushalten und bei jedem Schritt je nach Tempo ein Mehrfaches Ihres Körpergewichts auffangen. Dabei muss der Schuh den Aufprall dämpfen, die Bewegung stabil und kontrolliert führen, das Abrollen gut ermöglichen und gegebenenfalls orthopädische Fehlstellungen korrigieren. Diesen Anforderungen werden nur spezielle Laufschuhe gerecht, die Sie genauso für Walking einsetzen können. Modische Aspekte, Farbe oder Marke sind das unwichtigste Auswahlkriterium. Übergewichtige Läufer brauchen stabile, besser gedämpfte Modelle. Hierzu lassen Sie sich am besten im Lauffachgeschäft beraten. Trauen Sie sich gerade als Einsteiger, dorthin zu gehen. Man muss nicht Marathon gelaufen sein, um zu den Spezialisten zu gehen. Sie erhalten dort auch Adressen von Lauftreffs, Volksläufen oder sporterfahrenen Ärzten.

Damit Sie aber nicht hilflos auf die Suche gehen, geben wir Ihnen einige Empfehlungen. Die wichtigsten Kriterien für die Kaufentscheidung sind Ihr Fuß, Ihr Gewicht und das Trainingsgelände. Man sollte sich also nicht an der Schuhmarke eines Topsportlers und nicht unkritisch an Tests in Verbrauchermagazinen orientieren, denn jeder hat gewissermaßen sein individuelles Fahrgestell. Was auf viele zutreffen mag, muss für Ihre Füße nicht stimmen!

Checkliste – der richtige Laufschuh

- Laufen nur im Laufschuh – nicht in irgendeinem Fitnessschuh!

- Gehen Sie in ein Laufsportgeschäft mit Fachverkäufern
- Zur Beratung alte Sportschuhe mitbringen
- Kaufen Sie Ihre Schuhe am Nachmittag, da die Füße morgens kleiner sind
- Zur Anprobe Ihre Laufsocken tragen
- Optimale Passform bei Schuhgröße und Fußweite
- Gerader oder gebogener Leisten?
- Ihr Körpergewicht: Stabilität des Schuhs geht vor Gewicht
- Vorfuß- oder Rückfußläufer – wie landen Sie?
- Profil und Dämpfung – auf welchem Untergrund laufen Sie?
- Knochenschonend – verschiedene Schuhe im Wechsel tragen
- Belüftung – atmungsaktives Obermaterial
- Reflektoren für mehr Sicherheit bei Dunkelheit
- Haben Sie eine Fußfehlstellung?

Passform und Größe

Sie sollten die Schuhe immer mit geeigneten Laufsocken anziehen. Ob man einen schmalen oder breiten Fuß hat, merkt man spätestens bei der Anprobe im Geschäft. Die Passform ist entscheidend. Der Schuh sollte nirgends drücken. Der Vorfußbereich muss den Zehen genügend Spielraum für die freie Bewegung bieten. Ein Fingerbreit sollte vor der großen Zehe Platz sein. Im Schaftbereich sollte der Schuh eher fest sitzen. Ihr Fußgewölbe sinkt im Lauf des Tages etwas ab, der Fuß wird dadurch länger. Auch während des Laufens und bei Wärme schwillt der Fuß etwas an. Kaufen Sie daher am besten nachmittags ein. Sie riskieren blaue Zehennägel oder Blasen, wenn Sie Ihre Schuhe morgens besorgen. Als übergewichtiger Freizeitläufer sollten Sie die Finger von leichtgewichtigen Schuhen lassen. Die Gewichtsersparnis kommt durch Verzicht auf schwerere Stabilisations- und Dämpfungselemente zustande, die Sie aber (vorerst noch) brauchen.

Aufgepasst bei Fußfehlstellungen

Ob Sie O- oder X-Beine haben, wissen Sie vielleicht schon, aber wie sieht es mit einer Fußfehlstellung beim Abrollen aus? Niemand sieht sich selbst beim Laufen. Hier hilft nur eine Videoanalyse, am besten im Freien, weiter. Manche Geschäfte haben auch ein Laufband mit Videokamera, auf dem man das Bewegungsverhalten in verschiedenen Schuhen testen und anschließend am Monitor studieren kann. Allerdings laufen Einsteiger meist sehr unnatürlich auf dem ungewohnten Laufband, sodass das Laufverhalten dort nicht immer der Wirklichkeit entspricht. Ein guter Verkäufer sieht auch ohne Laufband Ihr Bewegungsverhalten, wenn Sie im Laden auf und ab probelaufen. Sie müssen ihm dann aber vertrauen.

Überpronation und Supination

Beim Bodenkontakt des Fußes unterscheidet man drei Phasen: die Landephase, eine kurze Standphase während des Abrollens und die Abdruckphase. Wenn Sie während der Standphase mit dem Fuß nach innen einknicken – im Fachjargon spricht man von einer Über-

Fußfehlstellungen

Normalstellung (häufig)

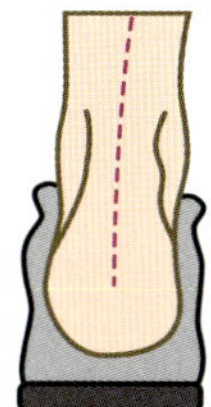

Gerade Fußstellung, gerade Belastungsachse

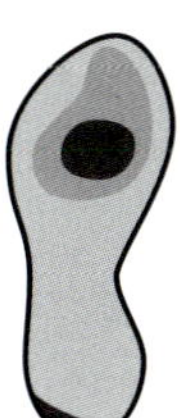

Sohlenabrieb hinten außen und vorne mittig

Überpronation (häufig)

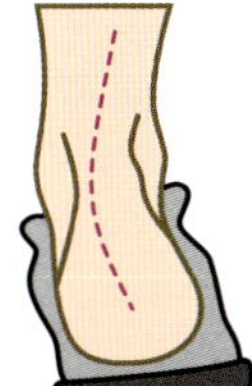

Nach innen abknicken, schiefe Belastungsachse

Sohlenabrieb hinten mehr mittig und vorne mehr innenseitig

Supination (selten)

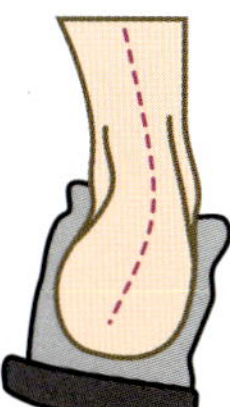

Laufen über »Außenkante«, schiefe Belastungsachse

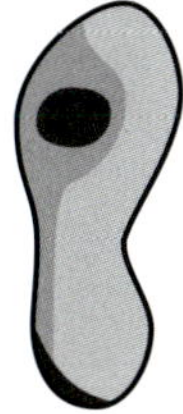

Sohlenabrieb hinten weit außen und vorne mehr außenseitig

pronation –, brauchen Sie einen anderen Schuh, als wenn Sie dabei gerade stehen. Beides kommt recht häufig vor, daher gibt es für Knick- und Normalfüßler ein großes Schuhsortiment. Ein Läufer ohne Fehlstellung kann sogenannte Neutralschuhe auswählen. Anti-Überpronationsschuhe haben entsprechend auf der Innenseite eine Verstärkung, eine stabile Fersenkappe und eher einen geraden Leisten.

Der dritte Fall, dass über die Außenkante weiter gelaufen wird, kommt seltener vor. Man bezeichnet das als Supination. Das kann mit O-Beinen kombiniert sein. Ein Supinierer benötigt eine stabile Fersenkappe und entsprechend in der Mittelsohle eher außen eine Verstärkung, die die Belastung der Außenkante vermindert und dadurch Verletzungen vorbeugt. Verdreht sich bei der Überpronation oder Supination das Fußgelenk, so werden auch Achillessehne, Unterschenkel, Knie und Hüfte schief belastet. Bei extremen Fehlstellungen, Plattfüßen oder Beinlängendifferenzen kommen zusätzlich Einlagen, aber nur in Kombination mit einem stabilen Schuh, in Betracht.

Der Schuh ist ein Verbrauchsgegenstand

Kein Schuh hält ewig! Letztlich ist Ihr Laufschuh ein Verbrauchsgegenstand. Manche können sich von ihrem »ach so bequem eingetretenen Schuh« ein-

Der richtig und individuell ausgewählte Schuh aus dem Fachgeschäft sollte nicht nur komfortabel passen, sondern auch Verletzungen vorbeugen und eventuell vorhandene Fußfehlstellungen ausgleichen.

fach nicht trennen. Nicht selten ist die Mittelsohle dann völlig weich geworden und stützt nicht mehr. Die Dämpfung ist futsch. Meist merkt der Besitzer das nicht einmal, und das Obermaterial des heißgeliebten Stücks sieht noch gut aus. Überprüfen Sie die Zwischensohle Ihres Treters durch Druck mit dem Daumen und vergleichen sie mit einem neuen Modell. Lassen Sie Ihre Fußbewegung von einem hinter Ihnen laufenden, erfahrenen Sportkameraden begutachten. Stützt der Schuh noch genügend? Kippen Sie seitlich im Schuh? Zögern Sie nicht, einen alten »Latschen« vielleicht für Gartenarbeit auszurangieren. Ihre Achillessehnen und Gelenke werden es Ihnen danken!

Unten ohne – Barfußlaufen

Es geht auch ohne Schuhe. Unser Wohlstandsfuß hält das aber nicht allzu lange aus. Die Füße von sehr naturverbunden lebenden Menschen, etwa in Kenia, haben noch dicke, schützende Hornhäute, gut entwickelte Bindegewebspolster, ein stabiles Fußgewölbe und prächtig entwickelte Muskulatur. Aber auch wir können gelegentlich unseren in Schuhen eingepferchten Füßen einen Gefallen tun. Barfuß joggen auf einem gepflegten Fußballrasen oder am Strand, aber auch zu Hause auf Teppichboden Gehen und Greifen ist eine wahre Wohltat, eine natürliche Kräftigung und Reflexzonenmassage.

Übertreiben Sie es aber insbesondere beim Laufen am Strand nicht. Der schiefe oder nachgebende Sanduntergrund kann zu einer einseitigen Überlastung führen und Achillessehnen- oder Kniebeschwerden verursachen. Üben Sie zu Beginn daher nicht länger als zehn Minuten.

Funktionelle Laufbekleidung

»Es gibt kein schlechtes Wetter, sondern nur schlechte Bekleidung.« Diese bekannte Redensart trifft auch auf die Funktionsbekleidung für Läufer zu. Viele hören im Herbst, wenn die kalte und dunkle Jahreszeit mit Schmuddelwetter beginnt, mit dem Laufen auf. Was in monatelangem Training aufgebaut wurde, verpufft über den Winter. Im Frühjahr fängt man wieder fast bei null, dafür aber mit Übergewicht an. Das muss nicht sein. Gute Funktionsbekleidung ermöglicht nicht nur ganzjähriges Training, sondern erhöht die Sicherheit, den Spaß und Komfort und verringert die Verletzungsanfälligkeit.

Der richtige Schnitt

Nicht wenige möchten zu Beginn noch ihre Polster verbergen. Aber einerseits werden Sie ohnehin abnehmen, und zum anderen behindern flatternde Jacken und weit geschnittene Hosen den Bewegungsablauf. Sie können die Arme nicht eng am Körper vorbeiführen, die Hosenbeine schlabbern gegeneinander. Wer sich traut, wählt gleich etwas enger anliegende Tights, elastische Hosen, die einen sauberen Bewegungsablauf der Beine gewährleisten. Kleiden Sie sich auch nicht zu warm, denn spätestens nach zehn Minuten werden Sie eine höhere Betriebstemperatur erreichen. Die Folge: Die Jacken werden ausgezogen und um die Hüften gebunden – und behindern so den Laufstil. Sie kleiden sich für das Lauftraining, nicht für das Rumstehen vorher!

Baumwolle speichert Wasser wie ein Schwamm

Funktionelle Sportbekleidung unterstützt den Körper bei der Temperaturregulation, unfunktionelle Bekleidung behindert ihn. Geeignete Kleidung aus modernen Synthetikfasern kann Sportler vor Wind und Wetter schützen und Schweiß nach außen ableiten. Zur unfunktionellen Bekleidung zählt Baumwolle, das Material für konventionelle T-Shirts, Unterwäsche und Jogginganzüge. Die Baumwollfaser kann aber bis zu 40 % ihres Eigengewichts an Wasser aufnehmen. Konsequenz: Das Shirt wird immer schwerer und klebt unangenehm auf der Haut. Baumwolle trocknet während des Laufens nicht mehr und behindert durch die aufgequollenen Fasern die Ventilation und die Kühlung durch Schweißverdampfung auf der Haut. Hinterher steht man nass herum, kann sich erkälten und die Muskulatur verkühlen. Aus schweißableitenden Polyesterfasern gibt es auch Unterwäsche, fußanatomische angepasste Socken, stützende BHs, Handschuhe, Mützen und Stirnbänder.

Zweckmäßige Funktionskleidung ist heute auch schick und modisch.

Funktionelle Laufbekleidung verhindert Auskühlen, ist windabweisend und lässt den Schweiß nach außen. Das steigert den Laufspaß auch bei Schmuddelwetter.

Jacken und Westen bei Schmuddelwetter

Zum Wind- und Wetterschutz brauchen Sie in der kühleren Jahreszeit eine Jacke oder Weste. Ein wasserdichter Plastikumhang oder ein Regencape würde zwar kein Wasser durchlassen, aber von innen beschlagen wie das Badezimmerfenster beim Duschen im Winter. Für die Übergangszeit sind Mikrofaserjacken oder -westen ideal. Diese sind zwar nicht vollkommen wasserdicht, aber atmungsaktiv. Durch die Faserstruktur wird mehr Feuchtigkeit von innen nach außen gelassen, als durch einen starken Regen von außen nach innen kommt.

Die besten Jacken aus Mikrofaser sind leicht, extrem geschmeidig und geräuscharm. Bei richtigem Schmuddelwetter, sinkenden Temperaturen, Dauerregen und kaltem Wind ist aber mehr Schutz gefordert. Für diese unangenehmen Außenbedingungen wurden spezielle Jacken mit einer zwischen dem Ober- und Unterstoff eingearbeiteten Membran wie Sympatex-Windstopper oder Gore-Tex entwickelt. Diese sind winddicht und schützen bei optimaler Wasserdampfdurchlässigkeit vor Wärmeverlust.

Die richtige Kombination macht's!

Die optimale Sportbekleidung richtet sich grundsätzlich nach den äußeren Bedingungen, also dem Wetter und dem persönlichen Empfinden. Ähnlich wie Zwiebelschalen kann man mehrere Schichten kombinieren. Je nach Wetterlage werden eine bis drei Kleidungsschichten angezogen. Während im Sommer ein T-Shirt mit kurzer Hose reicht, können im Winter schon mal drei Schichten zusammenkommen:

- Die innerste Schicht direkt auf der Haut für Mikroklima, Tragekomfort und Schweißtransport
- Die mittlere Schicht für Temperaturkontrolle, Wärmeisolation und Schweißtransport
- Die äußere Schicht für Wind- und Wetterschutz, Jacken und Westen mit optimaler Wasserdampfdurchlässigkeit

Herzfrequenzmesser

Mit der sinnvollen Anschaffung eines Herzfrequenzmessers können Sie Ihr Training bequem steuern und kontrollieren. Die besten Modelle bestehen aus einem elastischen und in der Weite verstellbaren Gurt mit Sender und einem Empfänger, der wie eine Uhr am Handgelenk getragen wird. Die Elektroden auf der Innenseite des Gurts werden auf der Haut unter der Brust getragen. Der Sender funkt Ihre Herzfrequenz an den Empfänger, auf dessen Anzeige Sie dann während des Trainings Ihren Puls in Schlägen pro Minute ablesen können. Man kann eine Pulsober- und Untergrenze einstellen, vor deren Überschreitung ein Piepton warnt. Angaben, wie lange Sie in verschiedenen Bereichen trainiert haben, Durchschnittspuls, Trainingsdauer oder höchster Puls beim Training und eine eingebaute Stoppuhr sind praktisch. Die geschätzte Anzeige zum Kalorienverbrauch oder sogar zum Anteil der Fettverbrennung ist eher eine motivierende Spielerei. Wie Sie den Kalorienverbrauch selbst abschätzen können, haben wir schon auf S. 72 beschrieben. Die neueren Herzfrequenzmesser mit Messung am Handgelenk und ohne Brustgurt sind nach unseren eigenen Erfahrungen leider oft sehr ungenau. So bescheinigte auch Stiftung Warentest 2020 den meisten Fitnessarmbändern keine gute Noten. Profis wie bei der Tour de France oder auch Sportmediziner kontrollieren einstweilen immer noch nach der EKG-Methode. Wenn es also genau sein soll, wählen Sie ein Gerät mit Brustgurt.

Das Display eines Herzfrequenzmessers zeigt Ihnen während des Trainings Ihren Belastungspuls an. Eine mitlaufende Stoppuhr ist praktisch. Vor dem Verlassen der individuellen Trainingszonen kann ein Piepsignal warnen.

Laufen mit GPS

Seit einiger Zeit gibt es die Möglichkeit, mit dem Herzfrequenzmesser auch die zurückgelegte Laufstrecke mithilfe von Satelliten zu ermitteln. Die Uhr selbst oder auch ein Mobiltelefon am Arm empfängt das Satellitensignal zur Ortsbestimmung. Der Vorteil: Auch im unbekannten Gelände kann man ermitteln, wie lang die Laufstrecken sind, und unter optimalen Bedingungen lassen sich damit sogar Strecken vermessen.

Nachteil der Hightechgeräte sind neben den etwas höheren Anschaffungskosten der erhöhte Stromverbrauch der Akkus

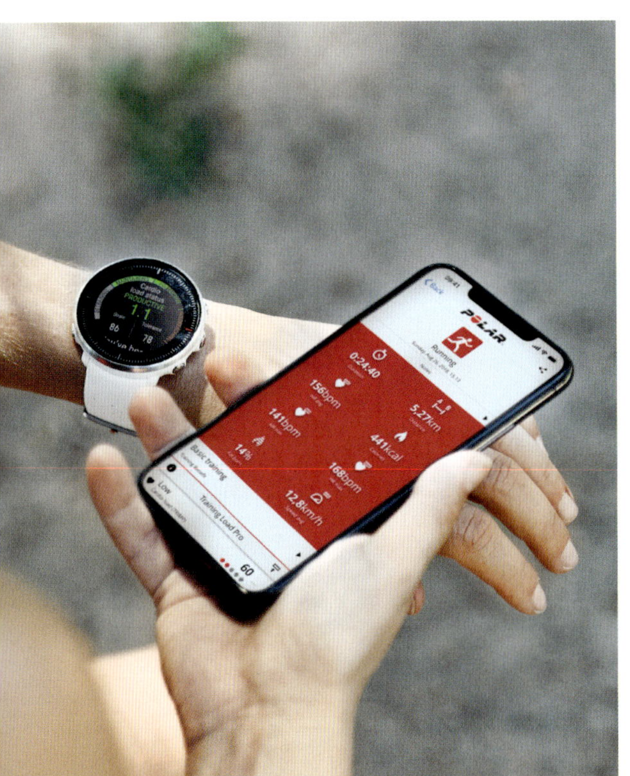

Hightechgeräte zur Distanzmessung mittels GPS am Handgelenk oder am Mobiltelefon sind auch beim Laufen auf dem Vormarsch.

und dass man möglichst freie Sicht zum Himmel haben muss. In geschlossenen Wäldern oder engen Häuserschluchten funktioniert das System nicht mehr so genau. Laufen Sie eine kurvenreiche Strecke im Wald, weichen die Messungen schon mal um 5-10 % ab.

Nordic-Walking-Stöcke

Falls Sie sich zu Beginn für das empfehlenswerte Nordic Walking entscheiden, brauchen Sie Stöcke. Es ist eine Art Skilanglauf mit Vortrieb durch den Stockschub, aber ohne Skier. Dabei trainieren Sie noch mehr den Oberkörper und die Arme und entlasten darüber hinaus den Bewegungsapparat. Die Diagonallauftechnik ist nicht schwer zu erlernen und lässt sich schnell mit einem Trainer einüben.

Die Stöcke sind aus Aluminium, die besseren Modelle aus Glasfiber oder Carbon, und haben ergonomische Griffe aus Kork oder Kunststoff und verstellbare Handschlaufen, die für eine optimale Führung sorgen. Die Hände sollten die Griffe nur beim Abstoßen fest umfassen, zur Entspannung hinter dem Körper dann aber geöffnet werden. Gehärtete Metallspitzen geben guten Halt auf Naturboden, für das Training auf Asphalt gibt es spezielle aufstülpbare Gummidämpfer. Die benötigte Stocklänge ergibt sich aus Ihrer Körpergröße mit 0,7 multipliziert.

Lauftagebuch – ziehen Sie Bilanz

Ein Lauftagebuch ist für Laufeinsteiger und Fortgeschrittene ein nützlicher und ständiger Begleiter des Trainings und eine prima Methode, die Regelmäßigkeit und Fortschritte beim neuen Hobby zu kontrollieren. Je sorgfältiger und ehrlicher protokolliert wurde, desto bes-

ser. Machen Sie Ihr Tagebuch zu einem Dialogpartner und nutzen Sie die Eintragungen zur exakten und selbstkritischen Protokollierung Ihres Lauf- und Gymnastiktrainings.

Sie sollten den morgendlichen Ruhepuls und Ihr Morgengewicht, eventuell den Körperfettwert vorm Frühstück notieren. Natürlich sollen Sie Ihr Training notieren, die Strecke, Dauer, Tempo und Belastungspuls und auch subjektive Kommentare vermerken wie: »lief heute total locker« oder »fühlte mich ziemlich schlapp«. Auch Wetter und Kleidung sollten protokolliert werden. Die Wochensummen für die Dauer und Kilometer sollen Ihnen einen schnellen Überblick über den Umfang Ihres Laufpensums verschaffen. Ein Wochenkommentar dient einer nachträglichen Betrachtung. Haben Sie Ihr Wochenziel geschafft? Gab es Probleme mit der Gesundheit, oder hinderte beruflicher Stress? Formulieren Sie ein Ziel für die nächste Woche.

Beispiel für ein Trainingstagebuch

Tag / Datum	Puls / Gewicht	Trainingsinhalt / Ort/Befinden/Physiotherapie	Kleidung / Wetter	Tempo / Dauer	km
Mo					
Di					
Mi					
Do					
Fr					
Sa					
So					
Wochenkommentar:				Summe:	

DIE LAUF-DIÄT IN ZAHLEN

Eine Zusammenfassung

Hier schlüsseln wir Ihnen das System unserer stoffwechsel-offensiven Lauf-Diät im Detail auf. Somit können Sie ganz genau nachrechnen, warum Sie damit im ersten Monat mit Leichtigkeit sechs Pfund Körpergewicht wegbekommen, und im zweiten Monat sind es dann sogar nochmals über sieben Pfund!

Unter dem Verbrauch bleiben

Bei herkömmlichen Diäten sind Anfangserfolge häufig nur Wasser- und Energieverluste, die Sie nicht halten können. Die Stoffwechseloffensive schafft dagegen auch im dritten Anwendungsmonat weitere sieben Pfund Körperfett weg. Der Erfolg nach drei Monaten liegt somit bei ca. zehn Kilogramm. Solange Sie die Leitlinien der Stoffwechseloffensive befolgen, kommen die überflüssigen Pfunde auch nicht zurück.

Wenn Sie die Grundzüge der Lauf-Diät befolgen und sich an die vitalisierenden Rezeptvorschläge halten, dann dürfen Sie zwischendurch ohne Reue auch sündigen. Ihr Stoffwechsel ist durch die Gewürze, Kräuter und die zusätzliche Bewegung so aktiviert, dass er kleine Sünden locker wegsteckt. Sie brauchen also auf nichts zu verzichten – nur Ihre Disziplin ist gefragt, damit die Sünden klein oder rar bleiben.

Wie schon ausgeführt, gönnen Sie sich in der Stoffwechseloffensive deutlich mehr Gemüse und Salat und trinken bewusst deutlich mehr. Außerdem fördert die chromreiche Ernährung das Sättigungsgefühl. Insgesamt merken Sie gar nicht, dass Sie mit der Stoffwechseloffensive an den Wochentagen ca. 15 % weniger an Kalorien aufnehmen, als Sie verbrennen.

Der Sonntag ist der Belohnungstag: Hier können Sie sich das kleine Extra zusätzlich gönnen. Vorschläge für die Extras am Sonntag sind in den Plänen angegeben. Sie können je nach Vorliebe daraus auswählen und Ihr Extra genüsslich verzehren. Dennoch bleiben Sie immer noch etwas unter Ihrem eigentlichen Verbrauch. Dies bedeutet, dass auch Ihr Belohnungstag in Ihrer Lauf-Diät zu 100 % passt. Natürlich können Sie sich das Extra statt am Sonntag auch unter der Woche gönnen, wenn Sie z. B. einen Termin haben, bei dem Sie lieber Ihre Bonusration einsetzen. Denken Sie daran: Mit Gemüse und Salat oder einfach mit Tomaten, Gurken, Karotten oder Gemüsesaft können Sie jeden Tag zusätzlich und unbegrenzt über die Stränge schlagen.

Das leistet der Thermogenesejoker

Durch die Anfachung Ihres inneren Feuers verringern Sie monatlich Ihren Körperfettgehalt um 600 Gramm.

Wissenschaftlicher Hintergrund

Der Energieverbrauch (Energieverbrennung), der für Verdauung, Transport und Einlagerung der Nährstoffe benötigt wird, liegt zwischen 8 und 15 % des Grundumsatzes. Die Energieverbrennung ist bei Eiweiß mit 20 bis 30 % am höchsten, gefolgt von Kohlenhydraten mit 4 bis 7 %. Fette liefern den geringsten thermogenetischen Effekt mit 2 bis 4 %. Während die Deutsche Gesellschaft für Ernährung 15 % Eiweiß an der Gesamtenergieaufnahme empfiehlt, ohne dabei auf eine hohe biologische Eiweißwertigkeit zu achten, empfehlen wir ebenfalls 15 %, allerdings unter dem Gesichtspunkt einer höheren biologischen Wertigkeit. Dadurch kommen Ihre Hormone besser auf Touren. Gleichzeitig vernachlässigen wir die Kohlenhydrate mit 50 % der Energieaufnahme nicht und arbeiten mit einer Vielzahl thermogenetisch wirkender Kräuter, Gewürze und Keimlinge. Deshalb erreichen wir einen höheren Thermogenesewert als die »normale« bisherige Obergrenze von 15 % des Grundumsatzes, was eine zusätzliche Verbrennung von ca. 4200 Kilokalorien pro vier Wochen ergibt. Dadurch verlieren Sie pro Monat ca. 600 Gramm Fettgewebe.

Das leistet der Bewegungsjoker

Durch den Bewegungsjoker verlieren Sie in den ersten vier Wochen bei Plan 1 (Walkingplan) knapp 400 Gramm Fettgewebe, bei Plan 2 (Vom Walking zum Jogging) knapp 450 Gramm Fettgewebe und bei Plan 3 (Vom Einsteiger zum Fitnessläufer) knapp 600 Gramm Fettgewebe.

Im zweiten Vier-Wochen-Block sind Sie schon besser trainiert, und die Dauer der Bewegungseinheit nimmt bei allen Plänen etwas zu, sodass Sie noch mehr Fettgewebe verlieren: bei Plan 1 weitere 500 Gramm Fettgewebe, bei Plan 2 knapp 600 Gramm und beim Fitnessläuferplan sogar fast 900 Gramm.

Zum wissenschaftlichem Hintergrund siehe »Das Wunschgewicht«, Seite 66, und »Der Kalorienverbrauch«, Seite 70.

Naturerlebnis Waldlauf: Sie haben eine tolle Auszeit und verbrauchen spielerisch Kalorien.

Das leistet der Muskelaufbaujoker

Durch das Kräftigungsprogramm bauen Sie ein Kilogramm Fett ab und gleichzeitig ein Kilogramm Muskelmasse auf; das Ganze ist also gewichtsneutral, wenn Sie nur die Waage betrachten.

Allerdings: Der Nebeneffekt ist eine schönere, straffere Figur. Gleichzeitig verbrennt dieses zusätzliche Kilogramm an Muskelmasse pro Tag in etwa 150 Kilokalorien. Dies ergibt pro vier Wochen einen Abbau von Körperfettgewebe von 600 Gramm. In den ersten vier Wochen wirkt der Muskelaufbaujoker nur zur Hälfte, da das zusätzliche Kilo an Muskelmasse sich im Lauf der ersten vier Wochen erst allmählich durch Ihr Training aufbaut.

Das leistet der Vitalstoffjoker

Durch den Vitalstoffjoker bauen Sie pro vier Wochen ein Kilogramm Körperfettmasse ab.

Wissenschaftlicher Hintergrund

Die Rezepte von Montag bis einschließlich Samstag liefern ca. 2000 Kilokalorien, am Sonntag (Belohnungstag) 2200. Der tägliche Energieverbrauch liegt bei Büroarbeit bei ca. 2300 Kilokalorien.

An jedem Wochentag wird dadurch ein Energiedefizit (ohne dass Sie es merken und Hungergefühle haben) von 300 Kilokalorien erzeugt. Dazu kommt das Energiedefizit vom Sonntag mit 100 Kilokalorien. Summarisch bleibt ein Energiedefizit pro Woche von 1900 Kilokalorien – jetzt rechnen wir eine kleine Sünde von 150 Kilokalorien pro Woche ein. Dies entspricht z. B. zusätzlich zwei Rippen Schokolade oder einer Extraflasche Bier. Wenn wir diese kleine Sünde berücksichtigen, dann ergibt dies ein Einsparpotenzial pro Woche von 1750 Kilokalorien – pro vier Wochen entsprechend 7000 Kilokalorien = 1 Kilogramm Körperfettmasse.

Das leistet der Hormonjoker

Dieser bringt pro Monat ca. 600 Gramm Gewichtsverlust, da der gesamte Stoffwechsel durch mehrere hormonelle Regelkreise aktiviert wird sowie Heißhunger und Fettzellen abgebaut werden. Die Lauf-Diät kombiniert Lebensmittel geschickt, sodass eine hohe biologische Eiweißwertigkeit erreicht wird. Dadurch brauchen Sie den Eiweißanteil in Ihrer Ernährung nicht zu erhöhen.

Möglicher Erfolg der stoffwechselaktiven Lauf-Diät

Der mögliche Erfolg der stoffwechselaktiven Lauf-Diät in einer Gesamtbetrachtung von 3 mal 4 Wochen (Beispiel für 70 kg Körpergewicht) durch die einzelnen Joker

	Nach den ersten 4 Wochen	Nach den zweiten 4 Wochen	Nach den dritten 4 Wochen
FETTGEWEBEVERLUST PRO 4 WOCHEN			
Thermogenesejoker	600 g	600 g	600 g
Bewegungsjoker (im Durchschnitt)	500 g	700 g	750 g
nach Plan 1	400 g	500 g	500 g
nach Plan 2	450 g	600 g	700 g
nach Plan 3	600 g	900 g	1050 g
Muskelaufbaujoker	300 g	600 g	600 g
Vitalstoffjoker (inkl. einer wöchentlichen Belohnung und einer wöchentlichen Sünde)	1000 g	1000 g	1000 g
GEWICHTSVERLUST PRO 4 WOCHEN			
Gewichtsverlust (im Durchschnitt)	3000 g	3500 g	3550 g
nach Plan 1	2900 g	3300 g	3300 g
nach Plan 2	2950 g	3400 g	3500 g
nach Plan 3	3100 g	3700 g	3850 g
ABGEBAUTE KÖRPERFETTMASSE PRO 4 WOCHEN			
Körperfettabbau (im Durchschnitt)	3000 g	6500 g	10 000 g
nach Plan 1	2900 g	6200 g	9500 g
nach Plan 2	2950 g	6350 g	9850 g
nach Plan 3	3100 g	6800 g	10650 g

Freuen Sie sich darauf und fangen Sie mit Ihrer Lauf-Diät und allen Stoffwechseljokern schon morgen an!

DIE MOTIVATIONS-JOKER

RUNDUM FIT

Warum Abnehmen lohnt

Die Folgen von Übergewicht und Bewegungsmangel sind einerseits die größten Herausforderungen und andererseits vermeidbare Probleme, die auf das Gesundheitswesen und die Krankenkassen zukommen. Jüngste Statistiken und Erhebungen bestätigen, was Fitnessexperten und Mediziner schon lange wissen: Wir werden im Durchschnitt immer dicker und fauler – mit schlimmen Folgen für Bewegungsapparat, Herz-Kreislauf-System, Immun- und Hormonsystem. Freuen Sie sich darauf, all dem mit der Stoffwechseloffensive nachhaltig zu entgehen!

Vom Jäger zur behäbigen Couch-Potato

Mit der zunehmenden Technisierung im Alltag und Beruf geht eine verführerische Bewegungsarmut einher. Aus dem ursprünglich fitten Jäger, Sammler, Hirten und Ackerbauer namens Homo sapiens wurde eine behäbige und übergewichtige Couch-Potato. Es nervt aufzustehen und zum Fernseher zu »laufen«, weil die Fernbedienung verlegt wurde. Statt mit einem Handrasenmäher wird das handtuchgroße Rasengrundstück vom Mähroboter kurz gehalten. Die Rolltreppe und den Lift zu benutzen ist viel bequemer, als im Treppenhaus hinaufzusteigen. Und jedes Mal hat man eine Chance zur Bewegung verpasst! Wir sitzen im Auto, am Computer, im Büro und in der Freizeit. Surfen hat schon lange nichts mehr mit Wassersport zu tun. Nein, wir waren in einer stundenlangen Sitzung im Internet am Chatten oder haben nach Schnäppchen gejagt. Das sogenannte Sitzfleisch, also Muskeln, haben wir davon nicht bekommen, sondern Fettreserven, die wir nicht mehr brauchen, die uns zur Last fallen und die unsere Gesundheit massiv gefährden.

Ernährung – Mangel im Überfluss

Bei unserer Ernährung sieht es nicht viel besser aus. Einerseits stand uns noch nie solch eine Fülle von Lebensmitteln zur Verfügung, andererseits gibt es einen regelrechten Mangel im Überfluss. Der Mensch ist ein sogenannter Generalist, anders als viele Tiere, die als Spezialisten nur ein ganz enges Nahrungsspektrum nutzen können. Der Koala frisst beispielsweise fast nur Eukalyptusblätter.

Trotz dieser angebotenen Vielfalt stopfen wir nicht nur zu viel in uns rein, sondern auch unkritisch viele künstliche und entwertete Lebensmittel mit wenig wirklichem Vitalstoffgehalt. Eine ganze Industrie von Fooddesignern versucht, uns mit viel Marketing Lebensmittel unterzujubeln, die uns einen besonderen Lifestyle vermitteln sollen oder die uns als Convenience-Produkt mit Fertigessen das Leben erleichtern sollen. Da wirbt die schlanke, attraktive, dynamisch-erfolgreiche Sportlerin für Diätmargarine, bei den Kindern schwimmt der leichte Schokoriegel sogar in Milch, der deftige Wurstring oder das obergärige Bier sollen landsmännische Gemütlichkeit suggerieren, und cool-rotzfreche Teenager schaffen dank trendigem Popgetränk ihre eigene Subkultur. Außen hui, innen pfui! Mehr Verpackung als Inhalt. Diese Lebensmittel sind nicht verboten, aber der Nährwert bleibt auf der Strecke. Die Industrie verspricht auch hier schnell eine Lösung und hat sofort ein Präparat zur Nahrungsmittelergänzung parat. Symptome kurieren, statt Ursachen zu beseitigen.

Übergewicht und Fettsucht als Risiko

Die Realität wird zunehmend nicht mehr von fitten, dynamischen und gesunden Menschen bestimmt. 2017 bescheinigte die Deutsche Gesellschaft für Ernährung 59 Prozent der Männer und 37 Prozent der Frauen in Deutschland Übergewicht, wobei der Anteil der Adipösen stetig ansteigt. Laut den Zahlen des Robert Koch Instituts von 2018 ist auch bei Kindern und Jugendlichen bereits jeder Vierte übergewichtig. Übergewicht und v. a. Adipositas geht mit einem deutlich ge-

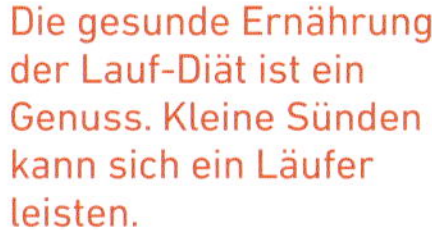

Die gesunde Ernährung der Lauf-Diät ist ein Genuss. Kleine Sünden kann sich ein Läufer leisten.

steigerten Risiko für Diabetes mellitus, erhöhten Blutdruck, Gefäßverkalkung, Schlaganfall und für andere Kreislauferkrankungen, Atemnot, Impotenz, Krebs, Nierenerkrankungen und orthopädische Beschwerden, Nerven- und Sehstörungen bis hin zur gesteigerten Depressions-, Parkinson- und Demenzanfälligkeit einher.

Auch im Alltag bedeutet das schon früh weniger Lebensqualität und letztlich eine verkürzte Lebenserwartung. Aufklärung tut not. Je niedriger der Bildungsgrad, desto übergewichtiger waren durchschnittlich die Teilnehmer der Studie. Bedenklich ist, dass über 40 % der Befragten zwischen 14 und 80 Jahren sich als sportlich nicht aktiv einschätzen. Laut Bundesgesundheitsamt gerät jede zweite Frau über 50 Jahren in Atemnot, wenn sie mehr als zwei Stockwerke zu Fuß hochsteigen muss. Die Männer sind kaum besser. Hier ist es jeder Dritte. Laut OECD hat sich in Deutschland die Zahl der Adipösen vom Jahre 2000 auf 2015 auf 23,6 Prozent verdoppelt! Zum Vergleich: Japan 3,7, Schweiz 10,3, USA 38,2 Prozent.

Die Ursachen von Übergewicht

Man kann versuchen, sich daran vorbeizumogeln, es auf die »dicken Gene« schieben oder das Kantinenessen dafür verantwortlich machen. Klar gibt es Kummerspeck, und nicht wenige kompensieren ihren Stress mit den Kaloriendrogen Schokolade und Alkohol.

Aber eines ist sicher: Wer mehr Kalorien aufnimmt, als er verbraucht, nimmt zu! Da spielt es keine Rolle, ob das morgens oder abends ist, ob es drei oder fünf Mahlzeiten am Tag waren, oder ob Sie gehört haben, Kohlenhydrate und Eiweiße seien zeitlich getrennt aufzunehmen – die Bilanz stimmt einfach nicht. Selbst mit gesunden Lebensmitteln im Übermaß nimmt man zu. Magen und Darm schieben meist Dienst nach Vorschrift. Was da drin ist, wird auch verdaut. Der gesunde Menschenverstand sagt uns eigentlich schon, dass die Lösung dann wäre, weniger und anders zu essen und gleichzeitig durch Bewegung mehr zu verbrauchen.

Das macht dick

Die zehn wichtigsten Ursachen für Übergewicht lassen sich auflisten:

- Die Kalorienaufnahme ist größer als der Verbrauch
- Die Kalorienbomben Süßigkeiten, Fett und Alkohol
- Süß- und Aromastoffe
- Träger Stoffwechsel durch Mangel an Vitalstoffen
- Durch Bewegungsmangel bedingter Muskelschwund mit Grundstoffwechselabsenkung
- Kompensation von Stress, Frust und Langeweile durch Essen, Trinken und Sitzen vor TV und Computer
- Verhaltensweisen wie »Teller leer essen!«
- Jo-Jo-Effekt
- Medikamentennebenwirkungen
- Gene – maximal für 30 % verantwortlich

Wer also sinnvoll und nachhaltig abnehmen möchte, muss sich demnach folgende Fragen stellen:

- Stimmt mein Ess- mit meinem Bewegungsverhalten überein?
- Wie gut ist mein Ernährungswissen?
- Kenne ich wirklich die versteckten Kalorien und Ernährungsfallen?
- Ernähre ich mich wirklich vollwertig?
- Warum kompensiere ich gegen meine Gesundheit und Figur? Ginge das nicht anders?
- Kann ich die Ursache des Stresses beseitigen, statt alles in mich reinzufressen?
- Welches Umfeld, Verhalten und welche Gewohnheiten haben mich in die Sackgasse gebracht?
- Könnte es zusätzlich an einem Medikament liegen, dass ich zugenommen habe?

Jo-Jo-Effekt – dicker durch Diäten

Wegen einer Anpassung aus Urzeiten funktionieren konventionelle Crashdiäten selten: Während einer Diät senkt der Körper den Grundstoffwechsel. Er ist auf Sparflamme. Das war beim Urmenschen in Hungerzeiten zum Überleben sinnvoll. Zudem nutzt der Darm die vorhandenen Kalorien besser aus. Bei einer kohlenhydratarmen Low-Carb- oder Atkins-Diät ohne körperliche Bewegung oder Hungerkuren wie Nulldiät macht sich das Gehirn unabhängig von den Kohlenhydraten und gewinnt die Energie aus sogenannten Ketonkörpern. Diese Umstellung fällt vielen Menschen anfangs schwer. Deshalb empfehlen wir, die Ernährung wie im Stoffwechselbuch gezeigt schrittweise kohlenhydratärmer zu gestalten. Auch wird bei Low-Carb-Diäten, wenn die Eiweißzufuhr zu gering ist, körpereigenes Muskelgewebe angegriffen. Das ist fatal, denn Muskelverlust bedeutet nicht nur weniger Fitness, sondern senkt gleichzeitig den aktiven fettfreien Körperanteil. Damit sinkt der Grundstoffwechsel noch weiter ab. Diese Effekte halten für Monate an – länger, als eine Crashdiät dauert. Aus diesem Grund haben wir unsere Mahlzeiten in der Stoffwechseloffensive natürlich immer eiweißreich gestaltet.

Die Gewohnheitsfallen durchbrechen

Damit sich nicht nur auf der Waage etwas tut, müssen Sie sich ändern: Ihr Bewegungsverhalten und Ihre Ernährungsweise. Die Gewohnheitsfallen zu durchbrechen ist zunächst nicht ganz so einfach. Aber wenn Sie es nicht tun, wer dann sonst? »Gesundheit ist gewiss nicht alles, aber ohne Gesundheit ist alles nichts!« So brachte es der Philosoph Arthur Schopenhauer auf den Punkt.

Laufend genießen

Ihre Gesundheit und Fitness ist Ihre Chefsache, die Sie eben nicht an andere delegieren können! Sie müssen die Verantwortung übernehmen und nicht auf ein Wunder hoffen. Aber wir helfen Ihnen mit der Lauf-Diät dabei. Sie werden nicht nur nachhaltig abnehmen und gesünder werden, sondern sich dabei auf eine ganzheitliche Reise zu sich selbst begeben. Wundern Sie sich nicht, wenn Sie sich nach ein paar Monaten gar nicht mehr vorstellen können, wie Sie jemals ohne Bewegung und eine genuss- und vitalstoffreiche Ernährung auskommen konnten. Wir helfen Ihnen mit den verschiedenen Jokern der Lauf-Diät auf Ihrem Weg zum fitten Gourmetläufer!

EINFACH GLÜCKLICH

dank der Stoffwechseloffensive

Bei der Stoffwechseloffensive ist Ihre tägliche Nährstoffzufuhr so gestaltet, dass Sie immer gut gelaunt sind. Diese aufhellende Kapazität der Stoffwechseloffensive basiert gleich auf mehreren biologischen Regelkreisläufen, die für Stimmungshochs und ein zufriedenes Gefühl der Sättigung sorgen können.

Glücklich durch mehr Omega 3

Vor Kurzem konnte in einer Studie aufgezeigt werden, dass es eine lineare Beziehung gibt zwischen der Aufnahme von Omega-3-Fettsäuren und dem Glücksgefühl. Auch aus diesem Grund setzen wir sehr viel Omega-3-Fettsäuren in Form von Walnüssen oder Hanfnüssen, Speiseleinöl und Meeresfischen ein.

Glücklich durch Tryptophan und Kohlenhydrate

Die Aminosäure Tryptophan (enthalten in Milchprodukten) ist die Vorläufersubstanz von Serotonin, das ein Gefühl der Zufriedenheit im Gehirn erzeugt. Je höher die Tryptophanaufnahme ist, desto tiefer ist das Gefühl der Zufriedenheit. Verstärkt wird der Tryptophaneinstrom ins Gehirn durch eine Ernährungsform, die ausreichend komplexe, vollwertige Kohlenhydrate in Form von Nudeln, Kartoffeln, Reis oder Getreideflocken enthält. Deshalb enthält jede Mahlzeit in der Stoffwechseloffensive neben Tryptophanspendern (siehe Seite 93) auch ausreichend komplexe Kohlenhydrate. Das Gehirn kann durch die Kombination aus Tryptophan und Kohlenhydraten ein Meer an Glücksgefühlen erzeugen. Darüber hinaus besitzt ein höherer Serotoninspiegel eine deutlich appetitmindernde Wirkung. Sie fühlen sich einfach satt und zufrieden.

Die hohe Abbruchrate und Unzufriedenheit bei den sogenannten Low-Carb-Diäten wird mit der ausbleibenden Tryptophan-Überschwemmung und dadurch mit niedrigen Serotoninwerten im Gehirn erklärt. Serotoninhaltig und gleichzeitig anregend für den Stoffwechsel ist übrigens auch die Brennnessel. Deshalb setzen wir auch Brennnesseltee ein. Studien konnten inzwischen auch nachweisen, dass übergewichtige Personen einen niedrigeren Serotoninspiegel im Gehirn haben. Eine gezielte Ernährungssteuerung schafft hier Abhilfe.

Glücklich durch Chili

Während die aufhellende Wirkung von Omega-3-Fettsäuren, Tryptophan und Kohlenhydraten durch den höheren Serotoninspiegel erfolgt, ist die stimmungsanregende Wirkung von Chili über einen höheren Endorphinspiegel zu erklären. Auch dies verschafft ein Gefühl der Leichtigkeit: Statt dem halbleeren Glas sehen Sie das halbvolle Glas. Sie stehen mit Freude auf und beginnen Ihr Stoffwechselfeuer anzufachen. Bei der Stoffwechseloffensive haben wir deshalb die Speisen etwas pikant mit Chili gestaltet – auch haben wir bereits auf Seite 13f. empfohlen, kleine Chilis nach dem Essen zu schlucken.

Chili wird heute auch medizinisch eingesetzt: Bei Magengeschwüren und Magenschleimhautentzündungen lindert Chili die Schmerzen deutlich. Auch bei Schmerzen im Bereich von Sehnen, Bändern, Gelenken und Muskeln werden mit großem Erfolg Balsame auf Chilibasis, kombiniert mit Wirkstoffen aus Brennnesseln und Ingwer, eingesetzt. Solche Chilibalsame sollten dabei mehrmals täglich auf die schmerzende Stelle aufgetragen und einmassiert werden. Auch die Zahnheilkunde hat die schmerzdämpfende Wirkung von Chili erkannt und setzt immer mehr auf Chiliextrakte als auf schmerzdämpfende Spritzen. Chili hat den Vorteil, dass es zu keiner Taubheitsreaktion im Mund kommt.

Hitliste tryptophanhaltiger Lebensmittel

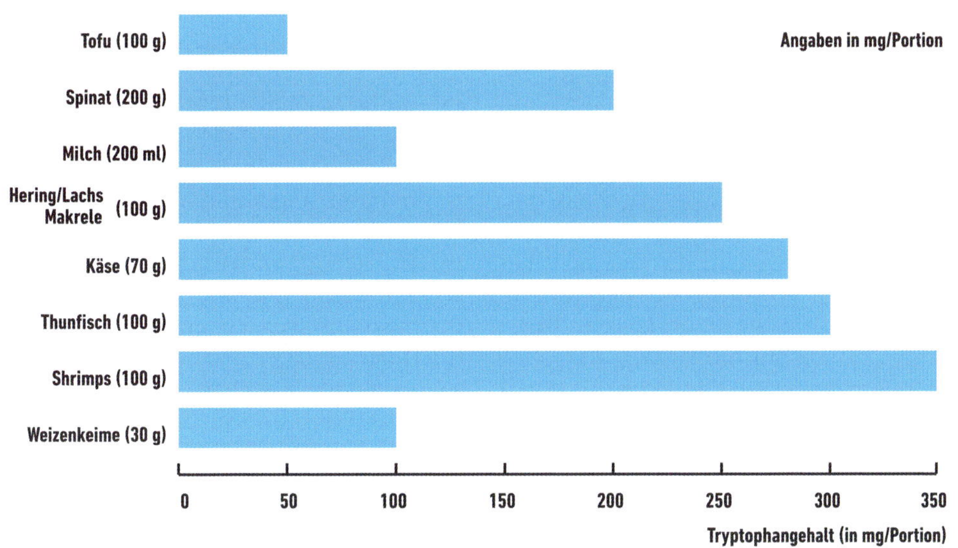

RUNDUM GESCHÜTZT

dank der Stoffwechseloffensive

Fettgewebe ist wie eine Deponie für den Körper. Hier werden Pflanzenschutzmittelrückstände und Schwermetalle aus der Nahrung, wie z. B. Kadmium, Blei und Quecksilber, eingelagert. Wenn Sie nun weniger auf die Waage bringen wollen und durch einen geänderten Lebensstil mit Bewegung und besserer Ernährung die Fettdepots auflösen, dann mobilisieren Sie auch all diese eingelagerten Giftstoffe. Die Gifte werden in Ihrem Körper frei, und es ist jetzt notwendig, diese zu binden und auszuscheiden.

Entgiftung wird eingeleitet

Hierbei sind polyphenolhaltige und cysteinhaltige Lebensmittel hilfreich. Polyphenole kommen reichlich in Pflanzen vor – eben aus diesem Grund setzen wir sehr viele Kräuter, Salat, Gemüse, Beeren und Walnüsse ein. Bei den Kräutern hat Koriander eine herausragende Bedeutung, bei Gemüse zeichnen sich besonders Zwiebeln aus. Zwiebeln können roh oder leicht angebraten gegessen werden. Beim Glasigdünsten verlieren die Zwiebeln nur 20 % des Polyphenols Quercetin, während beim Erhitzen in der Mikrowelle mehr als 50 % des Quercetins verloren gehen.

Während die Polyphenole Sie unterstützen, Pflanzenschutzmittelrückstände auszuleiten, hilft Ihnen der Eiweißbaustein Cystein bei der Ausleitung von Schwermetallen. Zu den cysteinreichen Lebensmitteln zählen Fisch, Fleisch, Käse, Brokkoli, Blumenkohl, Spinat und Erbsen (siehe Kasten rechts). Natürlich haben wir immer wieder diese Lebensmittel in den Rezepten für Ihre Stoffwechseloffensive ab Seite 102 eingesetzt. Gönnen Sie Ihren Zellen diese Ausleitungskur – und Sie werden schon nach einem Monat spürbar aufblühen.

Risikofaktor Homocystein wird ausgeschaltet

Nach neuen Studienergebnissen haben übergewichtige Menschen einen höheren Homocysteinwert im Blut. Besonders während der Gewichtsreduktion steigt dieser Homocysteinspiegel nochmals deutlich an. Da Homocystein ein schwerwiegender Risikofaktor für Arteriosklerose, also auch für Herzinfarkt ist, haben wir für Sie nach natürlichen Homocysteinsenkern Ausschau gehalten.

Homocysteinwerte können effektiv durch eine ausreichende Zufuhr an Folsäure, Vitamin B6 und B12 gesenkt werden. Deshalb haben wir besonders darauf geachtet, dass die tägliche Versorgung an diesen speziellen Vitaminen ausreichend hoch ist. Der bei üblichen Diäten auftretende erhöhende Effekt auf die Homocysteinwerte bleibt bei der Stoffwechseloffensive aus, gleichzeitig senken wir auch einen eventuell vorhandenen erhöhten Homocysteinwert. Eine Studie aus dem Jahre 2001 zeigte darüber hinaus, dass ein Gläschen Rotwein am Tag ausgleichend auf erhöhte Homocysteinwerte wirkt – wieder ein Grund mehr, das gelegentliche Gläschen Rotwein mit gutem Gewissen zu genießen.

Folsäurereiche Lebensmittel Spinat, Linsen, Bohnen, Salat, Brokkoli, Spargel

Vitamin-B6-reiche Lebensmittel Thunfisch, Bananen, Spinat, Knoblauch

Vitamin-B12-reiche Lebensmittel Fleisch, Fisch, Milchprodukte, Ei

Die stoffwechselaktive Lauf-Diät lässt somit nicht nur Ihre Pfunde purzeln, sondern hält gleichzeitig auch Ihre Blutgefäße schön elastisch und vital.

Hitliste der Lebensmittel mit hohem Cysteingehalt

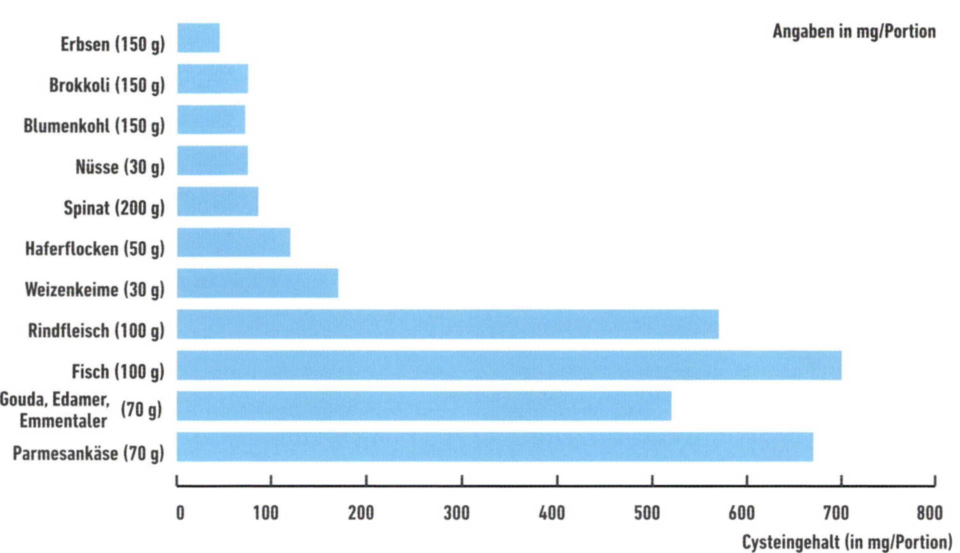

Anmerkung: Die hier aufgeführten Gemüsesorten wirken doppelt ausleitend – über ihren Cysteingehalt und über ihren Polyphenolgehalt.

DIE REALISIERUNGS-JOKER

GUT ESSEN MIT VISIONEN

Traumhaft schlank

Menschen sind soziale Wesen und benötigen Geselligkeit, Gemeinschaft und das tägliche Miteinander. Gespräche mit Freunden wirken anregend auf das Gemüt. Obwohl Sie bei der Stoffwechseloffensive durch die vielen ausgesuchten Nährstoffe immer positiv angeregt werden, sollten Sie auf gute Sozialkontakte achten. Reden Sie mit Freunden über Ihre Stoffwechseloffensive und stecken Sie Ihre Freunde mit Ihrer Begeisterung an.

Die Stoffwechseloffensive braucht Gemeinschaft

Mit dem Mitteilen Ihrer Begeisterung erreichen Sie nämlich, dass Ihr Umfeld auch ernährungsbewusster und aktiver wird. So wie beim Sport eine starke Trainingsgruppe die einzelnen Sportler zu Höchstleistungen animiert, so wird ein motiviertes Umfeld Sie dabei unterstützen, Ihren Stoffwechselplan mit Freude durchzuführen und durchzuhalten.

Wissenschaftliche Studien haben ergeben, dass man sich so gibt, wie es das Umfeld vorlebt. Wenn Sie somit in einem »trägen« Umfeld leben, dann ist es wahrscheinlich, dass Sie trotz anfänglicher Begeisterung mit der Zeit wieder in die

Geselliger Sport mit Freunden, beim Lauftreff oder Sportverein hält Sie bei der Stange, sorgt für ein positives Umfeld, und Sie entwickeln gemeinsame Ziele.

Gewohnheiten Ihres Umfelds zurückfallen. Die Wissenschaft spricht hier von dem formenden Prozess der sogenannten »peer group«. Das soziale Umfeld wirkt prägend. Wenn Sie überflüssige Pfunde verlieren wollen, dann ist es das Beste, wenn Sie sich mit schlankeren und aktiveren Menschen umgeben.

Ein aktives Umfeld

Für Ihren maximalen Erfolg in der Stoffwechseloffensive ist es somit das Optimale, wenn Sie beide Strategien einsetzen: Versuchen Sie mit Begeisterung einerseits Ihr eigenes Umfeld positiv zu beeinflussen, gehen Sie aber auch bewusst in ein neues Umfeld, z. B. in einen Fitnessclub, Sportverein oder Lauf- oder Walkingtreff.

Die Stoffwechseloffensive braucht Visionen

Für einen nachhaltigen Erfolg empfehlen wir Ihnen, unser Programm acht oder zwölf Wochen lang durchzuführen. Nach dieser Zeit haben Sie die Grundzüge der Stoffwechseloffensive zu stabilen Gewohnheiten in Ihrem Leben gemacht und Sie fallen dann nicht mehr so leicht in schlechte alte Gewohnheiten zurück. Stellen Sie sich vor, wie Sie nach vier, acht oder zwölf Wochen Stoffwechseloffensive aussehen. Sehen Sie vor Ihrem geistigen Auge, wie schön flach Ihr Bauch geworden oder um wie viel Ihr Hüftumfang zurückgegangen ist. Spüren Sie die Vitalität Ihrer Körperzellen. Sehen Sie sich, wie Sie sich schöne neue Kleidung aussuchen können, die zwei Nummern kleiner als bisher ist.

Gestalten Sie ein Visionsbild, wie Sie sich nach der Stoffwechseloffensive fühlen, und hängen Sie das Bild so auf, dass Sie es jeden Tag sehen können. Wenn Sie nicht ganz so gut im Gestalten sind, dann können Sie auch einfach ein Bild mit einer aktiven Szene aus Ihrem Fotoalbum vor 20 Jahren nehmen. Hängen Sie dann dieses Bild gut sichtbar auf und sagen Sie jedes Mal wenn Sie es sehen: »Ja, ich bin auf dem Weg, wieder so vital wie vor 20 Jahren zu werden!«

Die Studie zur Offensive

In einer Studie im Jahr 2004 haben Dr. Wolfgang Feil und Dr. Johannes Weingart die Prinzipien der Stoffwechseloffensive an 34 Personen intensiv getestet. In dieser Studie erreichten die Probanden nach zwölf Wochen Programm eine bedeutsame Verringerung ihres Hüftumfangs von durchschnittlich fünf Zentimetern.

Auch im Bereich der Vitalität (Skala 1 bis 10) gaben die Probanden am Ende der Stoffwechseloffensive eine Steigerung von durchschnittlich drei Punkten an (vor der Studie Vitalität auf Stufe 5 – nach der Studie Vitalität auf Stufe 8).

DAS BRINGT POWER

Die richtigen Lebensmittel

Jetzt geht es richtig los! Damit Sie die Rezepte unserer Stoffwechseloffensive nachkochen und problemlos in Ihre tägliche Ernährung einbauen können, sollten Sie zunächst einmal sorgfältig einkaufen gehen: Folgende aktivierende Lebensmittel gehören ab sofort zur Standardausstattung Ihrer Küche.

Frische Kräuter

Da bei den meisten unserer Rezepte frische Kräuter eingesetzt werden, empfehlen wir, einige Kräuter im Topf auf dem Balkon oder auf dem Fensterbrett bereitzuhalten. Damit es schnell geht, besorgen Sie sich fertig vorgezogene Topfpflanzen, am besten pro Sorte gleich zwei, damit Sie kontinuierlich ernten können (bei Rosmarin und Salbei reicht jeweils ein Topf).

Bevorzugen Sie unbedingt die frischen Kräuter, aber Tiefkühlware bzw. getrocknete Kräuter sind immer noch besser, als keine Kräuter einzusetzen.

Diese frischen Kräuter sollten Sie zu Hause griffbereit haben:

- Schnittlauch
- Petersilie
- Basilikum
- Oregano
- Rosmarin
- Salbei
- Minze
- Liebstöckel

Gewürze und getrocknete Kräuter

- Pfeffer in der Pfeffermühle (immer frisch gemahlen verwenden)
- Chilipulver
- Chilischoten getrocknet in Form kleiner Schoten (ca. fünf Millimeter lang)
- Fenchel- und Kümmelsamen
- Zimtpulver
- Kurkumapulver
- Frische Ingwerwurzel
- Meerrettich (in der Tube oder im Glas – möglichst kein Sahnemeerrettich)
- Senf (scharf oder mittelscharf)
- Dill (getrocknet oder frisch)
- Kräutermischungen: Scharfmacher®-Gewürz-Blüten-Mischung (im Bioladen), italienische Kräuter, Asiagewürzmischung

Hochwertige Pflanzenöle

(möglichst kalt gepresst und aus biologischem Anbau)

- Olivenöl, extra vergine, erste Pressung
- Macadamia-Öl
- Speiseleinöl

Gemüse
- Zwiebeln
- Knoblauch
- 2 Schalen frische Sprossen
- Als Tiefkühlkost: je 1 Beutel Erbsen* und Mais*

Obst
- Bananen
- Himbeeren*
- Erdbeeren*
- Heidelbeeren*
- Waldbeerenmix*

*Tiefkühlkost wird erntefrisch eingefroren. Beim Einfrieren gehen fast keine Nährstoffe verloren. Tiefgekühlte Beeren, Erbsen oder Maiskörner enthalten deshalb mehr Nährstoffe als Obst und Gemüse, das einige Tage im Laden oder bei Ihnen zu Hause gelagert wurde. Somit steht bei Tiefkühlkost Ihrer Stoffwechseloffensive alles zur Verfügung, was Sie von der Natur brauchen.

Eiweiß- und Vitalstoffspender
- Quark
- Buttermilch
- Naturjoghurt (3,5 % Fettgehalt)
- Mandelmehl
- Walnüsse
- Vollkornhaferflocken
- Hanfnüsse
- Kakaopulver, entölt

Kohlenhydratspender
- Dinkel-Vollkornbrot aus Natursauerteig
- Rote-Bete-Saft
- Sanddorn-Orangen-Fruchtsauce

Für Naschkatzen
- Schokolade (bevorzugt dunkle Schokolade), einzeln abgepackt in kleinen Stücken

Milchersatzprodukte (z. B. bei Laktoseintoleranz)
- Mandeldrink
- Reisdrink (natur)
- Haferdrink (natur)

Weitere Lebensmittel für Ihre Stoffwechseloffensive
- Jodsalz
- Meersalz
- Grüntee
- Brennnesseltee

Außerdem
Bei der Stoffwechseloffensive gibt es viele aktivierende Frühstücksdrinks. Für die Zubereitung benötigen Sie einen guten Mixer (Blender). Wenn Sie noch keinen haben – diese Anschaffung wird sich lohnen!

Frische Kräuter sind köstlich und geben Ihrer Stoffwechseloffensive einen ganz besonderen Kick.

STOFFWECHSELOFFENSIVE

Zackige Rezepte

Wir haben Ihnen hier sechs vollständige Wochen mit stoffwechselaktivierenden Mahlzeiten zusammengestellt. Diesen Plan können Sie beliebig oft wiederholen – Sie erreichen damit nicht nur Ihre Traumfigur, sondern haben auch unbändige Energie und Vitalität. Nebenbei sind Sie geschützt vor Krankheiten oder Sie erholen sich danach viel schneller.

Wichtige Spielregeln

- Damit Ihr Stoffwechsel richtig in Schwung kommt, ist ein aktivierendes Frühstück absolut unerlässlich. Ein Frühstück sollte entweder aktivierend sein, oder wer die volle „Stoffwechsel-Intensive" betreibt, der lässt es ganz weg. Nur Brot mit Honig oder Marmelade passt nicht in die Lauf-Diät. Deshalb haben wir Ihnen viele aktivierende Drinks zusammengestellt, die Sie auch schon abends zubereiten und über Nacht in den Kühlschrank stellen können.

- Die zwei anderen Mahlzeiten des Tages sind ebenfalls zackig zubereitet. Wählen Sie die Abfolge dieser beiden Mahlzeiten so, wie es für Sie am besten in Ihren Tagesablauf passt. Sie können somit die Mittags- mit der Abendmahlzeit tauschen.

- Falls einmal der Hunger größer ist als die Mahlzeit, dann gönnen Sie sich einfach noch ein Glas Gemüse- oder Tomatensaft oder eine Gemüsebrühe.

- Sie haben immer zu Hause: Dinkel-Vollkornbrot (mit Sauerteig). Dinkel-Brötchen (kann man auch einfrieren). Hier können Sie abwechseln oder kombinieren.

- Zwischen den Mahlzeiten trinken Sie bitte ausreichend – mindestens jeweils einen halben Liter in Form von Wasser, Grüntee, Brennnesseltee, Saftschorle (Mischungsverhältnis 3:1) und Gemüsebrühe.

- Alle wichtigen Infos zu den Bewegungstagen und zum Kräftigungsprogramm finden Sie auf Seite 283ff. bzw. 287ff.

TAG 1 – MONTAG

Voller Energie durch Woche 1

Jeder Tag ist ein kleines Leben. (Arthur Schopenhauer)

Machen Sie sich stets bewusst, was Sie erreichen wollen, und setzen Sie Ihre gesamte Willenskraft in jeden einzelnen Tag.

Frühstück

HIMBEER-BANANE-DRINK

Für 2 Personen

- 250 g Naturjoghurt (1,5 % Fett)
- 150 ml kaltes Wasser
- 1 reife Banane, mittelgroß, geschält
- 25 g frischer Ingwer, geschält und in Scheiben geschnitten
- 125 g Quark
- 1 gestrichener TL Zimtpulver
- 10 g Mandelmehl
- 150 g TK-Himbeeren
- 1 Prise Chilipulver
- 1 TL Speiseleinöl
- 4 EL Sanddorn-Orangen-Fruchtsauce

Zubereitungszeit: ca. 10 Minuten

- Alle Zutaten in der genannten Reihenfolge in einen Mixer (Blender) geben. Diese Reihenfolge schont den Antrieb des Mixers.
- Alles 2 bis 3 Minuten gut durchmixen.
- **Tipp 1:** Zu dem Drink sollten Sie noch zusätzliche Flüssigkeit nehmen: 1 Tasse Kaffee und 1 Glas Wasser oder 2 Tassen grünen Tee oder 2 Gläser Wasser.
- **Tipp 2:** Damit Sie bis zum Mittag satt sind, essen Sie 2 Scheiben Vollkornbrot (siehe Spielregeln auf Seite 102) mit 2 Scheiben Käse – bevorzugt Edamer oder Gouda, da diese Käsesorten besonders chromreich sind (alternativ 2 Scheiben rohen oder gekochten Schinken).
- **Info:** Auch eine Gemüsebrühe mit ein paar Streifen Ingwer und etwas frischen Kräutern sättigt, wärmt, aktiviert und trägt zur positiven Flüssigkeitsbilanz bei.

Mittagessen

KRÄUTERQUARK

mit Gemüsestiften und Vollkornbrot

Für 2 x 2 Personen

- › 500 g Magerquark
- › 40 g Speiseleinöl
- › 6 EL frische Kräuter, klein gehackt (z. B. Petersilie, Schnittlauch, Majoran, Salbei)
- › 2 Knoblauchzehen, klein gehackt
- › 1 kleine Zwiebel, sehr fein geschnitten
- › 2 TL Meerrettich
- › Je 6 Messerspitzen Kräutersalz und Pfeffer aus der Pfeffermühle
- › 2 Messerspitzen Chilipulver
- › Gemischtes Gemüse (z. B. Karotten, Kohlrabi, Gurken, Zucchini, Sellerie oder Tomaten)
- › 2–3 Scheiben Dinkel-Vollkornbrot oder 250 – 500 ml Rote-Bete-Saft

Zubereitungszeit: ca. 15 Minuten

- Alle Zutaten für den Quark gut mischen.
- Je nach Vorliebe essen Sie von dem Gemüse, so viel Sie möchten.
- Dazu essen Sie Dinkelvollkornbrot mit Natursauer-teig, und zwar 2 bis 3 Scheiben (3 Scheiben, wenn Sie ein Mann sind, da Sie einen größeren Grundumsatz haben – 2 Scheiben, wenn Sie eine Frau sind), vom Rote-Bete-Saft gönnen Sie sich ca. 250–500 ml.
- **Tipp 1** Vor dem Essen sollten Sie 2 Gläser Wasser oder stilles Mineralwasser trinken.
- **Tipp 2** Zur Erfrischung von Atem und Geist sowie für eine gute Verdauung kauen Sie einige Fenchel- oder Kümmelsamen nach dem Essen.
- **Info** Die Hälfte des fertigen Kräuterquarks bewahren Sie im Kühlschrank für Mittwoch auf.

Dessert oder Zwischenmahlzeit: Zwetschgenkuchen und Tee

- 1 kleines Stück Zwetschgenkuchen (TK-Ware ohne gehärtete Fettsäuren, Pflaumenanteil mehr als 50 %. Eine noch bessere Wahl: frisch vom Bäcker und mit Dinkelboden. Ist aber schwierig zu bekommen).
- 1 Tasse grüner Tee oder Kaffee

Abendessen

THAI-GEMÜSEPFANNE

Abendessen
für 2 Personen

- 1 Zwiebel
- 2 EL Bio-Kokosöl
- 100 g Bio-Hähnchenbrust
- ½ Packung TK-Wokgemüse
- Etwas frischer Ingwer
- 200 ml Kokosdrink
- 125 g Thai-Reisnudeln
- 1–2 EL Sojasauce
- Etwas Asiagewürzmischung

Zubereitungszeit: ca. 30 Minuten

Dessert
für 1 Person

- 150 g Fruchtjoghurt (mittlerer Fettgehalt: ca. 3,5 %)
- 1/4 TL Zimtpulver
- ½ TL Kurkumapulver
- 1 cm frischer Ingwer, klein gehackt

Zubereitungszeit: ca. 3 Minuten

- Die abgezogene Zwiebel klein würfeln und 5 Minuten ruhen lassen.

- Das Bio-Kokosöl erhitzen und die Zwiebel darin goldgelb anbraten. Die gewaschene und trockengetupfte Hähnchenbrust in mundgerechte Stücke schneiden, dazugeben und kurz anbraten.

- Das Wokgemüse gefroren dazugeben und alles bei schwacher Hitze 5 Minuten garen lassen.

- Den geschälten Ingwer klein würfeln und dazugeben, alles mit 150 Millilitern Wasser und dem Kokosdrink aufgießen. Die Thainudeln dazugeben und 5 bis 7 Minuten köcheln lassen.

- Die Sojasauce dazugeben und alles mit der Asiagewürzmischung abschmecken. Wenn Sie gerne scharf essen, können Sie den Thermogeneseeffekt erhöhen, indem Sie mit Chili und/oder Curry würzen.

- **Tipp 1** Vor dem Essen sollten Sie 2 Gläser Wasser oder stilles Mineralwasser trinken.

- **Tipp 2** Zur Erfrischung von Atem und Geist sowie für eine gute Verdauung kauen Sie einige Fenchel- oder Kümmelsamen nach dem Essen.

Dessert: Gewürzjoghurt

- Alle Zutaten gut miteinander mischen.

- **Zur Mahlzeit** 2 Gläser Flüssigkeit (Brennnesseltee, Wasser, leichte Saftschorle)

TAG 2 – DIENSTAG

Voller Energie durch Woche 1

Gesundheit gedeiht mit der Freude am Leben. (Nach Thomas von Aquin)

Lebensenergie bekommen Sie durch Lebensfreude – freuen Sie sich auf einen weiteren Stoffwechselaktivierungstag und auf Ihr erstes Muskelkräftigungsprogramm (siehe Seite 287ff.)!

Frühstück

HEIDELBEER-BANANE-DRINK

Für 2 Personen

- 250 g Naturjoghurt (3,5 % Fett)
- 150 ml kaltes Wasser
- 1 reife Banane, mittelgroß, geschält
- 25 g frischer Ingwer, geschält und in Scheiben geschnitten
- 125 g Quark
- 1 gestrichener TL Zimtpulver
- 1 gestrichener TL Kurkumapulver
- 150 g TK-Heidelbeeren
- 1 Prise Chilipulver
- 1 TL Speiseleinöl
- 4 EL Sanddorn-Orangen-Fruchtsauce

Zubereitungszeit: ca. 10 Minuten

- Alle Zutaten in der genannten Reihenfolge in einen Mixer (Blender) geben.
- Alles 2 bis 3 Minuten gut durchmixen.
- **Tipp 1** Zu dem Drink können Sie noch 1 Tasse Kaffee und 1 Glas Wasser oder 2 Tassen grünen Tee trinken.
- **Tipp 2** Damit Sie bis zum Mittag satt sind, essen Sie 2 Scheiben Vollkornbrot (siehe Spielregeln auf Seite 102) mit 2 Scheiben Käse – bevorzugt Edamer oder Gouda, da diese Käsesorten besonders chromreich sind (alternativ 2 Scheiben rohen oder gekochten Schinken).
- **Info** Aktivieren Sie Ihren Tee: Geben Sie 2 bis 3 dünne Scheiben frischen Ingwer in Ihre Teetasse.

Mittagessen

ENERGIETELLER

mit Thunfisch oder Schafskäse

Hauptgericht für 2 Personen

- 1 Handvoll Blattsalat der Saison
- 2 Radieschen
- 3 Cocktailtomaten
- 50 g Thunfisch in Wasser
- Alternativ: 50 g Schafskäse
- 1 EL Aceto balsamico
- 1 EL Oliven- oder Rapsöl
- Pfeffer aus der Mühle
- Salz
- 1 EL Schnittlauch
- 1 EL frische Keimlinge
- 2 Scheiben Vollkornbrot oder 1 Scheibe und 1 helles Brötchen

Zubereitungszeit: ca. 15 Minuten

Dessert für 1 Person

- 100 g rote Grütze
- ½ TL Zimtpulver
- ½ TL Kurkumapulver
- 1 Messerspitze Chilipulver
- Pfeffer aus der Mühle
- 1–2 cm frischer Ingwer, klein gehackt

Zubereitungszeit: ca. 5 Minuten

- Blattsalat waschen und putzen und auf einem großen Teller mit den gewaschenen und geschnittenen Radieschen und Cocktailtomaten liebevoll anrichten.

- Den Thunfisch oder Schafskäse darübergeben. Mit Aceto balsamico, Öl, Pfeffer und Salz würzen. Mit fein geschnittenem Schnittlauch und Keimlingen bestreuen.

- **Tipp 1** Vor dem Essen sollten Sie 2 Gläser Wasser oder stilles Mineralwasser trinken.

- **Tipp 2** Zur Erfrischung von Atem und Geist sowie für eine gute Verdauung kauen Sie einige Fenchel- oder Kümmelsamen nach dem Essen.

Dessert: Rote Grütze »feurig«

- Alle Zutaten gut miteinander vermengen.

- **Zur Mahlzeit** 3 Gläser Wasser oder aktiviertes, stilles Mineralwasser (mit 1 Scheibe Zitrone oder Orange und 5 Ingwerscheiben)

- **Tipp** Kleinere Naschereien sollten immer direkt im Anschluss an eine Mahlzeit gegessen werden – so wird weniger dickmachendes Insulin ausgeschüttet.

Abendessen

SCHNELLE PASTA

rot-grün mit Mozzarellatomaten

Für 2 Personen

Für die Beilage

- 4 Tomaten
- 1 Kugel Mozzarella
- Ca. 30 Blätter Basilikum
- Pfeffer aus der Mühle
- Kräutersalz
- 1 EL Olivenöl
- 1 EL Aceto balsamico

Für die Nudeln

- 160–200 g Dinkel-Eier-Nudeln
- 2 Knoblauchzehen
- 2 Bund frische Kräuter (Petersilie, Oregano, Basilikum)
- 4 kleine Tomaten
- 4 EL Butterschmalz
- Pfeffer aus der Mühle
- Salz

Zubereitungszeit: ca. 20 Minuten

- Für die Beilage die gewaschenen Tomaten und den Mozzarella in Scheiben schneiden und beides dekorativ auf einen Teller schichten. Die Basilikumblätter darüberlegen, alles mit Pfeffer und Kräutersalz würzen und mit Öl und Essig beträufeln.

- Die Nudeln nach Packungsanweisung garen und abgießen.

- Den abgezogenen Knoblauch fein hacken. Kräuter und Tomaten waschen, die Kräuter grob hacken, die Tomaten grob würfeln. In einer Pfanne mit Butterschmalz andünsten und mit Pfeffer und Salz abschmecken. Die gekochten Nudeln dazugeben und kurz darin schwenken.

- Dazu passt hervorragend und ist natürlich genehmigt 1 Glas Rotwein. Wenn Sie keinen Wein trinken wollen, gönnen Sie sich 1 Glas frisch gepressten Orangensaft.

- **Tipp 1** Vor dem Essen sollten Sie 2 Gläser Wasser oder stilles Mineralwasser trinken.

- **Tipp 2** Je nach Belieben: 1 Espresso oder 1 Cappuccino und 1 kleines Stück Schokolade oder 1 Keks. Wenn Sie zu der großen Mehrheit von Menschen gehören, die an einer angebrochenen Schokoladentafel nicht vorbeikommen, kaufen Sie kleine abgepackte Täfelchen. Die gibt es mittlerweile sogar einzeln in guten Kaffeegeschäften.

- **Zur Mahlzeit** 2 Gläser Flüssigkeit (Brennnesseltee, Wasser, leichte Saftschorle)

TAG 3 – MITTWOCH

Voller Energie durch Woche 1

Wer sich selbst besiegt, ist stark. (Laotse)

Denken Sie daran, heute ist Ihr Bewegungstag (siehe Seite 283ff.). Manchmal kostet der Entschluss für eine Sache große Überwindung. Ein Trick zur Überwindung des »inneren Schweinehundes«: Richten Sie Ihre Trainingskleidung schon am Vorabend her. So haben Sie Ihr Unterbewusstsein bereits auf den Bewegungstag eingestimmt.

Frühstück

HAFERSCHMAUS

Für 2 Personen

- 100 g Biohaferkörner
- 200 ml heißes, nicht mehr kochendes Wasser
- 1 mittelgroße Banane
- 150 g frische Beeren (alternativ: 1 kleiner Apfel oder 1 Orange/Mandarine)
- 200 g Hüttenkäse
- 2 EL Fruchtsauce oder Honig
- Etwas Zimtpulver

Zubereitungszeit: am Abend ca. 5 Minuten; morgens ca. 10 Minuten

- Vorbereitung am Vorabend: Die Haferkörner waschen, in eine Thermoskanne mit großer Öffnung geben. Das Wasser dazugeben, die Kanne verschließen und den Hafer über Nacht weichen lassen.
- Die geschälte Banane mit einer Gabel zerdrücken und etwas aufschlagen, die Beeren oder den klein geschnittenen Apfel oder die zerteilte Orange/Mandarine dazugeben.
- Den abgegossenen Hafer dazugeben, den Hüttenkäse darübergeben, alles vorsichtig miteinander vermengen, mit Fruchtsauce oder Honig süßen und mit Zimt abschmecken.
- **Tipp** Zum Haferschmaus sollten Sie noch Flüssigkeit aufnehmen: je nach Belieben 2 Tassen grünen Tee und 1 Glas Wasser. Alternativ 2 Gläser Wasser mit 1 Tasse Kaffee oder mit 1 Espresso.

Mittagessen – Vorschlag 1
RETTICHSALAT »SCHARFMACHER«

Für 2 Personen

- 300 g Rettich
- 2 EL Olivenöl
- 2 TL Speiseleinöl
- 1 EL Hanfnüsse
- 1 EL Essig
- 1 TL Meerrettich
- 1 TL Senf
- 1 Knoblauchzehe, fein gehackt
- Frischer Schnittlauch in Röllchen
- Salz, Pfeffer aus der Mühle
- Keimlinge
- 2–4 Scheiben Dinkel-Vollkornbrot

Zubereitungszeit: ca. 10 Minuten

- Rettich waschen, putzen und hobeln.
- Die übrigen Zutaten in einer Schüssel gut miteinander vermischen, den Rettich dazugeben und gut unterrühren. Dazu gibt es Vollkornbrot.

Dessert oder Zwischenmahlzeit: Obst und Nüsse

- Kleiner Obstsalat oder 1 Stück Obst (Orange, Grapefruit, Melone, Apfel, Birne) und 1 Handvoll Walnüsse
- **Zur Mahlzeit** 3 Gläser Wasser oder aktiviertes, stilles Mineralwasser (mit 1 Scheibe Zitrone oder Orange und 5 Ingwerscheiben)

Mittagessen – Vorschlag 2
GEMÜSESUPPE »SCHARFMACHER«

Für 2 Personen

- 2 EL Butterschmalz
- 1 Zwiebel, klein gehackt
- 2 Karotten in feinen Scheiben
- 1 rote Paprikaschote in Würfeln
- 1 Knoblauchzehe, klein gehackt
- 4 cm frischer Ingwer, klein gehackt
- Etwas gekörnte Brühe
- Pfeffer aus der Mühle
- 2 Handvoll Kräuter (Schnittlauch, Petersilie, Basilikum, Oregano, Rosmarin), klein gehackt
- Scharfmacher®-Gewürz-Blüten-Mischung aus dem Bioladen
- 2 TL Sauerrahm (10 % Fett)
- 2–4 Scheiben Dinkel-Vollkornbrot
- Kräuterquark (vom Montag)

Zubereitungszeit: ca. 10 Minuten

- Butterschmalz in einem großen Topf erhitzen, Zwiebelwürfel und Karotten darin andünsten, bis die Zwiebeln glasig sind. Paprika, Knoblauch und Ingwer dazugeben und kurz blanchieren.
- Mit 1 Liter Wasser aufgießen, Brühe dazugeben und alles 2 Minuten köcheln lassen. Mit Pfeffer abschmecken, Kräuter und Scharfmachergewürz dazugeben und mit Rahm garnieren. Dazu gibt es Vollkornbrot.
- **Tipp 1** Vor dem Essen sollten Sie 2 Gläser Wasser oder stilles Mineralwasser trinken.
- **Tipp 2** Für eine gute Verdauung kauen Sie einige Fenchel- oder Kümmelsamen nach dem Essen.

Abendessen

KARTOFFELN VOM BLECH

mit Tomatensalat und Steak

Hauptgericht für 2 Personen

Für die Blechkartoffeln

- 4 mittelgroße Biokartoffeln
- 2 EL geschmolzene Butter
- Pfeffer aus der Mühle
- Salz
- 1 Stängel Rosmarin
- 2 EL frischer Kräutermix (z. B. Petersilie, Schnittlauch, Salbei, Oregano, Basilikum)

Für den Tomatensalat

- 1 kleine Zwiebel
- 1 Knoblauchzehe
- 6 mittelgroße Tomaten
- 2 EL Olivenöl
- 2 EL Aceto balsamico bianco
- 1 EL frische Kräuter
- Salz
- Pfeffer aus der Mühle

Für die Steaks

- 2 kleine Rindersteaks à 100 g
- 1 EL Kokosöl
- Pfeffer aus der Mühle
- Salz

Zubereitungszeit: ca. 60 Minuten

- Für die Blechkartoffeln die gewaschenen Kartoffeln in ca. 20 Minuten in reichlich Wasser garen, abgießen und in dicke Scheiben schneiden.

- Ein Backblech mit 1 Esslöffel Butter bestreichen und die Kartoffelscheiben darauflegen. Mit der restlichen Butter bestreichen und mit Pfeffer, Salz und Rosmarinnadeln bestreuen. Im Backofen 10 bis 15 Minuten bei 200 °C (Umluft 180 °C, Gas Stufe 3–4) backen.

- Vom Blech nehmen und auf Tellern anrichten, mit dem Kräutermix bestreuen und warm stellen.

- Für den Tomatensalat Zwiebel und Knoblauch abziehen, klein schneiden und in eine Schüssel geben. Die gewaschenen Tomaten klein schneiden und dazugeben. Öl, Essig und Kräuter dazugeben und den Salat mit Salz und Pfeffer abschmecken.

- Für die Steaks das gewaschene und trockengetupfte Fleisch in einer Pfanne im heißen Öl von jeder Seite 4 bis 5 Minuten braten. Erst dann mit Pfeffer und Salz würzen. Zu Kartoffeln und Salat servieren.

- **Tipp 1** Vor dem Essen sollten Sie 2 Gläser Wasser oder stilles Mineralwasser trinken.

- **Tipp 2** Zur Erfrischung von Atem und Geist sowie für eine gute Verdauung kauen Sie einige Fenchel- oder Kümmelsamen nach dem Essen.

- **Zur Mahlzeit** 2 Gläser Flüssigkeit (Brennnesseltee, Wasser, dünne Saftschorle)

Dessert für 1 Person

- 3 EL TK-Beerenmischung
- 1 EL Fruchtsauce
- 1 Kugel Vanilleeis
- Etwas Pfeffer aus der Mühle
- 1 Messerspitze Chilipulver
- 3 frische Minzeblätter

Zubereitungszeit: ca. 5 Minuten

Dessert: Vanilleeis im Beeren-Chili-Mantel

- Die Beerenmischung mit 5 Esslöffeln Wasser erwärmen, die Fruchtsauce dazugeben.
- Das Vanilleeis in eine Schale geben. Die Beerenmischung um das Eis drapieren, alles mit etwas Pfeffer und Chilipulver bestreuen und mit den Minzeblättern garnieren.
- **Tipp 1** Nach Lust und Laune passt dazu noch 1 Cappuccino oder Espresso.
- **Tipp 2** Falls Sie viel unterwegs sind, richten Sie sich vorher einige Radieschen zum Mitnehmen her. Dies aktiviert, ohne Kalorien zu liefern.

TAG 4 – DONNERSTAG

Voller Energie durch Woche 1

Niemand ist so uninteressant wie ein Mensch ohne Interesse.
(Sir Thomas Brown)

Die Lauf-Diät mit allen Stoffwechseljokern macht in der Gemeinschaft besonders Spaß. Kochen Sie Ihre Stoffwechselrezepte auch mal für andere, verabreden Sie sich mit Freunden zu gemeinsamen Trainingseinheiten (Walking, Nordic Walking, Jogging). Heute ist wieder Muskelkräftigungstag (Seite 287ff.) – auch dies ist in einer Gruppe sehr spaßig.

Frühstück

SCHOKO-BANANE-DRINK

Für 2 Personen

- 200 ml Mandel- oder Reisdrink
- 150 ml kaltes Wasser
- 1 reife Banane, mittelgroß, geschält
- 25 g frischer Ingwer, geschält und in Scheiben geschnitten
- 125 g Quark
- 2 gestrichene TL Kakaopulver
- 1 gestrichener TL Zimt
- 1 Prise Chilipulver
- 3 EL Honig

Zubereitungszeit: ca. 10 Minuten

- Alle Zutaten in der genannten Reihenfolge in einen Mixer (Blender) geben.
- Alles 2 bis 3 Minuten gut durchmixen.
- **Tipp 1** Zu dem Drink können Sie 1 Tasse Kaffee und 1 Glas Wasser oder 2 Tassen grünen Tee trinken.
- **Tipp 2** Damit Sie bis zum Mittag satt sind, essen Sie 2 Scheiben Vollkornbrot (siehe Spielregeln auf Seite 102) mit 2 Scheiben Käse – bevorzugt Edamer oder Gouda, da diese Käsesorten besonders chromreich sind (alternativ 2 Scheiben rohen oder gekochten Schinken).
- **Info** Nase voll von Vollkorndinkel? Sie können sich zwischendurch zum Frühstück auch eine Brezel oder noch besser 2 Eier gönnen.

Mittagessen

IN 3 GÄNGEN

Vorspeise für 2 Personen

- 1 reife Avocado, geschält und entkernt
- 3 EL Naturjoghurt
- 1 TL Senf
- 2 Knoblauchzehen, durchgepresst
- Saft von ½ Zitrone
- ½ Bund Petersilie
- 1 große Messerspitze Pfeffer
- 1 TL gekörnte Brühe
- 1 TL Chilipulver
- 1 TL Speiseleinöl
- Je 1 Salatgurke, 1 Karotte, 1 Kohlrabi und 1 rote Paprikaschote

Zubereitungszeit: ca. 10 Minuten

Hauptspeise für 2 Personen

- 100 g Dinkelkeimlinge (Bezugsquelle siehe Seite 191; alternativ: 4 EL Mandelmehl und 6 EL Haferflocken)
- 300 g Naturjoghurt
- 2 Bananen, mit einer Gabel zerdrückt und etwas aufgeschlagen
- 150 g Erdbeeren oder Himbeeren
- 2 cm frischer Ingwer, geschält und gerieben
- ½ TL Zimt

Zubereitungszeit: ca. 5 Minuten

Dessert für 1 Person

- 150 ml kalte Milch
- 2 TL Kakaopulver
- 1 TL Honig oder Zucker
- ¼ TL Zimtpulver
- ¼ TL Kurkumapulver
- 1 Messerspitze Chilipulver
- Etwas frischer Pfeffer aus der Mühle
- Zubereitungszeit: ca. 5 Minuten

Zubereitungszeit: ca. 5 Minuten

Vorspeise: Avocadodip mit Gemüsesticks

- Avocadofleisch, Joghurt, Senf, den Knoblauch, Zitronensaft und gehackte Petersilie in eine Schüssel geben und alles mit dem Stabmixer pürieren. Pfeffer, gekörnte Brühe, Chilipulver und Öl dazugeben und gründlich untermengen.
- Das Gemüse in Stifte schneiden und mit dem Dip genießen.
- **Tipp 1** Vor dem Mittagessen sollten Sie 2 Gläser Wasser oder stilles Mineralwasser trinken.
- **Tipp 2** Zur Erfrischung von Atem und Geist sowie für eine gute Verdauung kauen Sie einige Fenchel- oder Kümmelsamen nach dem Essen.

Süße Hauptspeise: Dinkelkeimlinge in Joghurt und Banane

- Alle Zutaten in eine Schüssel geben und miteinander vermengen.

Dessert: Feuerschokolade

- Die Milch mit dem Kakao glatt rühren und langsam erhitzen.
- Den Honig oder Zucker dazugeben, ebenso Zimt, Kurkuma, Chili und Pfeffer.
- **Zur Mahlzeit** 3 Gläser Wasser oder aktiviertes, stilles Mineralwasser (mit 1 Scheibe Zitrone oder Orange und 5 Ingwerscheiben)

Abendessen

CHAMPIGNON-BROKKOLI-

Pfanne mit Naturreis

Für 2 Personen

- 1 Tasse Naturreis
- 2 mittelgroße Zwiebeln
- 400 g Champignons
- 2 Knoblauchzehen
- 200 g Brokkoli
- 2 cm frischer Ingwer
- 3 EL Bio-Kokosöl
- Kräutersalz
- Pfeffer aus der Mühle
- Etwas Chilipulver
- 2 EL frische Kräuter, fein gehackt
- 4 EL fettarmer Hüttenkäse
- 2 EL Walnüsse in kleinen Stücken

Zubereitungszeit: ca. 60 Minuten

- Den Reis mit etwas mehr als der doppelten Wassermenge so lange köcheln lassen, bis das Wasser aufgesogen und der Reis weich ist (ca. 35 bis 40 Minuten).

- In der Zwischenzeit die Zwiebeln abziehen, klein schneiden und 5 Minuten ruhen lassen. Die Pilze waschen, putzen und klein schneiden. Den abgezogenen Knoblauch fein hacken und 5 Minuten ruhen lassen. Den Brokkoli waschen und putzen, den Ingwer schälen und klein schneiden.

- Den Brokkoli 3 Minuten dämpfen.

- Das Öl in einer großen Pfanne erhitzen und die Zwiebeln glasig dünsten. Dann Ingwer, Knoblauch und Pilze dazugeben und für 5 Minuten mitbraten. Reis und Brokkoli in die Pfanne geben und alles gut durchmengen, ein paar Minuten weiterbraten.

- Mit Kräutersalz, Pfeffer, Chili und frischen Kräutern abschmecken, auf Teller füllen, den Frischkäse darübergeben, mit Walnüssen bestreuen und das Gericht rasch servieren.

- **Tipp 1** Vor dem Abendessen sollten Sie 2 Gläser Wasser oder stilles Mineralwasser trinken.

- **Tipp 2** Als Dessert gibt es eine feurige Versuchung: 1 Stück dunkle Chilischokolade. Toppen können Sie Ihr Geschmackserlebnis, wenn Sie auf das Schokoladenstück noch eine hauchdünne Scheibe frischen Ingwer legen.

- **Zur Mahlzeit** 2 Gläser Flüssigkeit (Brennnesseltee, Wasser, leichte Saftschorle)

TAG 5 – FREITAG

Voller Energie durch Woche 1

Wer jede Entscheidung zu schwer nimmt, kommt zu keiner.
(Harold McMillan)

Entscheiden Sie sich auch heute mit innerer Zufriedenheit für Ihren Weg, und befreien Sie sich von Lasten, die Sie schon lange ablegen wollten. Im Feng Shui fangen Diätkuren häufig mit dem Ausmisten von übervollen Zimmern an, um wieder Luft zum Atmen zu spüren.

Frühstück

ERDBEER-BANANE-DRINK

Für 2 Personen

- 200 ml Reisdrink
- 150 ml kaltes Wasser
- 1 reife Banane, mittelgroß
- 25 g frischer Ingwer, geschält und in Scheiben geschnitten
- 125 g Quark
- 150 g TK-Erdbeeren
- 1 gestrichener TL Zimtpulver
- 1 Prise Chilipulver
- 4 EL Sanddorn-Orangen-Fruchtsauce

Zubereitungszeit: ca. 10 Minuten

- Alle Zutaten in der genannten Reihenfolge in einen Mixer (Blender) geben.
- Alles 2 bis 3 Minuten gut durchmixen.
- **Tipp 1** Zu dem Drink sollten Sie noch zusätzliche Flüssigkeit nehmen: 1 Tasse Kaffee und 1 Glas Wasser oder 2 Tassen grünen Tee oder 2 Gläser Wasser.
- **Tipp 2** Damit Sie bis zum Mittag satt sind, essen Sie 2 Scheiben Vollkornbrot (siehe Spielregeln auf Seite 102) mit 2 Scheiben Käse – bevorzugt Edamer oder Gouda, da diese Käsesorten besonders chromreich sind (alternativ 2 Scheiben rohen oder gekochten Schinken).

Mittagessen

ZWIEBELSUPPE NACH DR. FEIL

Hauptspeise für 2 Personen

- 2–3 große Zwiebeln
- 1 Knoblauchzehe
- 2 EL Sojasauce
- 2 EL Walnüsse
- 25 g frische Kräuter
- 2 cm frischer Ingwer
- 3 EL Butterschmalz
- 100 g TK-Erbsen
- 2 TL gekörnte Brühe
- 1 TL Meerrettich
- Pfeffer aus der Mühle
- Etwas frisch geriebene Muskatnuss
- Frische Kräuter zum Servieren
- 4 Brötchen oder 8 Scheiben Baguette
- 100 g Schafskäse oder anderer Käse
- 4 gekochte Eier

Zubereitungszeit: ca. 30 Minuten

Dessert für 2 Personen

- 200 g Naturjoghurt (1,5–1,8 % Fett)
- Pfeffer aus der Mühle
- 2 Messerspitzen Chilipulver
- 20 frische Minzeblätter, gehackt
- 6–8 EL rote Grütze
- 2 frische Minzeblätter

Zubereitungszeit: ca. 5 Minuten

- Zwiebeln abziehen und klein schneiden, Knoblauch abziehen und klein schneiden, Sojasauce dazugeben, Walnüsse hacken und untermischen, die Kräuter hacken, Ingwer schälen und ebenfalls klein schneiden.

- Butterschmalz in einem Topf erhitzen, Zwiebeln hineingeben und glasig dünsten. Walnüssen, Knoblauch und Ingwer dazugeben und mit 750 Milliliter Wasser aufgießen. Die Erbsen dazugeben und alles zum Kochen bringen. Gekörnte Brühe und Meerrettich dazugeben.

- Mit den Gewürzen abschmecken und servieren. Frische Kräuter auf den Tisch stellen und über die servierte Suppe streuen. Dazu das Brot mit dem Käse und den Eiern servieren.

- **Tipp 1** Vor dem Mittagessen sollten Sie 2 Gläser Wasser oder stilles Mineralwasser trinken.

- **Tipp 2** Zur Erfrischung von Atem und Geist sowie für eine gute Verdauung kauen Sie einige Fenchel- oder Kümmelsamen nach dem Essen.

Dessert: Gaumenfreude mit Minze

- Joghurt mit Pfeffer aus der Mühle, Chilipulver und der gehackten Minze glatt rühren und in 2 Schälchen geben.

- In die Mitte jeweils 3 bis 4 Esslöffel rote Grütze geben. Mit jeweils 1 Minzeblatt dekorieren.

- **Zur Mahlzeit** 3 Gläser Wasser oder aktiviertes, stilles Mineralwasser (mit 1 Scheibe Zitrone oder Orange und 5 Ingwerscheiben)

Abendessen

SEELACHS-GEMÜSE-PFANNE

Hauptspeise für 2 Personen

- 160 g Dinkel-Eier-Nudeln
- 200 g Brokkoli
- 1 kleine Zwiebel
- 2 EL Bio-Kokosöl
- 200 g Tomaten
- 2 cm frischer Ingwer
- Pfeffer aus der Mühle
- Salz
- 1 Knoblauchzehe, durchgepresst
- 200 ml Kokosdrink
- 150 g Seelachsfilet
- Etwas frische Petersilie, klein gehackt
- 1 Blatt Liebstöckel, klein gehackt

Zubereitungszeit: ca. 35 Minuten

Dessert für 2 Personen

- 2 Scheiben frische Ananas
- Etwas Scharfmacher®-Gewürz-Blüten-Mischung aus dem Bioladen

Zubereitungszeit: ca. 5 Minuten

- Die Nudeln nach Packungsanweisungen in Salzwasser kochen.
- Den gewaschenen und geputzten Brokkoli in Röschen zerteilen und kurz blanchieren.
- Die Zwiebel fein würfeln, 5 Minuten ruhen lassen, anschließend im heißen Kokosöl goldgelb anbraten.
- Die Tomaten und den Ingwer sehr fein würfeln und dazugeben, alles mit Pfeffer, Salz und Knoblauch würzen. Den Kokosdrink dazugeben und alles zum Köcheln bringen.
- Den gewaschenen und trockengetupften Seelachs in Würfel schneiden und auf die Sauce legen, etwa 5 Minuten mitköcheln lassen.
- Vor dem Servieren mit Petersilie und Liebstöckel bestreuen und die Nudeln dazu reichen.
- **Tipp** Vor dem Abendessen sollten Sie 2 Gläser Wasser oder stilles Mineralwasser trinken.

Dessert: Scharfmacher-Ananas

- Die Ananas in Stücke schneiden und mit Scharfmachergewürz bestreuen.
- **Zur Mahlzeit** 2 Gläser Flüssigkeit (Brennnesseltee, Wasser, leichte Saftschorle)

TAG 6 – SAMSTAG

Voller Energie durch Woche 1

Erfolg buchstabiert sich T – U – N.
(Susanne Westphal)

Bleiben Sie auf Ihrem Weg – Sie können Ihr Ziel nur erreichen, wenn Sie jeden Tag Ihre Stoffwechselaktivierung aufs Neue feiern. Freuen Sie sich wieder auf Ihr heutiges Bewegungsprogramm (siehe Seite 283ff.).

Frühstück

HIMBEER-BANANE-DRINK

Für 2 Personen

- 200 ml Kokosdrink
- 150 ml kaltes Wasser
- 1 reife Banane, mittelgroß, geschält
- 25 g frischer Ingwer, geschält und in Scheiben geschnitten
- 125 g Quark
- 1 gestrichener TL Zimtpulver
- 10 g Mandelmehl
- 150 g TK-Himbeeren
- 1 Prise Chilipulver
- 1 TL Speiseleinöl
- 4 EL Sanddorn-Orangen-Fruchtsauce

Zubereitungszeit: ca. 10 Minuten

- Alle Zutaten in der genannten Reihenfolge in einen Mixer (Blender) geben.
- Alles 2 bis 3 Minuten gut durchmixen.
- **Tipp 1** Zu dem Drink sollten Sie noch zusätzliche Flüssigkeit nehmen: 1 Tasse Kaffee und 1 Glas Wasser oder 2 Tassen grünen Tee oder 2 Gläser Wasser.
- **Tipp 2** Damit Sie bis zum Mittag satt sind, essen Sie 2 Scheiben Vollkornbrot (siehe Spielregeln auf Seite 102) mit 2 Scheiben Käse – bevorzugt Edamer oder Gouda, da diese Käsesorten besonders chromreich sind (alternativ 2 Scheiben rohen oder gekochten Schinken).

Mittagessen

WÄRMENDE KARTOFFELSUPPE

Hauptspeise für 2 Personen

- 1 mittelgroße Zwiebel
- 2 EL Butterschmalz
- 200 g Kartoffeln
- 1 Karotte
- 1 EL gekörnte Brühe
- Pfeffer aus der Mühle
- Etwas Scharfmacher®-Gewürz-Blüten-Mischung aus dem Bioladen
- 2 TL Speiseleinöl
- 2 TL Hanfsamen
- ½ Bund Schnittlauch, fein geschnitten
- 2 Scheiben Vollkornbrot

Zubereitungszeit: ca. 30 Minuten

Dessert für 1 Person

- 150 g Vanillejoghurt (1,5 % Fett)
- ¼ TL Zimtpulver
- 1 EL Walnüsse, gehackt

Zubereitungszeit: ca. 5 Minuten

- Die abgezogene Zwiebel fein würfeln und mit Butterschmalz glasig dünsten. Die Kartoffeln schälen und grob würfeln, die Karotte putzen und ebenfalls grob würfeln. Das Gemüse kurz mitdünsten.

- Mit ca. 500 Millilitern Wasser aufgießen, die gekörnte Brühe dazugeben und alles zugedeckt ca. 10 Minuten köcheln lassen. Mit Pfeffer und Scharfmachergewürz abschmecken.

- Das Leinöl und die Hanfsamen einrühren und die Suppe mit dem Stabmixer kurz pürieren. Vor dem Servieren mit Schnittlauch bestreuen. Dazu das Vollkornbrot essen.

- **Tipp 1** Vor dem Mittagessen sollten Sie 2 Gläser Wasser oder stilles Mineralwasser trinken.

- **Tipp 2** Zur Erfrischung von Atem und Geist sowie für eine gute Verdauung kauen Sie einige Fenchel- oder Kümmelsamen nach dem Essen.

Dessert: Aktivierender Vanillejoghurt

- Joghurt mit Zimt und Walnüssen verrühren.

- **Zur Mahlzeit** 3 Gläser Wasser oder aktiviertes, stilles Mineralwasser (mit 1 Scheibe Zitrone oder Orange und 5 Ingwerscheiben)

- **Info** Wenn Sie zu dritt sind, können Sie auch einen Vanillepudding kochen. Kaufen Sie dazu Vanillepuddingpulver und bereiten den Pudding gemäß Anleitung zu. Den Zucker können Sie pro 500 Milliliter auf 1 Esslöffel reduzieren. Zimt und Nüsse (dreifache Menge) vor dem Erkalten dazugeben und alles in 3 Schälchen abkühlen lassen.

Abendessen

GEMÜSECOUSCOUS

mit Rinderfilet

Für 2 Personen

- 250 g Instantcouscous Dinkel oder Buchweizen
- 2 EL Butterschmalz oder Bio-Kokosöl
- 2 EL Olivenöl oder Butter
- 2 Zwiebeln
- 200 g Rinderfilet in feinen Streifen
- 1 kleiner Kohlrabi in Würfeln
- 2 Karotten in Scheiben
- 250 g kleine Tomaten
- 20 g frischer Ingwer
- 1 Knoblauchzehe
- 1 TL gekörnte Brühe
- Pfeffer aus der Mühle
- 1 TL Scharfmacher®-Gewürz-Blüten-Mischung aus dem Bioladen
- Je ½ Bund Petersilie und Schnittlauch, fein gehackt

Zubereitungszeit: ca. 30 Minuten

- Couscous nach Packungsanweisung garen. 2 EL Butter oder Olivenöl unterrühren.
- Die abgezogenen Zwiebeln fein würfeln und mit heißem Butterschmalz goldgelb braten. Das Rinderfilet dazugeben, dann das Gemüse und alles 10 Minuten köcheln lassen.
- Die sehr klein geschnittenen Tomaten dazugeben, ebenso den durchgepressten Ingwer und Knoblauch. Alles mit gekörnter Brühe, Pfeffer und Scharfmachergewürz abschmecken. Couscous unterrühren und vor dem Servieren mit den Kräutern bestreuen.
- **Tipp 1** Vor dem Abendessen sollten Sie 2 Gläser Wasser oder stilles Mineralwasser trinken.
- **Tipp 2** Zum Nachtisch genießen Sie 1 Stück Schokolade (ca. 10 Gramm) und je nach Lust und Laune 1 Espresso.
- **Zur Mahlzeit** 2 Gläser Flüssigkeit (Brennnesseltee, Wasser, leichte Saftschorle)
- **Info** Gönnen Sie sich Ruhe und Gemütlichkeit beim Essen: Die Essgeschwindigkeit wird dadurch reduziert – Sie werden schneller satt und essen weniger.

TAG 7 – SONNTAG

Voller Energie durch Woche 1

Schön ist alles, was man mit Liebe betrachtet.
(Christian Morgenstern)

Heute ist wieder Ihr Lauf- oder Walkingtag (siehe Seite 274ff.). Betrachten Sie Ihre Sportschuhe mit Liebe, getreu dem Motto: Danke, dass ihr mich ins aktive Leben tragt! Heute steht auch wieder Muskelkräftigung (siehe Seite 287ff.) auf dem Plan – probieren Sie die Übungen mal beim Fernsehen oder Radiohören so ganz nebenbei.

Frühstück

HAFERSCHMAUS

Für 2 Personen

- 100 g Biohaferkörner
- 200 ml heißes, nicht mehr kochendes Wasser
- 1 mittelgroße Banane
- 150 g frische Beeren (alternativ: 1 kleiner Apfel oder 1 Orange/ Mandarine)
- 200 g Hüttenkäse
- 2 EL Fruchtsauce oder Honig
- Etwas Zimtpulver

Zubereitungszeit: am Abend ca. 5 Minuten; morgens ca. 10 Minuten

- Vorbereitung am Vorabend: Die Haferkörner waschen, in eine Thermoskanne mit großer Öffnung geben. Das Wasser dazugeben, die Kanne verschließen und den Hafer über Nacht weichen lassen.

- Die geschälte Banane mit einer Gabel zerdrücken und etwas aufschlagen, die Beeren oder den klein geschnittenen Apfel oder die zerteilte Orange/Mandarine dazugeben.

- Den abgegossenen Hafer dazugeben, den Hüttenkäse darübergeben, alles vorsichtig miteinander vermengen, mit Fruchtsauce oder Honig süßen und mit Zimt abschmecken.

- **Tipp** Zum Haferschmaus sollten Sie noch Flüssigkeit aufnehmen: je nach Belieben 2 Tassen grünen Tee und 1 Glas Wasser. Alternativ 2 Gläser Wasser mit 1 Tasse Kaffee oder mit 1 Espresso.

Mittagessen

ZWIEBELOMELETT

Für 2 Personen

- 3 große Eier
- 1 kleine Zwiebel
- 1 Knoblauchzehe
- Je 2 Messerspitzen Salz, Pfeffer und Chilipulver
- 2 EL frische Kräuter, fein gehackt
- 1 EL Butter
- 3 Scheiben Vollkornbrot
- 100 g Käse oder Schinken
- 1 Gurke in Scheiben

Zubereitungszeit: ca. 10 Minuten

- Die Eier aufschlagen und in einer Schüssel verquirlen.
- Zwiebel und Knoblauch abziehen, klein schneiden und dazugeben. Die Gewürze in die Eimasse geben und alles gründlich verquirlen.
- Die Butter in einer Pfanne erhitzen, die Eimasse hineingeben, stocken lassen und nach 2 Minuten wenden. Zum Omelett das Brot und den Käse bzw. Schinken essen – ebenso die Gurkenscheiben.
- **Tipp 1** Vor dem Mittagessen sollten Sie 2 Gläser Wasser oder stilles Mineralwasser trinken.
- **Tipp 2** Zur Erfrischung von Atem und Geist sowie für eine gute Verdauung kauen Sie einige Fenchel- oder Kümmelsamen nach dem Essen.

Dessert: Kuchen

- Heute gibt es 1 Stück Kuchen oder als kleine Sünde auch mal 2 Stück. Bevorzugen Sie Zwetschgenkuchen aus dem TK-Bereich (Qualitätskriterien siehe Tag 1, Seite 104). Als Alternative können Sie auch einen Biskuitboden kaufen und diesen mit frischem Obst der Saison belegen.
- **Zur Mahlzeit** 3 Gläser Wasser oder aktiviertes, stilles Mineralwasser (mit 1 Scheibe Zitrone oder Orange und 5 Ingwerscheiben)

Abendessen

IN 3 GÄNGEN

Vorspeise für 2 Personen

- 500 g Cocktailtomaten
- 1 Bund Radieschen
- Kräutersalz
- Pfeffer aus der Mühle
- 200 g magerer Schinken oder Lachs

Zubereitungszeit: ca. 10 Minuten

Hauptspeise für 1 Person oder mehr

- 100 g Olivenöl
- 1 großes Bund Basilikum, klein geschnitten
- 1 Schale Rucola, klein geschnitten
- 160 g Pinienkerne oder Walnüsse, fein gehackt
- 100 g Pecorino in Stücken
- Ca. 2 TL Pfeffer aus der Mühle
- 125 g getrocknete Tomaten in Vierteln
- 80 g Dinkel-Eier-Nudeln pro Person

Zubereitungszeit: ca. 20 Minuten

Vorspeise: Cocktailsalat mit Schinken oder Lachs

- Tomaten und Radieschen waschen und halbiert auf einen Teller legen.

- Mit etwas Kräutersalz und Pfeffer bestreuen und dazu Schinken oder Lachs servieren.

Hauptspeise: Nudeln mit Pesto

- Alle Zutaten (bis auf die Nudeln) entweder mit einem Blender oder einem Zauberstab gut durchmixen.

- Pro Portion 80 Gramm Nudeln kochen und mit der gewünschten Menge Pesto servieren. Dieses Pestorezept ergibt 8 Portionen und lässt sich sehr gut einfrieren.

- **Tipp** Vor dem Abendessen sollten Sie 2 Gläser Wasser oder stilles Mineralwasser trinken. Wenn Sie Lust haben, gönnen Sie sich zur Feier Ihrer erfolgreichen Stoffwechselwoche 1 Glas Rotwein oder 1 Glas frisch gepressten Orangensaft.

Dessert: Eis oder Espresso

- Genießen Sie 1 Kugel Vanilleeis oder 1 Espresso.

- **Zur Mahlzeit** 2 Gläser Flüssigkeit (Brennnesseltee, Wasser, leichte Saftschorle)

Den Thermogenesejoker ausbauen

Nach den ersten sieben Stoffwechselaktivierungstagen sind Sie schon größere Gewürz- und Kräutermengen gewöhnt. Sie können nun damit anfangen, täglich eine kleine Chilischote zu einer Mahlzeit zu schlucken.

TAG 8 – MONTAG

Voller Energie durch Woche 2

Ein Mensch, der sich ernsthaft ein Ziel gesetzt hat, wird es auch erreichen. (Benjamin Disraeli)

Wenn Sie etwas wirklich wollen, dann schaffen Sie es auch. Glauben Sie an sich, und verfolgen Sie stetig Ihr Ziel, die stoffwechselaktive Lauf-Diät als Lebenseinstellung zu sehen, der man sich verschreibt!

Frühstück

ERDBEER-BANANE-DRINK

Für 2 Personen

- › 200 ml Buttermilch
- › 150 ml kaltes Wasser
- › 1 reife Banane, mittelgroß
- › 25 g frischer Ingwer, geschält und in Scheiben geschnitten
- › 125 g Quark
- › 150 g TK-Erdbeeren
- › 1 gestrichener TL Zimtpulver
- › 1 Prise Chilipulver
- › 4 EL Sanddorn-Orangen-Fruchtsauce

Zubereitungszeit: ca. 10 Minuten

- Alle Zutaten in der genannten Reihenfolge in einen Mixer (Blender) geben.
- Alles 2 bis 3 Minuten gut durchmixen.
- **Tipp 1** Zu dem Drink sollten Sie noch zusätzliche Flüssigkeit nehmen: 1 Tasse Kaffee und 1 Glas Wasser oder 2 Tassen grünen Tee oder 2 Gläser Wasser.
- **Tipp 2** Damit Sie bis zum Mittag satt sind, essen Sie 2 Scheiben Vollkornbrot (siehe Spielregeln auf Seite 102) mit 2 Scheiben Käse – bevorzugt Edamer oder Gouda, da diese Käsesorten besonders chromreich sind (alternativ 2 Scheiben rohen oder gekochten Schinken).

Mittagessen

GRIESSBREI

mit Ingwer-Frucht-Dressing

Für 2 Personen

- 500 ml Milch (3,5 %)
- 50 g Grieß
- 1 EL Zucker
- 1 Ei
- 25 g frischer Ingwer, geschält und in Scheiben
- 125 ml Orangensaft
- 50 ml Fruchtsauce oder rote Grütze
- 40 g Rosinen oder Cranberrys
- 25 g Walnüsse, gehackt
- Etwas Zimtpulver

Zubereitungszeit: ca. 20 Minuten

- Die Milch erhitzen. Grieß und Zucker unter Rühren dazugeben, den Brei vom Herd nehmen und ca. 10 Minuten ausquellen lassen. Das Ei mit einer Gabel verquirlen und unter den Brei ziehen.

- Für das Dressing Ingwer, Orangensaft und Fruchtsauce oder rote Grütze mit dem Stabmixer pürieren, die Masse in einen kleinen Topf geben und kurz erwärmen. Rosinen oder Cranberrys und Walnüsse dazugeben und alles mit Zimt abschmecken. Das Dressing über den Grießbrei geben und servieren.

- **Tipp 1** Vor dem Essen sollten Sie 2 Gläser Wasser oder stilles Mineralwasser trinken.

- **Tipp 2** Zur Erfrischung von Atem und Geist sowie für eine gute Verdauung kauen Sie einige Fenchel- oder Kümmelsamen nach dem Essen.

- **Info** Sie können bei allen Rezepten der Stoffwechseloffensive Zimt unbedenklich nehmen: Die Obergrenze liegt laut Bundesbehörde bei Erwachsenen täglich bei knapp 2 Gramm (täglich mehr als ½ Teelöffel). Bei einer täglichen höheren Dosierung könnte laut Behörde eine Leberschädigung aufgrund des Zimtinhaltsstoffs Cumarin auftreten, was jedoch nur bei cumarinhaltigen Arzneimitteln festgestellt wurde, nicht bei Zimt. Aus Sicherheitsgründen könnte bei Kindern, die regelmäßig größere Zimtmengen zu sich nehmen, der cumarinarme Ceylonzimt genommen werden.

Abendessen

GRIECHISCHER SPINAT

mit Feta

Für 2 Personen

- 400 g Kartoffeln
- 2 große Zwiebeln
- 2 kleine Knoblauchzehen
- 4 EL Bio-Kokosöl
- 50 g Pinien- oder Walnusskerne
- 500 g TK-Blattspinat
- 100 g Fetakäse (aus Schafs- oder Kuhmilch)
- 4 EL süße Sahne
- 2 TL Speiseleinöl
- 1 EL gekörnte Brühe
- Pfeffer
- Salz
- 2 Eier
- Etwas Chilipulver

Zubereitungszeit: ca. 30 Minuten

- Die geschälten Kartoffeln als Beilage weich kochen und warm stellen.

- Die abgezogenen Zwiebeln würfeln, den abgezogenen Knoblauch sehr klein schneiden und beides im erhitzten Öl zusammen mit den Pinien- oder Walnusskernen anbraten. Den Spinat mit 50 Millilitern Wasser dazugeben und alles zugedeckt 5 Minuten köcheln lassen. Den Fetakäse in kleine Würfel schneiden und zusammen mit der Sahne in den köchelnden Spinat geben. Die Pfanne vom Herd nehmen, das Leinöl unterrühren und alles mit gekörnter Brühe, Pfeffer und Salz abschmecken.

- Die Eier mit einer Gabel verquirlen und in einer beschichteten Pfanne von beiden Seiten zu einem Omelett braten oder alternativ als Spiegeleier zubereiten. Omelett bzw. Spiegeleier leicht mit Pfeffer und Chilipulver bestreuen.

- **Tipp 1** Vor dem Essen sollten Sie 2 Gläser Wasser oder stilles Mineralwasser trinken.

- **Tipp 2** Zur Erfrischung von Atem und Geist sowie für eine gute Verdauung kauen Sie einige Fenchel- oder Kümmelsamen nach dem Essen.

Dessert: Fruchtkick

- Genießen Sie 1 Stück frisches Obst der Saison.

- **Zur Mahlzeit** 2 Gläser Flüssigkeit (Brennnesseltee, Wasser, leichte Saftschorle)

TAG 9 – DIENSTAG

Voller Energie durch Woche 2

Humor ist der Schwimmgürtel auf dem Strom des Lebens.
(Wilhelm Raabe)

Finden Sie heraus, was Sie zum Lachen bringt, und lassen Sie sich vom Spaß anstecken. Zur Erinnerung: Heute ist wieder Muskelkräftigung (siehe Seite 287ff.) angesagt. Die ersten Fettzellen ziehen sich aus Ihren Muskeln schon zurück!

Frühstück

HIMBEER-BANANE-DRINK

Für 2 Personen

- 200 ml Kokosdrink
- 150 ml kaltes Wasser
- 1 reife Banane, mittelgroß, geschält
- 25 g frischer Ingwer, geschält und in Scheiben geschnitten
- 125 g Quark
- 1 gestrichener TL Zimtpulver
- 10 g Mandelmehl
- 150 g TK-Himbeeren
- 1 Prise Chilipulver
- 1 TL Speiseleinöl
- 4 EL Sanddorn-Orangen-Fruchtsauce

Zubereitungszeit: ca. 10 Minuten

- Alle Zutaten in der genannten Reihenfolge in einen Mixer (Blender) geben.
- Alles 2 bis 3 Minuten gut durchmixen.
- **Tipp 1** Zu dem Drink sollten Sie noch zusätzliche Flüssigkeit nehmen: 1 Tasse Kaffee und 1 Glas Wasser oder 2 Tassen grünen Tee oder 2 Gläser Wasser.
- **Tipp 2** Damit Sie bis zum Mittag satt sind, essen Sie 2 Scheiben Vollkornbrot (siehe Spielregeln auf Seite 102) mit 2 Scheiben Käse – bevorzugt Edamer oder Gouda, da diese Käsesorten besonders chromreich sind (alternativ 2 Scheiben rohen oder gekochten Schinken).
- **Info** Aktivieren Sie Ihren Tee: Geben Sie 2 bis 3 dünne Scheiben frischen Ingwer in Ihre Teetasse.

Mittagessen

PELLKARTOFFELN

mit Kräuterquark

Für 2 Personen

- › 500 g Kartoffeln
- › 250 g Magerquark
- › 1 kleine Zwiebel in Würfeln
- › 2 kleine Essiggurken in Würfeln
- › 1 Knoblauchzehe, durchgepresst
- › Je ½ Bund Petersilie und Schnittlauch, fein gehackt
- › 3 EL Speiseleinöl
- › Salz
- › Pfeffer aus der Mühle

Zubereitungszeit: ca. 30 Minuten

- Die Kartoffeln weich kochen, pellen und warm stellen.

- Den Quark mit den restlichen Zutaten gut vermengen, mit Salz und Pfeffer abschmecken und zu den Pellkartoffeln servieren.

- **Tipp 1** Vor dem Essen sollten Sie 2 Gläser Wasser oder stilles Mineralwasser trinken.

- **Tipp 2** Zur Erfrischung von Atem und Geist sowie für eine gute Verdauung kauen Sie einige Fenchel- oder Kümmelsamen nach dem Essen.

Dessert: Frucht und Nuss

- Genießen Sie 1 Stück frisches Obst der Saison und 10 Gramm Walnüsse.

- **Zur Mahlzeit** 3 Gläser Wasser oder aktiviertes, stilles Mineralwasser (mit 1 Scheibe Zitrone oder Orange und 5 Ingwerscheiben)

- **Info** Kaufen Sie Kartoffeln im Bioladen. Dann brauchen Sie die Kartoffeln nicht zu pellen und können die Schale als Kieselsäurespender für Ihr Bindegewebe immer mitessen. Grüne Kartoffeln müssen Sie jedoch immer schälen, da hierin zu viel Solanin eingelagert wurde. Solanin ist ein Zellgift.

Abendessen

FISCH AUS DEM WOK

Für 2 Personen

- 160 g Vollkornreis
- 2 EL Bio-Kokosöl
- Ca. 4 cm frischer Ingwer in kleinen Würfeln
- 1 Karotte in Scheiben
- 250 g Brokkoli in Röschen
- 3–4 Frühlingszwiebeln in Ringen
- 300 g Makrele oder Hering in mundgerechten Stücken
- 1 EL gekörnte Gemüsebrühe
- Salz, Pfeffer
- 2 EL frisch gepresster Zitronensaft

Zubereitungszeit: ca. 45 Minuten

- Den Reis nach Packungsanleitung garen und warm stellen.
- Das Öl im Wok erhitzen, den Ingwer hineingeben und unter Rühren 2 Minuten erhitzen. Die Karotte, den Brokkoli und die Frühlingszwiebeln hineingeben und alles 3 Minuten dünsten. Den Fisch, 100 Milliliter Wasser und die Gemüsebrühe dazugeben, für weitere 5 Minuten dünsten. Mit Salz, Pfeffer und Zitronensaft abschmecken und zum Reis servieren.
- **Tipp** Vor dem Essen sollten Sie 2 Gläser Wasser oder stilles Mineralwasser trinken.
- **Zur Mahlzeit** 2 Gläser Flüssigkeit (Brennnesseltee, Wasser, leichte Saftschorle)

TAG 10 – MITTWOCH

Voller Energie durch Woche 2

Menschen, die etwas wollen, suchen Wege.
Menschen, die etwas nicht wollen, suchen Ausreden.
(Volkstümliches Sprichwort)

Heute ist wieder Bewegungstag (siehe Seite 283ff.) – auch wenn es dann mal regnet, ist das kein Hinderungsgrund: Mit der richtigen Bekleidung macht Ihr Bewegungsprogramm auch bei schlechtem Wetter Spaß!

Frühstück

HAFERSCHMAUS

Für 2 Personen

- 100 g Biohaferkörner
- 200 ml heißes, nicht mehr kochendes Wasser
- 1 mittelgroße Banane
- 150 g frische Beeren (alternativ: 1 kleiner Apfel oder 1 Orange/Mandarine)
- 200 g Hüttenkäse
- 2 EL Fruchtsauce oder Honig
- Etwas Zimtpulver

Zubereitungszeit: am Abend ca. 5 Minuten; morgens ca. 10 Minuten

- Vorbereitung am Vorabend: Die Haferkörner waschen, in eine Thermoskanne mit großer Öffnung geben. Das Wasser dazugeben, die Kanne verschließen und den Hafer über Nacht weichen lassen.

- Die geschälte Banane mit einer Gabel zerdrücken und etwas aufschlagen, die Beeren oder den klein geschnittenen Apfel oder die zerteilte Orange/Mandarine dazugeben.

- Den abgegossenen Hafer dazugeben, den Hüttenkäse darübergeben, alles vorsichtig miteinander vermengen, mit Fruchtsauce oder Honig süßen und mit Zimt abschmecken.

- **Tipp** Zum Haferschmaus sollten Sie noch Flüssigkeit aufnehmen: je nach Belieben 2 Tassen grünen Tee und 1 Glas Wasser. Alternativ 2 Gläser Wasser mit 1 Tasse Kaffee oder mit 1 Espresso.

Mittagessen

BUNTER SALATTELLER

mit Fitdressing

Dressing für 2 Personen

› 4 EL Olivenöl › 2 TL Speiseleinöl
› 3 EL Balsamicoessig (rot oder weiß)
› ½ TL scharfer Senf
› ½ TL Meerrettich aus der Tube
› 2 EL Hefeflocken
› 1 kleine Zwiebel in Würfeln
› 1 Knoblauchzehe, durchgepresst
› Frischer Schnittlauch, gehackt
› Frische Petersilie, gehackt
› Je 1 Blatt frischer Liebstöckel und Salbei, gehackt
› 50 g Keimlinge
› Kräutersalz, Pfeffer aus der Mühle

Zubereitungszeit: ca. 10 Minuten

Salat für 2 Personen

› 50 g TK-Mais › 100 g TK-Erbsen
› 30 g Schafskäse
› 1 hartgekochtes Ei
› 5 große Salatblätter
› 1 Karotte in Scheiben
› 1 kleine Tomate in Scheiben
› 50 g Rucola › 10 g Walnüsse, gehackt
› 4 EL Fitdressing › 2 Vollkornbrötchen

Zubereitungszeit: ca. 10 Minuten

Dessert für 2 Personen

› 50 g rote Grütze
› ½ TL Zimt
› je 1 Msp. Kurkuma und Chilipulver
› 150 g Naturjoghurt (1,5 % Fett)
› 3 Blätter Zitronenmelisse

Zubereitungszeit: ca. 5 Minuten

- Alle Zutaten für das Dressing gut miteinander vermengen.

- Für den Salat Mais und Erbsen zum Auftauen mit heißem Wasser überbrühen. Den Schafskäse grob würfeln, das Ei pellen.

- Die Salatblätter auf einem großen Teller anrichten, restliches Gemüse und Walnüsse in einer Schüssel sorgfältig miteinander vermengen und auf das Salatbett geben. Das Fitdressing darüber geben und die Vollkornbrötchen mit dem Ei zum Salat essen.

- **Info** Vom aktivierenden Fitdressing bereiten Sie gleich etwas mehr zu, damit Sie auch für den Reissalat am Samstag genug übrig haben.

- **Tipp 1** Vor dem Essen sollten Sie 2 Gläser Wasser oder stilles Mineralwasser trinken.

- **Tipp 2** Zur Erfrischung von Atem und Geist sowie für eine gute Verdauung kauen Sie einige Fenchel- oder Kümmelsamen nach dem Essen.

Dessert: Rot-Weiß-Energie

- Die rote Grütze mit den Gewürzen mischen.

- Den Joghurt auf einen Suppenteller stürzen, mit der gewürzten roten Grütze und der Zitronenmelisse garnieren.

- **Zur Mahlzeit** 3 Gläser Wasser oder aktiviertes, stilles Mineralwasser (mit 1 Scheibe Zitrone oder Orange und 5 Ingwerscheiben)

Abendessen

COUSCOUS

mit Kräuter-Joghurt-Sauce

Für 4 Personen

- › 250 g Instant-Dinkel-Couscous oder Quinoa
- › 1 EL Olivenöl
- › 100 g TK-Mais
- › 200 g TK-Erbsen
- › 2 Frühlingszwiebeln in Ringen
- › 250 g Tomaten in Würfeln
- › Je 1 Bund Petersilie, Basilikum, Rosmarin und Majoran, fein gehackt
- › 1 Zitrone
- › 5 EL Olivenöl
- › 2 TL Speiseleinöl
- › Salz
- › Pfeffer aus der Mühle
- › 300 g Joghurt (3,5 % Fett)
- › 1 Knoblauchzehe, durchgepresst
- › Frische Kräuter
- › Kräutersalz
- › Pfeffer aus der Mühle

Zubereitungszeit: ca. 25 Minuten

- Couscous nach Packungsanleitung zubereiten.
- Mais und Erbsen auftauen lassen oder kurz mit heißem Wasser überbrühen. Couscous mit dem Gemüse und der Hälfte der Kräuter vermischen. Die Zitrone auspressen, mit Olivenöl, Leinöl, Salz und Pfeffer verrühren und unter den Couscous mischen.
- Den Joghurt mit Knoblauch, den restlichen Kräutern, Kräutersalz und Pfeffer vermischen und dazu servieren.
- **Info** Vom Couscous sollten Ihnen 1 bis 2 Portionen für das Mittagessen am Donnerstag übrig bleiben.
- **Tipp 1** Der Kräuterjoghurt schmeckt am besten, wenn er am Vortag zubereitet wird und durchziehen kann.
- **Tipp 2** Vor dem Essen sollten Sie 2 Gläser Wasser oder stilles Mineralwasser trinken.
- **Tipp 3** Zur Erfrischung von Atem und Geist sowie für eine gute Verdauung kauen Sie einige Fenchel- oder Kümmelsamen nach dem Essen.
- **Zur Mahlzeit** 2 Gläser Flüssigkeit (Brennnesseltee, Wasser, dünne Saftschorle)

TAG 11 – DONNERSTAG

Voller Energie durch Woche 2

Die Dinge haben nur den Wert, den man ihnen verleiht.
(Molière)

Sehen Sie Ihre nachhaltige Stoffwechseloffensive als wertvollsten Beitrag für Ihre Vitalität und ein langes Leben in bester Gesundheit an! Gönnen Sie sich am Abend wieder Ihr Muskelkräftigungsprogramm (siehe Seite 287ff.).

Frühstück

ERDBEER-BANANE-DRINK

Für 2 Personen

- › 200 ml Buttermilch
- › 150 ml kaltes Wasser
- › 1 reife Banane, mittelgroß
- › 25 g frischer Ingwer, geschält und in Scheiben geschnitten
- › 125 g Quark
- › 150 g TK-Erdbeeren
- › 1 gestrichener TL Zimtpulver
- › 1 Prise Chilipulver
- › 4 EL Sanddorn-Orangen-Fruchtsauce

Zubereitungszeit: ca. 10 Minuten

- Alle Zutaten in der genannten Reihenfolge in einen Mixer (Blender) geben.
- Alles 2 bis 3 Minuten gut durchmixen.
- **Tipp 1** Zu dem Drink sollten Sie noch zusätzliche Flüssigkeit nehmen: 1 Tasse Kaffee und 1 Glas Wasser oder 2 Tassen grünen Tee oder 2 Gläser Wasser.
- **Tipp 2** Damit Sie bis zum Mittag satt sind, essen Sie 2 Scheiben Vollkornbrot (siehe Spielregeln auf Seite 102) mit 2 Scheiben Käse – bevorzugt Edamer oder Gouda, da diese Käsesorten besonders chromreich sind (alternativ 2 Scheiben rohen oder gekochten Schinken).
- **Info** Thermogenese über Gewürze (z. B. Ingwer) funktioniert dreifach, wenn Sie viel in Bewegung sind. Warten Sie also nicht auf Ihre Bewegungseinheit im Laufplan, sondern erhöhen Sie auch generell Ihre Alltagsbewegung – versuchen Sie, mehr zu Fuß zu erreichen.

Mittagessen

COUSCOUS

mit Kräuter-Joghurt-Sauce

- Heute gibt es das restliche Couscous vom Vortag!
- **Tipp 1** Vor dem Mittagessen sollten Sie 2 Gläser Wasser oder stilles Mineralwasser trinken.
- **Tipp 2** Zur Erfrischung von Atem und Geist sowie für eine gute Verdauung kauen Sie einige Fenchel- oder Kümmelsamen nach dem Essen.

Dessert: Fruchtkick

- 1 Stück frisches Obst der Saison
- **Zur Mahlzeit** 3 Gläser Wasser oder aktiviertes, stilles Mineralwasser (mit 1 Scheibe Zitrone oder Orange und 5 Ingwerscheiben)

Abendessen

GEFÜLLTE TOMATEN

Hauptspeise für 3 Personen

- 300 g Kartoffeln
- 9 mittelgroße Fleischtomaten
- 2 Scheiben Vollkornbrot in kleinen Würfeln
- 40 g Walnüsse, klein gehackt
- 1 kleine Zwiebel in feinen Würfeln
- 2 Eier
- 3 EL Olivenöl
- 2 TL Speiseleinöl
- 50 g Parmesan oder Pecorino, gerieben
- Pfeffer aus der Mühle
- Kräutersalz
- Etwas Scharfmacher®-Gewürz-Blüten-Mischung aus dem Bioladen
- 2 EL Hefeflocken
- 1 Knoblauchzehe, durchgepresst
- Je ½ Bund Petersilie und Schnittlauch, fein gehackt

Zubereitungszeit: ca. 40 Minuten

Dessert für 1 Person

- 150 ml kalte Milch
- 2 TL Kakaopulver
- 1 TL Honig oder Zucker
- ¼ TL Zimtpulver
- ¼ TL Kurkumapulver
- 1 Messerspitze Chilipulver
- Etwas frischer Pfeffer aus der Mühle

Zubereitungszeit: ca. 5 Minuten

- Kartoffeln schälen und weich kochen.
- Einen Deckel von den Tomaten abschneiden und die Tomaten aushöhlen.
- Brotwürfel, Walnüsse und Zwiebelwürfel in einer Schüssel vermengen. Eier verrühren und unter die Mischung geben. Die restlichen Zutaten dazugeben, alles gut vermischen und in die Tomaten füllen. Die Tomaten in eine gefettete feuerfeste Form setzen und im Backofen bei 180 °C (Umluft 160 °C, Gas Stufe 2–3) ca. 20 Minuten garen.
- **Tipp** Vor dem Abendessen sollten Sie 2 Gläser Wasser oder stilles Mineralwasser trinken.
- **Zur Mahlzeit** 2 Gläser Flüssigkeit (Brennnesseltee, Wasser, leichte Saftschorle)

Dessert: Feuerschokolade

- Die Milch mit dem Kakao glatt rühren und langsam erhitzen.
- Den Honig oder Zucker dazugeben, ebenso Zimt, Kurkuma, Chili und Pfeffer.
- **Info** Erhöhen Sie bei jeder Mahlzeit mit Zwiebel und Knoblauch deren Wirksamkeit: Geschnittene Zwiebeln oder Knoblauch sollten vor der weiteren Verarbeitung 5 bis 10 Minuten ruhen. So kann Ihr Körper deutlich mehr Allizin aufnehmen.

TAG 12 – FREITAG

Voller Energie durch Woche 2

Wie arm sind jene, die keine Geduld haben.
(William Shakespeare)

Führen Sie sich vor Augen: Mit Geduld und Disziplin wird das Leben angenehmer und leichter, es gelingt alles besser. Schnelle Erfolge sind häufig Strohfeuer; arbeiten Sie also kontinuierlich an Ihrer Stoffwechseloffensive – Ihr inneres Feuer wird dann immer lodern.

Frühstück

HEIDELBEER-BANANE-DRINK

Für 2 Personen

- › 200 ml Reisdrink
- › 150 ml kaltes Wasser
- › 1 reife Banane, mittelgroß, geschält
- › 25 g frischer Ingwer, geschält und in Scheiben geschnitten
- › 125 g Quark
- › 1 gestrichener TL Zimtpulver
- › 1 gestrichener TL Kurkumapulver
- › 10 g Mandelmehl
- › 150 g TK-Heidelbeeren
- › 1 Prise Chilipulver
- › 1 TL Speiseleinöl
- › 4 EL Sanddorn-Orangen-Fruchtsauce

Zubereitungszeit: ca. 10 Minuten

- Alle Zutaten in der genannten Reihenfolge in einen Mixer (Blender) geben.
- Alles 2 bis 3 Minuten gut durchmixen.
- **Tipp 1** Zu dem Drink können Sie noch 1 Tasse Kaffee und 1 Glas Wasser oder 2 Tassen grünen Tee trinken.
- **Tipp 2** Damit Sie bis zum Mittag satt sind, essen Sie 2 Scheiben Vollkornbrot (siehe Spielregeln auf Seite 102) mit 2 Scheiben Käse – bevorzugt Edamer oder Gouda, da diese Käsesorten besonders chromreich sind (alternativ 2 Scheiben rohen oder gekochten Schinken).
- **Info** Aktivieren Sie Ihren Tee: Geben Sie 2 bis 3 dünne Scheiben frischen Ingwer in Ihre Teetasse.

Mittagessen

TÜRKISCHER TOMATENREIS

Für 2 Personen

- 150 g Naturreis
- 3–4 Frühlingszwiebeln in Ringen
- 2 kleine Karotten in Scheiben
- 2 EL Bio-Kokosöl
- 200 g reife Tomaten in Würfeln
- Je ½ Bund Schnittlauch, Dill, Petersilie und Basilikum, fein gehackt
- 200 g Naturjoghurt (3,5 % Fett)
- 2 EL frisch gepresster Zitronensaft
- 1 Knoblauchzehe, durchgepresst
- Kräutersalz
- Pfeffer aus der Mühle

Zubereitungszeit: ca. 50 Minuten

- Naturreis nach Packungsanweisung garen.

- Frühlingszwiebeln und Karotten im Kokosöl glasig dünsten. Tomaten, Kräuter, Naturjoghurt, Zitronensaft und Knoblauch dazugeben, den Reis untermischen, alles mit Salz und Pfeffer abschmecken.

- **Tipp 1** Vor dem Mittagessen sollten Sie 2 Gläser Wasser oder stilles Mineralwasser trinken.

- **Tipp 2** Zur Erfrischung von Atem und Geist sowie für eine gute Verdauung kauen Sie einige Fenchel- oder Kümmelsamen nach dem Essen.

- **Zur Mahlzeit** 3 Gläser Wasser oder aktiviertes, stilles Mineralwasser (mit 1 Scheibe Zitrone oder Orange und 5 Ingwerscheiben)

- **Info** Keine reifen, frischen Tomaten bekommen? Dann nehmen Sie einfach passierte Tomaten oder Tomaten aus der Dose. Der Lycopingehalt ist sogar noch höher als bei frischen Tomaten, da sie erst vollreif geerntet werden.

Abendessen

IN 3 GÄNGEN

Vorspeise für 2 Personen

- 3 Karotten
- 1 rote Paprikaschote

Hauptspeise für 2 Personen

- 150 g Dinkel-Eier-Nudeln
- 200 ml süße Sahne
- 150 g geräucherter Lachs in Streifen
- Pfeffer aus der Mühle
- 30 g Parmesan oder Pecorino, gerieben

Zubereitungszeit: ca. 20 Minuten

Vorspeise: Rohkostteller

- Stellen Sie für 2 Portionen einen bunten Teller gestiftetes Gemüse aus 3 Karotten und 1 roten Paprikaschote zusammen.

Hauptspeise: Lachs-Quickie mit Bandnudeln

- Bandnudeln nach Anleitung auf der Packung garen.
- Sahne in einem Topf erhitzen, den Lachs dazugeben und kurz warm werden lassen. Nudeln abgießen, mit dem Lachs und der Sahne vermischen und auf 2 Tellern anrichten. Großzügig mit Pfeffer aus der Mühle würzen und mit Parmesan oder Pecorino bestreuen.

Dessert: Fruchtiges und Wein

- 1 Stück frisches Obst der Saison und nach Belieben 1 Glas Wein oder frisch gepressten Orangensaft
- **Tipp** Vor dem Abendessen sollten Sie 2 Gläser Wasser oder stilles Mineralwasser trinken.
- **Info** Mit dieser Mahlzeit haben Sie wieder Ihre Omega-3-Speicher vollgetankt: Ihre Zellen werden es mit hoher Kommunikationsfähigkeit danken, ebenso stabilisieren Sie dadurch Ihr Bindegewebe und Ihr Immunsystem. Ganz nebenbei erhellen Sie damit auch Ihr Gemüt.

TAG 13 – SAMSTAG

Voller Energie durch Woche 2

Glück entsteht oft durch Aufmerksamkeit in kleinen Dingen – Unglück oft durch Vernachlässigung kleiner Dinge.
(Wilhelm Busch)

Schaffen Sie Lichtblicke für Ihr Leben, indem Sie auf die kleinen Dinge des Alltags achten: ein freundliches Wort, z. B. eine nette Begrüßung eines Fußgängers beim heutigen Bewegungstraining (siehe Seite 283ff.). Viel Freude schafft auch ein schön gedeckter Tisch mit einer Blume oder ein positiver Gedanke zum Tag beim Erwachen.

Frühstück

SCHOKO-BANANE-DRINK

Für 2 Personen

- 200 ml Mandel- oder Reisdrink
- 150 ml kaltes Wasser
- 1 reife Banane, mittelgroß, geschält
- 25 g frischer Ingwer, geschält und in Scheiben geschnitten
- 125 g Quark
- 2 gestrichene TL Kakaopulver
- 1 gestrichener TL Zimt
- 1 Prise Chilipulver
- 3 EL Honig

Zubereitungszeit: ca. 10 Minuten

- Alle Zutaten in der genannten Reihenfolge in einen Mixer (Blender) geben.
- Alles 2 bis 3 Minuten gut durchmixen.
- **Tipp 1** Zu dem Drink können Sie 1 Tasse Kaffee und 1 Glas Wasser oder 2 Tassen grünen Tee trinken.
- **Tipp 2** Damit Sie bis zum Mittag satt sind, essen Sie 2 Scheiben Vollkornbrot (siehe Spielregeln auf Seite 102) mit 2 Scheiben Käse – bevorzugt Edamer oder Gouda, da diese Käsesorten besonders chromreich sind (alternativ 2 Scheiben rohen oder gekochten Schinken).

Mittagessen

REISSALAT

Für 2 Personen

- 150 g Naturreis
- 150 g Thunfisch naturell
- Alternativ: 100 g Schweizer Käse
- 6 kleine Essiggurken in Scheiben
- 50 g TK-Mais, aufgetaut oder mit kochendem Wasser kurz übergossen
- 100 g TK-Erbsen, aufgetaut oder mit kochendem Wasser kurz übergossen
- 1 kleine Paprikaschote, fein gewürfelt

Zubereitungszeit: am Vorabend ca. 40 Minuten, mittags ca. 10 Minuten

- Den Reis am Vorabend kochen, kühl stellen.

- Thunfisch mit der Gabel auflockern bzw. Käse in kleine Würfel schneiden. 2 Portionen des Fitdressings dazugeben (siehe Seite 140) und mit Gemüse, Thunfisch bzw. Käse und Reis vermischen.

- **Tipp 1** Vor dem Mittagessen sollten Sie 2 Gläser Wasser oder stilles Mineralwasser trinken.

- **Tipp 2** Zur Erfrischung von Atem und Geist sowie für eine gute Verdauung kauen Sie einige Fenchel- oder Kümmelsamen nach dem Essen.

- **Zur Mahlzeit** 3 Gläser Wasser oder aktiviertes, stilles Mineralwasser (mit 1 Scheibe Zitrone oder Orange und 5 Ingwerscheiben)

- **Info** Naturreis können Sie bei diesem Rezept auch energiesparend über Nacht quellen lassen: Kochen Sie abends den Naturreis auf, schalten den Herd aus und lassen den Reis dann einfach zugedeckt stehen. Der Topf sollte mit einem Handtuch umhüllt sein, damit er möglichst lange warm bleibt.

Abendessen

OFENKARTOFFELN

mit Avocadosauce

Hauptspeise für 2 Personen

- 200 g Biokartoffeln
- 2 EL geschmolzene Butter
- 1 kleine reife Avocado, püriert
- 20 g frischer Ingwer, gerieben
- 1 großes Bund frische Kräuter (mindestens 3 Sorten)
- 1 kleine Zwiebel in feinen Würfeln
- 1 Knoblauchzehe in Scheibchen
- 150 g Naturjoghurt (3,5 % Fett)
- 2 TL frisch gepresster Zitronensaft
- Kräutersalz
- Pfeffer aus der Mühle
- 1 Tomate

Zubereitungszeit: ca. 35 Minuten

Dessert für 8 Personen

- 3 Eier
- 500 g Magerquark
- 1 Päckchen Vanillepuddingpulver
- 25 g frischer Ingwer, gerieben
- 1 Päckchen Zitronenzucker
- 1 Prise Salz
- 100 g Zucker
- 2 mittelgroße Äpfel (am besten Boskop)
- 1 TL Zimtzucker

Zubereitungszeit: ca. 60 Minuten

- Die ungeschälten Biokartoffeln kochen, in Hälften teilen, mit Butter bestreichen und im Backofen bei 200 °C (Umluft 180 °C, Gas Stufe 3–4) ca. 15 Minuten überbacken.

- Avocadopüree mit Ingwer, Kräutern, Zwiebeln und Knoblauch verrühren.

- Joghurt, Zitronensaft, Kräutersalz und Pfeffer darunter mischen und die Masse über die heißen Kartoffelhälften geben. Die gewaschene Tomate vierteln und auf dem Teller mit den Kartoffelhälften anrichten.

- **Tipp** Vor dem Abendessen sollten Sie 2 Gläser Wasser oder stilles Mineralwasser trinken.

Bodenloser Käsekuchen

- Die Eier trennen, den Quark mit dem Eigelb, dem Vanillepuddingpulver, dem Ingwer und dem Zitronenzucker verrühren.

- Das Eiweiß mit Salz und Zucker steif schlagen und vorsichtig unter die Quarkmasse heben. Die Mischung in eine mit Backpapier ausgelegte Springform füllen.

- Äpfel schälen, vom Kerngehäuse befreien, in Spalten schneiden und auf der Quarkmasse verteilen, Zimtzucker darüber streuen und anschließend im Backofen ca. 45 Minuten bei 170 °C (Umluft 150 °C, Gas Stufe 2) backen.

- **Tipp** Dieses Rezept ergibt 8 Portionen. Gönnen Sie sich heute 1 Portion – morgen dürfen es auch 2 sein.

TAG 14 – SONNTAG

Voller Energie durch Woche 2

»Keine Zeit« – gibt es nicht. Nur andere Prioritäten.
(Michael A. Denck)

Setzen Sie auch heute wieder Ihre Prioritäten auf die Bewegungseinheit an der frischen Luft (siehe Seite 283ff.). Sie sollte Ihnen Spaß machen und frei von jeglicher Hektik sein. Gönnen Sie sich in Ruhe diese Zeit zur aktiven Muße. Machen Sie Ihr Kräftigungsprogramm (siehe Seite 287ff.) gleich nach dem Duschen – spüren Sie, wie die sich aufbauenden Muskeln sich bereits positiv auf Stimmung und Psyche auswirken?

Frühstück

HAFERSCHMAUS

Für 2 Personen

- 100 g Biohaferkörner
- 200 ml heißes, nicht mehr kochendes Wasser
- 1 mittelgroße Banane
- 150 g frische Beeren (alternativ: 1 kleiner Apfel oder 1 Orange/Mandarine)
- 200 g Hüttenkäse
- 2 EL Fruchtsauce oder Honig
- Etwas Zimtpulver

Zubereitungszeit: am Abend ca. 5 Minuten; morgens ca. 10 Minuten

- Vorbereitung am Vorabend: Die Haferkörner waschen, in eine Thermoskanne mit großer Öffnung geben. Das Wasser dazugeben, die Kanne verschließen und den Hafer über Nacht weichen lassen.

- Die geschälte Banane mit einer Gabel zerdrücken und etwas aufschlagen, die Beeren oder den klein geschnittenen Apfel oder die zerteilte Orange/Mandarine dazugeben.

- Den abgegossenen Hafer dazugeben, den Hüttenkäse darübergeben, alles vorsichtig miteinander vermengen, mit Fruchtsauce oder Honig süßen und mit Zimt abschmecken.

- **Tipp** Zum Haferschmaus sollten Sie noch Flüssigkeit aufnehmen: je nach Belieben 2 Tassen grünen Tee und 1 Glas Wasser. Alternativ 2 Gläser Wasser mit 1 Tasse Kaffee oder mit 1 Espresso.

Mittagessen

MEXICAN MIX

mit Spiegelei

Für 2 Personen

- › 50 g Tortillachips
- › 2 Eier
- › 2 EL Butter
- › 2 Scheiben Vollkornbrot
- › Kräutersalz
- › Pfeffer aus der Mühle
- › 1 EL frische Kräuter, klein gehackt
- › 300 g Karotten in Stiften
- › Avocadodip (siehe Rezept Seite 117)

Zubereitungszeit: ca. 15 Minuten

- Die Tortillachips in 2 Schälchen füllen.

- Die Eier in einer Pfanne mit Butter zu Spiegeleiern braten, auf je 1 Vollkornbrot geben, salzen und pfeffern und mit den frischen Kräutern bestreuen.

- Gestiftete Karotten und Chips mit dem Avocadodip genießen.

- **Tipp 1** Vor dem Mittagessen sollten Sie 2 Gläser Wasser oder stilles Mineralwasser trinken.

- **Tipp 2** Zur Erfrischung von Atem und Geist sowie für eine gute Verdauung kauen Sie einige Fenchel- oder Kümmelsamen nach dem Essen.

Dessert: Bodenloser Käsekuchen

- Heute ist Sonntag, und Sie haben jetzt schon 2 Wochen Stoffwechseloffensive hinter sich – heute können Sie sich locker 2 Stückchen vom bodenlosen Käsekuchen (siehe Seite 153) leisten.

- **Info** Haben Sie Lust auf mehr Stoffwechselaktivierung? Probieren Sie unseren Geheimtipp Chilischlucken: Nehmen Sie kleine Chilis (ca. 1 Zentimeter) und schlucken Sie diese wie eine Kapsel mit etwas Wasser.

Abendessen

BLITZREISPFANNE

mit Pute

Für 2 Personen

- 100 g heller Reis
- 200 g TK-Erbsen
- 100 g TK-Mais
- 1 kleine Zwiebel
- 4 EL Butterschmalz
- 200 g Bio-Putenbrust
- Etwas gekörnte Gemüsebrühe
- Salz
- Pfeffer aus der Mühle
- Etwas mexikanische Gewürzmischung

Zubereitungszeit: ca. 50 Minuten

- Den Reis nach Packungsanweisung garen.
- Die Erbsen und den Mais in eine Glasschüssel geben, mit kochendem Wasser übergießen und nach 2 Minuten abgießen.
- Die abgezogene Zwiebel würfeln und im heißen Butterschmalz goldgelb anbraten, die gewaschene und trockengetupfte Putenbrust klein schneiden, dazugeben und 3 Minuten anbraten. Jetzt den Mais, die Erbsen und den Reis dazugeben, mit den Gewürzen abschmecken und alles etwa 5 Minuten köcheln lassen.
- **Tipp 1** Vor dem Abendessen sollten Sie 2 Gläser Wasser oder stilles Mineralwasser trinken.
- **Tipp 2** Zum Nachtisch genießen Sie 1 Stück Schokolade (ca. 10 Gramm) und je nach Lust und Laune 1 Espresso.
- **Zur Mahlzeit** 2 Gläser Flüssigkeit (Brennnesseltee, Wasser, leichte Saftschorle)

Den Thermogenesejoker ausbauen

Haben Sie täglich eine Chilischote nach einer Mahlzeit geschluckt? Wenn nicht, dann einfach in der nächsten Woche nachholen und die Chilitüte auf dem Esstisch stehen lassen. Eine Chili pro Tag schon umgesetzt? Super, dann fangen Sie in der nächsten Woche mit dem Schlucken einer kleinen Chilischote pro Mahlzeit an. Damit geht es Ihren Fettzellen endgültig an den Kragen!

TAG 15 – MONTAG

Voller Energie durch Woche 3

Wer im Leben kein Ziel hat, verläuft sich.
(Abraham Lincoln)

Ziele sind der Wegweiser durch Ihr Leben. Ziele müssen klar, messbar, realistisch und motivierend sein. Überlegen Sie, was Sie mit der Stoffwechseloffensive durch die Lauf-Diät erreichen wollen. Damit Ihre Muskeln leistungsfähig werden und mehr Fett verbrennen können, fangen Sie heute gleich mit Kräftigungsübungen an (siehe Seite 287f.).

Frühstück

HIMBEER-BANANE-DRINK

mit Buttermilch

Für 2 Personen

- 250 ml Buttermilch
- 100 ml Orangensaft
- 1 reife Banane
- 100 g Himbeeren
- 25 g Ingwerwurzel
- 1 TL Zimtpulver
- 1 Prise Chilipulver
- 1 Prise Pfeffer aus der Mühle
- 1 EL Mandelmehl
- 1 EL Fruchtsauce
- 125 g Quark
- 2 TL Speiseleinöl
- 1 TL Kurkuma

Zubereitungszeit: ca. 10 Minuten

- Zutaten in der genannten Reihenfolge bis auf Speiseleinöl und Kurkuma in einen Mixer (Blender) geben.
- Speiseleinöl und Kurkuma in eine kleine Tasse geben, glatt rühren und in den Mixer geben. Alles 2 bis 3 Minuten gut durchmixen.
- **Tipp 1** Zum Drink gibt es je nach Hunger pro Person 1-2 Scheiben Dinkelbrot mit ca. 20 Gramm Butter.
- **Tipp 2** Zusätzlich können Sie sich 1–2 Tassen Kaffee ohne Zucker und mit etwas Milch gönnen.

Mittagessen

ROHKOST-REISSALAT

mit Ei

Für 2 Personen

- 100 g Vollkornreis
- ½ Bund Frühlingszwiebeln
- 2 Karotten
- 1 Paprika
- 6 Radieschen
- 3 Eier (hartgekocht)
- 80 g Rucola

Für die Salatsauce

- 1 Knoblauchzehe
- 1 EL Senf
- 1 TL Meerrettich
- 1 EL Hanfsamen
- 1 TL Honig
- Salz, Pfeffer aus der Mühle
- 1 EL Kresse
- 3 EL Olivenöl
- 3 EL Essig

Zubereitungszeit: ca. 40 Minuten

- Den Vollkornreis nach Packungsanleitung kochen, bis er weich ist.
- Frühlingszwiebeln, Karotten, Paprika, Radieschen, Eier und Rucola in kleine Stücke schneiden.
- Knoblauch abziehen, fein hacken und mit den restlichen Zutaten für die Salatsauce zusammenmischen.
- Das Gemüse unter den Reis heben und die Salatsauce dazumischen.
- **Tipp 1** Dieses Rezept können Sie mit jeglichem frischem Gemüse der Saison variieren. Ihrer Fantasie und Ihren Geschmacksvorlieben sind dabei keine Grenzen gesetzt.
- **Tipp 2** Dieser Reissalat schmeckt sowohl lauwarm als auch kalt. Er ist außerdem optimal zum Mitnehmen ins Büro geeignet.
- **Tipp 3** Als Nachtisch gibt es 2 Kugeln Vanilleeis pro Person.

Abendessen

PENNE ARRABBIATA

mit Thunfisch und Feta

Hauptspeise für 2 Personen

- 100g Dinkel-Penne
- 1 mittelgroße Zwiebel in kleinen Würfeln
- 1-2 EL Butterschmalz oder Bio-Kokosöl
- 400 g Tomaten, klein geschnitten
- 180 g Thunfisch aus der Dose, zerkleinert
- Saft von ½ Limette
- 70 g schwarze Oliven
- 1 Knoblauchzehe, durchgepresst
- 1 kleine Chilischote, fein gehackt
- Pfeffer aus der Mühle, Salz
- 2 EL Würzhefe
- Frisches Basilikum, gehackt
- 40 g Fetakäse, zerbröckelt

Zubereitungszeit: ca. 30 Minuten

Dessert für 18 Portionen

- 150 g Datteln
- 400 ml Kokosdrink
- 50 g Kakaopulver
- 75 g Honig
- 240 g Mandelmehl
- 1 Ei
- 250 g Quark
- 75 g Honig
- 35 g Kakaopulver
- 2 TL Zimtpulver

Zubereitungszeit: ca. 50 Minuten

- Die Nudeln nach Packungsanleitung kochen.

- Die Zwiebel mit Butterschmalz oder Bio-Kokosöl goldgelb anbraten. Tomaten dazugeben und alles 5 Minuten leicht köcheln lassen.

- Thunfisch und Limettensaft zur Tomatensauce hinzugeben. Oliven, Knoblauch und Chilischote untermischen und alles mit Pfeffer, Salz und Würzhefe abschmecken. Gut umrühren und unter die Nudeln mischen. Vor dem Servieren mit Basilikum und Fetakäse bestreuen.

- **Turboversion** Nur 50 Gramm Penne, dafür aber 200 Gramm Thunfisch verwenden.

Dessert: Schokoladenbrownies

- Die Datteln mit 100 Millilitern Wasser in einen Topf geben und in ca. 5 Minuten weich kochen. Die Masse zu einem klebrigen Brei zerdrücken. Dattelbrei in eine große Schüssel geben, Kokosdrink, Kakaopulver und Honig hinzufügen, mit einem Handrührgerät gut durchrühren und Mandelmehl unterheben. Den Teig in eine viereckige Backform verteilen und bei 160 °C ca. 25–30 Minuten backen.

- Für die obere Schicht das Ei mit dem Quark, Honig, Kakao und Zimt in ein Mixgerät geben und ca. 3 Minuten cremig rühren. Die Masse auf den Boden geben und nochmals 15 Minuten bei 160 °C backen.

TAG 16 – DIENSTAG

Voller Energie durch Woche 3

Konzentration ist das Geheimnis der Stärke.
(Ralph Waldo Emerson)

Behalten Sie Ihre Lebensziele immer im Blick. Hängen Sie Ihre Ziele und auch Visionsbilder auf, wie Sie sich und Ihre Zukunft sehen. Wenn Sie sich auf diese Visionen konzentrieren, werden Sie Erfolg haben.

Frühstück

HEIDELBEER-BANANE-DRINK

mit Buttermilch

Für 2 Personen

- 250 ml Reisdrink
- 100 ml Orangensaft
- 100 g Banane
- 100 g Heidelbeeren
- 25 g Ingwerwurzel
- 1 TL Zimtpulver
- 1 Prise Chilipulver
- 1 Prise Pfeffer aus der Mühle
- 1 EL Mandelmehl
- 1 EL Fruchtsauce
- 125 g Quark
- 2 TL Speiseleinöl
- 1 TL Kurkuma

Zubereitungszeit: ca. 10 Minuten

- Zutaten in der genannten Reihenfolge bis auf Speiseleinöl und Kurkuma in einen Mixer (Blender) geben.
- Speiseleinöl und Kurkuma in eine kleine Tasse geben, glatt rühren und in den Mixer geben. Alles 2 bis 3 Minuten gut durchmixen.
- **Tipp 1** Zum Drink gibt es je nach Hunger pro Person 1–2 Scheiben Dinkelbrot mit ca. 10 Gramm Butter und 50 Gramm Käse.
- **Tipp 2** Zusätzlich können Sie sich 1–2 Tassen Kaffee ohne Zucker und mit etwas Milch gönnen.

Mittagessen

HÄHNCHENTAGINE

Für 2 Personen

- 1 mittelgroße Zwiebel
- Bio-Kokosöl oder Butterschmalz
- 1 Knoblauchzehe, durchgepresst
- ½ TL Paprikapulver
- 1 TL Kumin
- 1 TL frischer Ingwer, klein geschnitten
- Salz, Pfeffer aus der Mühle
- 1 TL Kurkuma
- 200 g Hähnchenbrustfilet
- 2 Karotten, geschält und in dicke Scheiben geschnitten
- ½ kleiner Kürbis, geschält und in grobe Stücke geschnitten
- 100 g Kalamata-Oliven
- 100 g getrocknete Pflaumen oder Datteln, halbiert oder geviertelt
- 300–400 ml Gemüsebrühe
- 1 Bund frische Petersilie, gehackt

Zubereitungszeit: ca. 40 Minuten

- Zwiebel abziehen und klein schneiden. Bio-Kokosöl oder Butterschmalz in einem Topf erwärmen, die Zwiebel darin goldgelb anbraten.
- Durchgepressten Knoblauch, Gewürze und das klein gewürfelte Hähnchenfleisch hinzugeben. Nach 2 bis 3 Minuten unter ständigem Rühren kommen Karotten, Kürbis, Oliven, getrocknete Pflaumen bzw. Datteln und die Gemüsebrühe hinzu.
- Das Ganze zum Kochen bringen, dann die Hitze reduzieren. Tagine zugedeckt ca. 20 Minuten vor sich hinköcheln lassen. Mit frisch gehackter Petersilie servieren.
- **Tipp 1** Datteln machen die Tagine etwas süßer. Pflaumen sind etwas weniger süß. Auch eine Mischung von Pflaumen und Datteln schmeckt sehr lecker.
- **Tipp 2** Zwiebeln und Knoblauch nach dem Schneiden bzw. Durchpressen immer 5 Minuten stehen lassen. Die stoffwechselaktivierenden Wirkstoffe potenzieren sich dadurch.

Abendessen

GEMÜSEAUFLAUF

mit Parmesan

Für 2 Personen

- 500 g Karotten
- 100 g Kohlrabi
- 150 g Erbsen
- 3 Eier
- 250 ml Milch (3,5 % Fett)
- Pfeffer aus der Mühle, Salz
- 50 g Kräutermischung
- Scharfmacher®-Gewürz-Blüten-Mischung aus dem Bioladen
- 50 g Parmesan (32 % Fett)

Zubereitungszeit: ca. 30 Minuten

- Karotten putzen, in ½ Zentimeter dicke Ringe schneiden, Kohlrabi schälen, in Würfel schneiden. Beides ca. 15 Minuten dämpfen. Mit den Erbsen in eine feuerfeste Form geben.

- Die Eier mit der Milch, Pfeffer, Salz, Kräutermischung und Scharfmachergewürz verquirlen, über das Gemüse geben. Den geriebenen Parmesan darüberstreuen und den Auflauf im vorgeheizten Backofen für 10 bis 15 Minuten bei 180 °C überbacken.

- **Tipp** Als Dessert servieren Sie Trauben mit etwas Pecorino oder 2 Schokobrownies vom Vortag und Espresso.

TAG 17 – MITTWOCH

Voller Energie durch Woche 3

Der Mensch besitzt nichts Edleres und Kostbareres als die Zeit. (Ludwig van Beethoven)

Zeit gewinnen wir, wenn wir uns auf das Wesentliche konzentrieren: gutes Miteinander, Ernährung, positive Gedanken und Bewegung bzw. Muskelkräftigung (siehe Seite 287ff.). Freuen Sie sich heute auf die leckeren Rezepte mit Kakao. Das ist Anti-Aging pur, und Sie werden sich durch die Kakaowirkstoffe rundum zufrieden und wohlig fühlen.

Frühstück

SCHOKO-BANANE-DRINK

Für 2 Personen

- › 250 ml Reisdrink
- › 100 ml Orangensaft
- › 100 g Banane
- › 2 TL Kakaopulver
- › 25 g Ingwerwurzel
- › 1 TL Zimtpulver
- › 1 Prise Chilipulver
- › 1 Prise Pfeffer aus der Mühle
- › 1 EL Mandelmehl
- › 1 EL Fruchtsauce
- › 125 g Quark
- › 2 TL Speiseleinöl
- › 1 TL Kurkuma

Zubereitungszeit: ca. 10 Minuten

- Zutaten in der genannten Reihenfolge bis auf Speiseleinöl und Kurkuma in einen Mixer (Blender) geben.

- Speiseleinöl und Kurkuma in eine kleine Tasse geben, glatt rühren und in den Mixer geben. Alles 2 bis 3 Minuten gut durchmixen.

- **Tipp 1** Zum Drink gibt es 1–2 Scheiben Dinkel-Vollkornbrot mit 20 Gramm Butter und 30–50 Gramm Marmelade oder Honig (eventuell mit Ingwerscheiben belegt).

- **Tipp 2** Zusätzlich können Sie sich 1–2 Tassen Kaffee ohne Zucker und mit etwas Milch gönnen.

Mittagessen

GEFÜLLTE KRÄUTERPFANNKUCHEN

Für 2 Personen

- 2 Eier
- 250 ml Milch (1,5 % Fett)
- 100 g Mehl (Type 1050)
- 1 TL Backpulver
- 1 Bund frische Kräuter, gehackt
- 2 Frühlingszwiebeln
- 3–4 mittelgroße Tomaten
- 50 g Fetakäse
- 2 EL Würzhefe
- Salz, Pfeffer aus der Mühle
- 2 EL Butterschmalz

Zubereitungszeit: ca. 35 Minuten

- Eier, Milch Mehl und Backpulver zu einem Teig mischen, die gehackten Kräuter unterrühren.
- Frühlingszwiebeln in kleine Ringe, Tomaten und Fetakäse in Würfel schneiden, zu einem Salat mischen und mit Würzhefe, Salz und Pfeffer abschmecken.
- Eine große Bratpfanne mit ½ Esslöffel Butterschmalz auf mittlerer Stufe erhitzen.
- Wenn das Butterschmalz heiß ist, 1 Schöpflöffel Teig in die Pfanne geben. Pfannkuchen wenden, wenn er goldgelb geworden ist. Insgesamt 4 Pfannkuchen mit je ½ Esslöffel Butterschmalz backen.
- Die fertigen Pfannkuchen mit dem Salat füllen und rasch servieren.

Abendessen

FLORIDASALAT

Für 2 Personen

- 160 g Rindersteak
- Pfeffer aus der Mühle
- Scharfmacher®-Gewürz-Blüten-Mischung aus dem Bioladen
- Knoblauchpulver
- 2 EL Bio-Kokosöl
- 200 g Honigmelone, Papaya oder Mango
- 2 Tomaten
- 1 Paprikaschote (gelb, orange oder rot)
- 200 g grüner gemischter Salat

Für die Salatsauce

- ½ Zwiebel
- 1 kleine Knoblauchzehe
- Saft von ½ Limette
- 4 EL Orangensaft
- 2 EL Olivenöl
- 1 TL Tomatenmark
- 1 TL Senf
- Etwas Meerrettich
- 1 EL Würzhefe
- 1 TL Honig
- Koriandergrün, gehackt

Zubereitungszeit: ca. 30 Minuten

- Das Rindfleisch in grobe Stücke schneiden, mit Pfeffer, Scharfmachergewürz und Knoblauch würzen. Bio-Kokosöl auf mittlerer Stufe in einer Pfanne erhitzen und das Fleisch darin von allen Seiten gut anbraten.

- Melone, Papaya oder Mango, Tomaten und Paprika in kleine Würfel schneiden und mit dem grünen Salat in einer großen Schüssel mischen.

- Für die Salatsauce Zwiebel und Knoblauch abziehen und klein hacken. Mit den übrigen Zutaten für die Sauce vermischen, das Dressing über den Salat geben.

- Salat auf 2 großen Tellern verteilen und die warmen Fleischstücke darauf legen.

- **Tipp 1** Als Nachtisch können Sie pro Person 2 Schokoladenbrownies vom Montag servieren.

- **Tipp 2** Salatblätter sollten immer als ganzes Blatt gewaschen werden. Bei klein geschnittenem Salat werden zu viele Nährstoffe ausgespült.

TAG 18 – DONNERSTAG

Voller Energie durch Woche 3

Müde macht uns die Arbeit, die wir liegen lassen – nicht die, die wir tun. (Marie von Ebner-Eschenbach)

Wichtige Dinge, die liegen bleiben, belasten unnötig. Gehen Sie strikt nach Ihrem Tagesplan vor. So können Sie heute die zweite Muskelkräftigungseinheit (siehe Seite 287ff.) in dieser Woche mit Freude abhaken.

Frühstück

ERDBEER-BANANE-DRINK

Für 2 Personen

- 250 ml Buttermilch
- 100 ml Orangensaft
- 1 reife Banane
- 100 g Erdbeeren
- 25 g Ingwerwurzel
- 1 TL Zimtpulver
- 1 Prise Chilipulver
- 1 Prise Pfeffer aus der Mühle
- 1 EL Mandelmehl
- 1 EL Fruchtsauce
- 125 g Quark
- 2 TL Speiseleinöl
- 1 TL Kurkuma

Zubereitungszeit: ca. 10 Minuten

- Zutaten in der genannten Reihenfolge bis auf Speiseleinöl und Kurkuma in einen Mixer (Blender) geben.
- Speiseleinöl und Kurkuma in eine kleine Tasse geben, glatt rühren und in den Mixer geben. Alles 2 bis 3 Minuten gut durchmixen.
- **Tipp 1** Zum Drink gibt es je 1 Brezel oder 1–2 Scheiben Vollkornbrot mit 20 Gramm Butter.
- **Tipp 2** Zusätzlich können Sie sich 1–2 Tassen Kaffee ohne Zucker und mit etwas Milch gönnen.

Mittagessen

BANDNUDELN

mit Camembert und Minze

Für 2 Personen

- 50 g Eiernudeln (Dinkel)
- 1 Knoblauchzehe
- 1 mittelgroße Zwiebel
- 3 mittelgroße Tomaten
- 2 EL Butterschmalz
- Pfeffer aus der Mühle, Salz
- Saft von ¼ Zitrone
- 60 g Camembert (30 % Fett)
- 8 frische Minzeblätter, klein geschnitten

Zubereitungszeit: ca. 35 Minuten

- Die Nudeln nach Packungsanleitung kochen.
- Knoblauch und Zwiebel abziehen, den Knoblauch fein hacken, die Zwiebel klein schneiden, die Tomaten klein würfeln.
- Butterschmalz auf niedriger bis mittlerer Stufe in einer Pfanne erhitzen und die Zwiebel darin goldgelb braten. Die Tomatenwürfel dazugeben und alles zugedeckt ca. 5 Minuten köcheln lassen.
- Die Tomatensauce mit Pfeffer, Salz, Knoblauch und Zitronensaft abschmecken, dann mit den gekochten Nudeln mischen.
- Den klein geschnittenen Camembert unterheben und die Bandnudeln mit Minze bestreut servieren.
- **Tipp** Mit ein wenig mehr Pfeffer kann Ihr Körper die Gemüsewirkstoffe deutlich besser verwerten. Hantieren Sie also großzügig mit der Pfeffermühle.

Abendessen

HÜHNCHEN-ERBSEN-CURRY

Für 2 Personen

- 400 g Kartoffeln (+ 400 g für den nächsten Tag)
- 200 g Frühlingszwiebeln
- 2–3 EL Bio-Kokosöl
- 200 g Puten- oder Hühnchenbrust
- 250 g Erbsen
- 100 g Sauerrahm (10 % Fett)
- 100 g Joghurt
- Salz, Pfeffer aus der Mühle
- 1 TL Kurkuma
- 1 TL Currypulver
- 2 EL Hanfsamen
- Frisches Basilikum, gehackt

Zubereitungszeit: ca. 30 Minuten

- Kartoffeln in ausreichend Wasser kochen.
- Frühlingszwiebeln in kleine Stücke oder Ringe schneiden und für mindestens 5 Minuten ruhen lassen.
- Bio-Kokosöl auf mittlerer Stufe in einer großen Pfanne erhitzen, die Frühlingszwiebeln anbraten und nach 5 Minuten das klein geschnittene Puten- oder Hühnchenfleisch hinzufügen. Dieses braten, bis es eine leicht goldene Schicht bekommt. Dann die Erbsen dazugeben.
- Sauerrahm mit Joghurt und Gewürzen vermischen. Sauce über das Fleisch und die Erbsen geben und das Ganze für weitere 5 bis 10 Minuten leise köcheln lassen.
- Basilikum in die Sauce geben und das Curry mit den Kartoffeln servieren.
- **Turboversion** Statt 400 Gramm Kartoffeln 200 Gramm Kartoffeln und 300 Gramm Putenbrust nehmen.

TAG 19 – FREITAG

Voller Energie durch Woche 3

Die größten Sorgen habe ich mir oft über Dinge gemacht, die hinterher nicht eingetreten sind. (Sven Hedin)

Sorgen Sie sich nicht – leben Sie. Sorgen ziehen Lebenskraft ab und schwächen den Tatendrang.

Frühstück

HIMBEER-BANANE-DRINK

Für 2 Personen

- 250 g Naturjoghurt (3,5 % Fett)
- 100 g Banane
- 100 g Himbeeren
- 25 g Ingwerwurzel
- 1 TL Zimtpulver
- 1 Prise Chilipulver
- 1 Prise Pfeffer aus der Mühle
- 1 EL Mandelmehl
- 1 EL Fruchtsauce
- 125 g Quark
- 100 ml Wasser
- 100 ml Orangensaft
- 2 TL Speiseleinöl
- 1 TL Kurkuma

Zubereitungszeit: ca. 10 Minuten

- Zutaten in der genannten Reihenfolge bis auf Speiseleinöl und Kurkuma in einen Mixer (Blender) geben.
- Speiseleinöl und Kurkuma in eine kleine Tasse geben, glatt rühren und in den Mixer geben. Alles 2 bis 3 Minuten gut durchmixen.
- **Tipp** Zum Drink gibt es 1–2 Scheiben Dinkel-Vollkornbrot mit 25 Gramm Mandelbutter (alternativ: Nuss-Nougat-Creme).

Mittagessen

HAWAIIAN FISCHCURRY

Für 2 Personen

- 100 g Vollkornreis oder 140 g Reisnudeln
- 1 große rote Zwiebel
- 2–3 Karotten
- 2 EL Bio-Kokosöl
- 1 Apfel
- 1 Banane
- 250 g Fischfilet
- Salz, Pfeffer aus der Mühle
- Currypulver
- Kurkuma
- 20 g Kokosnussraspel
- 10 g Pistazienkerne

Zubereitungszeit: ca. 50 Minuten

- Den Reis oder die Reisnudeln nach Packungsanleitung zubereiten.
- Zwiebel abziehen, in kleine Würfel schneiden und für mindestens 5 Minuten ruhen lassen. Geschälte Karotten in kleine Stücke schneiden.
- Bio-Kokosöl in einer Pfanne bei mittlerer Stufe erhitzen, Karotten und Zwiebeln darin anbraten.
- Apfel, Banane und Fischfilet in Würfel schneiden und in die Pfanne geben. Alles mit Salz, Pfeffer, Curry und Kurkuma würzen und zugedeckt für 8 bis 10 Minuten köcheln lassen.
- Kokosnussraspel und Pistazienkerne in einer Pfanne anrösten und das Fischcurry vor dem Servieren damit bestreuen.
- **Tipp** Wenn Ihnen Reis bislang nicht so gut gelungen ist, dann besorgen Sie sich einen Reiskocher. Damit wird Reis immer ideal gegart.

Abendessen

ZACKIGER KARTOFFELAUFLAUF

Für 2 Personen

- 400 g gekochte Kartoffeln vom Vortag
- 250 g TK-Gemüse oder Restgemüse aus dem Kühlschrank (Brokkoli, Karotten, Pilze ...)
- 200 ml Milch
- 3 Eier
- 3 EL flüssige Butter
- Salz, Pfeffer aus der Mühle
- Muskatnuss
- 50 g Emmentaler, gerieben
- Frische Kräuter der Saison, gehackt

Zubereitungszeit: ca. 35 Minuten

- Kartoffeln in feine Scheiben schneiden. Gemüse in kleine Stückchen schneiden und dämpfen (oder TK-Gemüse verwenden).
- Milch mit Eiern und 2 EL flüssiger Butter verquirlen und mit Salz, Pfeffer und geriebener Muskatnuss würzen.
- Den Backofen auf 200 °C vorheizen. Eine kleine Backform mit der restlichen flüssigen Butter ausstreichen.
- Die Hälfte der Kartoffeln in die Backform schichten, darüber die Hälfte des Gemüses. Die Hälfte der Milch-Ei-Mischung darübergeben, dann diesen Schritt wiederholen.
- Den geriebenen Emmentaler über das Gratin streuen, das Gratin bei 180 °C im Ofen backen, bis der Käse geschmolzen ist.
- Vor dem Servieren mit gehackten Kräutern bestreuen.
- **Turboversion** Nur 200 Gramm gekochte Kartoffeln, dafür aber 400 Gramm Gemüse verwenden.

TAG 20 – SAMSTAG

Voller Energie durch Woche 3

Alle Dinge verändern sich.
(Ovid)

Denken Sie positiv. Auch wenn Sie noch nicht am Ziel der Stoffwechseloffensive sind – Sie sind auf dem besten Weg dahin. Mit der heutigen Bewegungseinheit (siehe Seite 283ff.) kommen Sie Ihren Zielen wieder ein Stück näher.

Frühstück

FLORIDIAN FRENCH TOAST

Für 2 Personen

- 2 Eier
- 200 ml Milch (3,5 % Fett)
- 2 gestrichene TL Zimtpulver
- 6 Scheiben Vollkorn-Dinkeltoast (150 g)
- 2 EL Butter
- 30 g Walnüsse, klein gehackt
- 300 g Himbeeren oder Blaubeeren oder Beerenmix
- Puderzucker

Zubereitungszeit: ca. 25 Minuten

- Die Eier mit der Milch verquirlen, Zimt dazugeben.
- Jede Scheibe Toast gut im Milch-Ei-Mix einweichen.
- 1 EL Butter in einer großen Pfanne erhitzen, sodass 3 Scheiben Toast nebeneinander für ca. 3 Minuten auf jeder Seite angebraten werden können.
- Nach dem Wenden Nüsse und Beeren dazugeben, damit sie auch leicht erwärmt werden.
- Jetzt die zweite Portion mit der restlichen Butter braten.
- Vor dem Servieren mit Puderzucker bestreuen.

Mittagessen

KAROTTENLASAGNE

à la Heike Bienstein *

Für 2 Personen

- 500 g Karotten
- 125 ml Gemüsebrühe
- 1 Knoblauchzehe, zerdrückt
- ¼ TL Currypulver
- 200 g Naturjoghurt (3,5 % Fett)
- Salz, Pfeffer aus der Mühle
- Chilipulver
- ¼ TL Kurkuma
- 6 EL Olivenöl
- 125 g Lasagnenudelplatten
- 2–3 mittelgroße Tomaten in Scheiben
- 40 g Emmentaler, gerieben

Zubereitungszeit: ca. 60 Minuten

- Die Hälfte der Karotten in grobe Stücke schneiden und zusammen mit der Brühe, Knoblauch und Curry gar kochen. Die restlichen Karotten fein raspeln. Backofen auf 200 °C vorheizen.
- Joghurt zu den Karotten mit der Brühe dazugeben, alles fein pürieren und mit den Gewürzen abschmecken, dann 4 Esslöffel Olivenöl unterrühren.
- Eine große Auflaufform mit 2 Esslöffeln Olivenöl einfetten. Abwechselnd Lasagneblätter mit Karottensauce, -raspeln und Tomatenscheiben einschichten. Mit Karottensauce abschließen und alles mit Käse bestreuen. Die Lasagne in 30 bis 40 Minuten im Ofen goldbraun backen.

* Deutsche Crossmeisterin, LG Olympia Dortmund

Abendessen

QUINOA-ERBSEN-SALAT

mit Spiegelei

Für 2 Personen

- 100 g Quinoa
- ½ Zwiebel
- 1 EL Olivenöl
- 1 EL Speiseleinöl
- 200 g TK-Erbsen, aufgetaut
- 200 g Hüttenkäse
- Pfeffer aus der Mühle, Salz
- ½ TL Kurkuma
- 1 Bund frisches Basilikum, gehackt
- 10 g Butter
- 2 Eier
- Scharfmacher®-Gewürz-Blüten-Mischung aus dem Bioladen

Zubereitungszeit: ca. 40 Minuten

- Quinoa mindestens 2-mal mit Wasser abspülen. In Wasser im Verhältnis 2 : 1 (2 Teile Wasser, 1 Teil Quinoa) kurz aufkochen, dann auf kleiner Stufe für mindestens 25 Minuten köcheln lassen.

- Abgezogene Zwiebel in kleine Würfel schneiden und für mindestens 5 Minuten ruhen lassen.

- 1 Esslöffel Olivenöl und Speiseleinöl unter den Quinoa mischen, dann das Ganze mit den Erbsen, Hüttenkäse und der Zwiebel vermengen. Mit Pfeffer, Salz und Kurkuma abschmecken und Basilikum untermengen.

- Für die Spiegeleier Butter bei mittlerer Wärmestufe erhitzen, die Eier in die Pfanne schlagen und braten, bis das Eiweiß leicht fest geworden ist. Mit Pfeffer, Salz und Scharfmachergewürz abschmecken. Die gebratenen Spiegeleier zum Salat servieren.

- **Turboversion** Nur 50 Gramm Quinoa, dafür aber 250 Gramm Hüttenkäse verwenden.

TAG 21 – SONNTAG

Voller Energie durch Woche 3

Der Mensch erreicht auf Erden alles, was er ernstlich will.
(Paul Ernst)

Unsere Willenskraft ist ein mächtiger Motor. Glauben Sie fest an sich und Ihre Ideen. Denken Sie beim heutigen Lauftraining (siehe Seite 274ff.) an Ihre Ziele, die Sie vor einer Woche aufgeschrieben haben.

Frühstück

BERRY-PANCAKES

Für 2 Personen

- 400 g Erdbeeren (alternativ: TK-Beeren, aufgetaut)
- 2 TL Zucker
- 50 g Sahne (10 % Fett)
- 3 Eier
- 250 ml Milch (3,5 % Fett)
- 1 TL Backpulver
- 1 Messerspitze Haushaltsnatron
- 50 g Dinkelmehl, 50 g Mandelmehl
- 10 g Butter
- Pfeffer aus der Mühle
- 200 g Hüttenkäse
- 20 g Walnüsse, klein gehackt

Zubereitungszeit: ca. 35 Minuten

- Erdbeeren waschen und in kleine Stücke schneiden. Mit 1 Teelöffel Zucker bestreuen, damit die Beeren etwas Saft ziehen können. Sahne flüssig oder geschlagen dazugeben.
- Eier mit 1 Teelöffel Zucker schaumig schlagen, die Milch einrühren, dann das mit Backpulver und Natron vermischte Mehl dazusieben. Das Ganze vorsichtig mit dem Schneebesen zu einem recht flüssigen Teig vermengen.
- Die Butter in einer beschichteten Pfanne erhitzen und bei mittlerer Hitze Pancakes backen. Sie lassen sich bei 100 °C im Ofen warm halten.
- Die Erdbeersauce mit Pfeffer bestreuen, mit dem Hüttenkäse und den Walnüssen zu den Pancakes servieren.

Mittagessen

COUSCOUS-SALAT

mit Kichererbsen

Für 2 Personen

- 80 g Dinkel-Couscous
- 1 ½ Paprikaschoten
- 40 g Rucola
- ½ Bund Schnittlauch in Röllchen
- 240 g Kichererbsen (1 Dose)
- 3 EL Olivenöl
- 1 EL Speiseleinöl
- Pfeffer aus der Mühle, Salz
- 20 g Hanfnüsse

Zubereitungszeit: ca. 20 Minuten

- Couscous nach Packungsanleitung kochen.
- Paprika und Rucola in kleine Stücke, Schnittlauch in Röllchen schneiden.
- Abgetropfte Kichererbsen, Rucola, Schnittlauch, Paprika und Couscous zu einem Salat vermengen.
- Oliven- und Speiseleinöl mit Pfeffer, Salz und Hanfsamen zu einer Salatsauce verrühren, abschmecken und die Sauce über den Salat geben.
- **Tipp 1** Sie können diesen Salat mit zusätzlichen frischen Kräutern ergänzen, um Ihren Stoffwechsel noch stärker zu aktivieren.
- **Tipp 2** Das Speiseleinölfläschchen sollten Sie nach Anbruch in den Kühlschrank stellen. Das Öl bleibt dadurch länger haltbar.

Abendessen

THUNFISCH „FRODO“

nach Jan Frodeno*

Für 2 Personen

- 400 g festkochende Kartoffeln
- 5 EL Olivenöl
- Frischer Rosmarin
- 1 Knoblauchzehe
- 500 g Cocktailtomaten
- 200 g Thunfischfilet
- Kräutersalz, Pfeffer aus der Mühle
- 30 g Pistazienkerne, klein gehackt
- Schale und Saft von ½ Biozitrone

Zubereitungszeit: ca. 50 Minuten

- Kartoffeln waschen, halbieren und auf einem Backblech auslegen. Mit 3 Esslöffeln Olivenöl beträufeln und mit Rosmarin bestreuen. Abgezogenen Knoblauch hacken, 5 Minuten ruhen lassen und darübergeben. Bei etwa 200 °C für ca. 20 bis 30 Minuten backen, bis die Kartoffeln gar und goldbraun sind. Cocktailtomaten ungeschnitten die letzten 10 Minuten mit in den Ofen geben.

- In der Zwischenzeit gewaschenes Thunfischfilet etwas salzen und pfeffern, mit Pistazienkernen und Zitronenschalenabrieb »trocken« panieren. In einer Pfanne in 2 Esslöffeln heißem Olivenöl anbraten. Innen sollte der Fisch noch leicht roh sein.

- Vor dem Servieren die Kartoffeln salzen und pfeffern und den Fisch mit Zitronensaft beträufeln.

- **Turboversion** Nur 200 Gramm Kartoffeln, dafür aber 750 Gramm Cocktailtomaten verwenden.

* Triathlonolympiasieger 2008 und Sieger Ironman World Championships 2015, 2016, 2019

TAG 22 – MONTAG

Voller Energie durch Woche 4

Wer sich zu viel mit Kleinigkeiten abgibt, wird unfähig zum Großen. (François de la Rochefoucauld)

Achten Sie immer darauf, dass sich nur die Dinge auf Ihrem Schreibtisch befinden, die Ihre aktuellen Tätigkeiten betreffen. Strukturieren Sie jeden Tag von Neuem. Gehen Sie wieder mit Spaß an Ihr heutiges Kräftigungsprogramm (siehe Seite 287ff.).

Frühstück

WALDBEER-BANANE-DRINK

Für 2 Personen

- 250 ml Buttermilch
- 100 ml Orangensaft
- 1 reife Banane
- 100 g Waldbeeren
- 25 g Ingwerwurzel
- 1 TL Zimtpulver
- 1 Prise Chilipulver
- 1 Prise Pfeffer aus der Mühle
- 1 EL Mandelmehl
- 1 EL Fruchtsauce
- 125 g Quark
- 2 TL Speiseleinöl
- 1 TL Kurkuma

Zubereitungszeit: ca. 10 Minuten

- Zutaten in der genannten Reihenfolge bis auf Speiseleinöl und Kurkuma in einen Mixer (Blender) geben.
- Speiseleinöl und Kurkuma in eine kleine Tasse geben, glatt rühren und in den Mixer geben. Alles 2 bis 3 Minuten gut durchmixen.
- **Tipp 1** Zum Drink gibt es heute pro Person 1 Brezel oder 1–2 Scheiben Vollkornbrot mit 20 g Butter.
- **Tipp 2** Zusätzlich können Sie sich 1–2 Tassen Kaffee ohne Zucker und mit etwas Milch gönnen.

Mittagessen

ERFRISCHENDE QUINOAPFANNE

mit Spinat

Für 2 Personen

- 100 g Quinoa
- 1 kleine Zwiebel
- 1 Knoblauchzehe
- 20 g Butterschmalz
- 300 g frischer oder TK-Blattspinat
- 40 g getrocknete Tomaten
- 100 g fettarmer Schinken
- 30 g Pinienkerne
- Pfeffer aus der Mühle, Salz
- 1 TL Scharfmacher®-Gewürz-Blüten-Mischung aus dem Bioladen
- 1–2 EL Zitronensaft
- Frischer Thymian, gehackt

Zubereitungszeit: ca. 40 Minuten

- Quinoa nach Packungsanleitung kochen, bis die Flüssigkeit ganz aufgesogen ist.

- Zwiebel in kleine Würfel schneiden, Knoblauch durchpressen und beides für 5 Minuten ruhen lassen.

- Butterschmalz in einer Pfanne bei mittlerer Stufe erhitzen und die Zwiebel darin goldgelb anbraten. Spinat und getrocknete Tomaten dazugeben und das Ganze für 3 Minuten köcheln lassen.

- Den Schinken in kleine Stücke schneiden und mit Knoblauch und Pinienkernen in die Pfanne geben. Alles mit Pfeffer, Salz, Scharfmachergewürz und Zitronensaft abschmecken.

- Den gekochten Quinoa dazugeben und mit klein gehacktem Thymian bestreuen.

- **Tipp** Als Nachtisch gibt es 1 Apfel pro Person.

Abendessen

SPINAT MIT CRANBERRYS

à la Friederike Feil *

Für 2 Personen

- › 300 g Kartoffeln mit Schale
- › 1 mittelgroße Zwiebel
- › 10 g Butterschmalz
- › 100 g Bio-Hühnchen
- › 40 g Cranberrys
- › 30 g Walnüsse, gehackt
- › 450 g frischer Spinat
- › Kräutersalz, Pfeffer aus der Mühle
- › Muskatnuss
- › 100 ml Milch
- › 1 EL Speiseleinöl
- › 4 hartgekochte Eier

Zubereitungszeit: ca. 35 Minuten

- Kartoffeln in einem Sieb für 20 Minuten kochen.
- Zwiebel in kleine Würfel schneiden und für 5 Minuten ruhen lassen. Butterschmalz auf mittlerer Stufe erhitzen und die Zwiebel darin goldgelb braten. Das Huhn in Stücke schneiden und goldgelb anbraten.
- Cranberrys und Walnüsse zur Zwiebel geben, das Ganze für 5 Minuten braten.
- Den Spinat dazugeben, vorsichtig unterheben und erwärmen. Alles mit Kräutersalz, Pfeffer und geriebener Muskatnuss abschmecken.
- Die gekochten Kartoffeln pellen, würfeln, die Milch dazugeben und die Mischung pürieren, bis ein Brei entsteht. Den Kartoffelbrei erwärmen und kurz vor dem Servieren das Speiseleinöl dazugeben. Servieren Sie den Kartoffelbrei mit dem Spinat und den hartgekochten Eiern.
- **Tipp** Als Nachtisch servieren Sie 40 Gramm Pecorino pro Person.
- **Turboversion** Nur 150 Gramm Kartoffeln, dafür aber 3 Eier pro Person verwenden.

* Hindernisläuferin, LG Olympia Dortmund

TAG 23 – DIENSTAG

Voller Energie durch Woche 4

Ein großer Mensch ist derjenige, der sein Kinderherz nie verliert. (James Legge)

Lachen Sie aus tiefstem Herzen – Sie werden eine Freiheit empfinden, die neue Energie gibt.

Frühstück

HEIDELBEER-BANANE-DRINK

Für 2 Personen

- 250 ml Haferdrink
- 100 ml Orangensaft
- 100 g Banane
- 100 g Heidelbeeren
- 25 g Ingwerwurzel
- 1 TL Zimt
- 1 Prise Chilipulver
- 1 Prise Pfeffer aus der Mühle
- 1 EL Mandelmehl
- 1 EL Fruchtsauce
- 125 g Quark
- 2 TL Speiseleinöl
- 1 TL Kurkuma

Zubereitungszeit: ca. 10 Minuten

- Zutaten in der genannten Reihenfolge bis auf Speiseleinöl und Kurkuma in einen Mixer (Blender) geben.
- Speiseleinöl und Kurkuma in eine kleine Tasse geben, glatt rühren und in den Mixer geben. Alles 2 bis 3 Minuten gut durchmixen.
- **Tipp 1** Zum Drink gibt es 1–2 Scheiben Dinkel-Vollkornbrot mit 10 Gramm Butter und 70 Gramm Käse (z. B. Emmentaler, 45 % Fettgehalt).
- **Tipp 2** Zusätzlich können Sie sich 1–2 Tassen Kaffee ohne Zucker und mit etwas Milch gönnen.

Mittagessen

LACHSFILET

mexikanisch

Für 2 Personen

- ½ Zwiebel
- 1 Knoblauchzehe
- 1 Limette
- 250 g Lachsfilet
- Pfeffer aus der Mühle, Salz
- 1 Paprikaschote
- 125 g Mais
- 200 g Erbsen
- 1 Prise Chilipulver
- 1 Bund Koriander, gehackt

Zubereitungszeit: ca. 25 Minuten

- Zwiebel in kleine Ringe schneiden, Knoblauch durchpressen, beides für mindestens 5 Minuten ruhen lassen.
- Limette auspressen. Lachsfilet kurz in den Limettensaft legen, dann mit Küchenpapier trockentupfen, mit Pfeffer und Salz würzen.
- Paprika in kleine Stückchen schneiden.
- Mais, Erbsen, Zwiebel und Paprika zu einem Salat mischen, mit Pfeffer, Chili und Salz abschmecken.
- Salat in einer Backform verteilen und den Lachs darauflegen. Den Limettensaft gleichmäßig über das Ganze gießen und für ca. 15 Minuten bei 200 °C im Ofen backen.
- Vor dem Servieren mit klein geschnittenem Koriander bestreuen.
- **Tipp** Kaufen Sie Fisch aus ökologischen Gründen nur mit MSC-Zertifizierung (Marine Stewardship Council – Fisch und Meeresfrüchte aus zertifiziert nachhaltiger Fischerei).

Abendessen

WARMER SALAT

mit Karotten und Amaranth

Hauptgericht für 2 Personen

- 80 g Amaranth
- 2 kleine rote Zwiebeln
- 3 mittelgroße Karotten
- 150 g Erbsen
- 3 EL Bio-Kokosöl
- 1 EL Senf
- 2 EL Essig
- 1 EL Olivenöl
- 25 g Walnüsse, gehackt
- 25 g frische Petersilie, gehackt
- Pfeffer aus der Pfeffermühle

Zubereitungszeit: ca. 25 Minuten

Dessert für 2 Personen

- 1 sehr reife Banane
- 500 g Naturjoghurt (3,5 % Fett)
- 50 g Honig
- 2 EL Kakaopulver
- 1 Prise Pfeffer aus der Mühle

Zubereitungszeit: ca. 10 Minuten

- Amaranth gut waschen und nach Packungsanleitung kochen.
- Zwiebeln in kleine Stücke schneiden und für mindestens 5 Minuten ruhen lassen.
- Karotten in Scheiben schneiden und mit den Erbsen dämpfen.
- Bio-Kokosöl in einer großen Pfanne erhitzen und die Zwiebeln darin goldgelb anbraten.
- Karotten und Erbsen zu den Zwiebeln geben und das Ganze kurz anbraten.
- Alles unter den noch warmen Amaranth geben, die restlichen Zutaten hinzufügen, alles vorsichtig vermischen und noch warm genießen.

- **Tipp** Dieses Gericht schmeckt warm und kalt und ist deshalb auch optimal zum Mitnehmen.

- **Turboversion** Nur 50 Gramm Amaranth verwenden, dafür aber noch ein hartgekochtes Ei pro Person.

Dessert: Schoko-Banane-Joghurt

- Die Banane schälen.
- Alle Zutaten in einen Mixer geben und für mindestens 3 Minuten gut durchschlagen.

TAG 24 – MITTWOCH

Voller Energie durch Woche 4

Nicht in die Ferne, in die Tiefe sollst du reisen.
(Ralph Waldo Emerson)

Schöpfen Sie Kraft, indem Sie sich von innen heraus bejahen und lieben. Die Schokowirkstoffe des heutigen Tages werden Sie dabei unterstützen. Die Extraportion Sauerstoff für Ihren stoffwechselaktiven Verjüngungsprozess geben Sie Ihrem Körper durch das ausgeklügelte Lauftraining mit Ihrem Steffny-Plan (siehe Seite 274ff.).

Frühstück

SCHOKO-BANANE-HAFER-MIX

Für 2 Personen

› 250 ml Haferdrink
› 100 ml Orangensaft
› 100 g Banane
› 2 TL Kakaopulver
› 25 g Ingwerwurzel
› 1 TL Zimtpulver
› 1 Prise Chilipulver
› 1 Prise Pfeffer aus der Mühle
› 1 EL Mandelmehl
› 1 EL Fruchtsauce
› 125 g Quark
› 2 TL Speiseleinöl
› 1 TL Kurkuma

Zubereitungszeit: ca. 10 Minuten

- Zutaten in der genannten Reihenfolge bis auf Speiseleinöl und Kurkuma in einen Mixer (Blender) geben.
- Speiseleinöl und Kurkuma in eine kleine Tasse geben, glatt rühren und in den Mixer geben. Alles 2 bis 3 Minuten gut durchmixen.
- **Tipp 1** Dazu gibt es 1–2 Scheiben Dinkel-Vollkornbrot pro Person mit 20 Gramm Butter und 50 g Marmelade.
- **Tipp 2** Zusätzlich können Sie sich 1–2 Tassen Kaffee ohne Zucker und mit etwas Milch gönnen.

Mittagessen

ZUCCHINI-PUFFER

mit Joghurtsauce

Für 2 Personen

Für die Zucchini-Puffer

› 50 g Mandelmehl
› 25 g Hirsemehl
› 2 Eier
› 3 Frühlingszwiebeln
› 500 g Zucchini (1 mittelgroße)
› Pfeffer, Salz
› Dill (frisch oder getrocknet)

Zum Ausbraten

› 20 g Butterschmalz

Für die Joghurtsauce

› 250 g Joghurt
› ¼ Gurke, fein geraspelt
› 1 EL Schnittlauchröllchen
› Pfeffer aus der Mühle, Salz
› 1 TL Speiseleinöl
› 1 Knoblauchzehe, zerdrückt

Für die Beilage

› 500 g Tomaten in Scheiben

Zubereitungszeit: ca. 30 Minuten

- Zwiebeln fein schneiden und 5 Minuten stehen lassen.
- Zucchini waschen und grob raspeln.
- Alle Zutaten für die Zucchini-Puffer in einer Schüssel zu einem Teig vermengen.
- Alle Zutaten für die Joghurtsauce gut vermischen.
- In einer Pfanne etwas Butterschmalz erhitzen.
- Nun den Teig portionsweise in die Pfanne geben. (Teig ergibt ca. 8 Puffer). In einer großen Pfanne können etwa 4 Puffer gleichzeitig ausgebacken werden.
- Die Küchlein mit Tomatenscheiben und der Joghurtsauce servieren.

Das Foto zu diesem Rezept finden Sie auf Seite 194.

Abendessen

KOKOS-LAUCH-SUPPE

Für 2 Personen

- › 1 mittelgroße Zwiebel
- › 2 EL Bio-Kokosöl
- › 125 g Lauch
- › 200 g Putenfleisch
- › 1 EL Sojasauce
- › 150 g gekochte Kartoffeln mit Schale
- › 200 ml Gemüsebrühe
- › 200 ml Kokosdrink
- › Frische Minzeblätter, gehackt

Zubereitungszeit: ca. 40 Minuten

- Zwiebel in kleine Stückchen schneiden und für 5 Minuten ruhen lassen. 1 Esslöffel Bio-Kokosöl auf mittlerer Stufe erhitzen und die Zwiebel darin goldgelb braten.

- Lauch in grobe Ringe schneiden und zur Zwiebel geben. Beides für weitere 5 Minuten braten.

- Putenfleisch in grobe Stücke schneiden. In einer zweiten Pfanne 1 Esslöffel Bio-Kokosöl erhitzen und das Putenfleisch für 10 Minuten anbraten. Sojasauce zu den Putenstücken geben, für weitere 2 Minuten braten. Die Pute beiseite stellen.

- Kartoffeln in grobe Stücke schneiden und zur Zwiebel-Lauch-Masse geben. Das Ganze gut umrühren und für weitere 5 Minuten leise köcheln lassen. Mit Gemüsebrühe ablöschen und noch mal für 5 Minuten leise köcheln lassen.

- Kokosdrink dazugeben und die Suppe mit einem Stabmixer pürieren.

- Vor dem Servieren das Putenfleisch und frische Minze in die Suppe geben.

- **Tipp** Als Nachtisch gibt es den Schoko-Banane-Joghurt von gestern.

Das Foto zu diesem Rezept finden Sie auf Seite 195.Tag 25 – Donnerstag

Voller Energie durch Woche 4

Eure Lebensmittel sollen eure Heilmittel sein.
(Hippokrates von Kos)

Mit den Rezepten der Lauf-Diät geben Sie Ihrem Körper alles, was er braucht. Sie sind geschützt vor Krebs, aktivieren Ihren Stoffwechsel und sind mental immer gut gestimmt. So schaffen Sie Ihre Ziele. Nicht vergessen: Heute freuen sich wieder Ihre Muskeln auf den neuen Trainingsreiz (siehe Seite 287ff.).

Frühstück

HEIDELBEER-BANANE-DRINK

Für 2 Personen

- 250 ml Buttermilch
- 100 ml Orangensaft
- 1 reife Banane
- 100 g Heidelbeeren
- 25 g Ingwerwurzel
- 1 TL Zimtpulver
- 1 Prise Chilipulver
- 1 Prise Pfeffer aus der Mühle
- 1 EL Mandelmehl
- 1 EL Fruchtsauce
- 125 g Quark
- 2 TL Speiseleinöl
- 1 TL Kurkuma

Zubereitungszeit: ca. 10 Minuten

- Zutaten in der genannten Reihenfolge bis auf Speiseleinöl und Kurkuma in einen Mixer (Blender) geben.
- Speiseleinöl und Kurkuma in eine kleine Tasse geben, glatt rühren und in den Mixer geben. Alles 2 bis 3 Minuten gut durchmixen.
- **Tipp 1** Dazu gibt es 1 Dinkel-Brötchen oder 1–2 Scheiben Dinkel-Vollkornbrot pro Person mit 20 g Butter.
- **Tipp 2** Zusätzlich können Sie sich 1–2 Tassen Kaffee ohne Zucker und mit etwas Milch gönnen.

Mittagessen

BLUMENKOHL-BROKKOLI-

Salat

Für 2 Personen

- 250 g Brokkoli
- 250 g Blumenkohl
- ½ mittelgroße Zwiebel
- 1 Knoblauchzehe
- 3 EL Olivenöl
- 2 EL Speiseleinöl
- 1 EL Essig
- 1 TL Senf
- 1 TL Meerrettich
- 1 TL Honig
- 1 TL Hanfsamen
- 75 g Sauerrahm (10 % Fett)
- Salz, Pfeffer aus der Mühle
- Frische Kräuter der Saison, gehackt
- 2 hart gekochte Eier
- 4 Scheiben Dinkel-Vollkornbrot

Zubereitungszeit: ca. 20 Minuten

- Brokkoli und Blumenkohl in kleine Röschen teilen, den Stiel des Brokkolis schälen und in Scheiben schneiden. Das Gemüse ca. 10 Minuten dämpfen, sodass es noch bissfest ist.

- Zwiebel in kleine Stücke schneiden, Knoblauch durchpressen und beides für mindestens 5 Minuten ruhen lassen.

- Olivenöl mit Leinöl, Essig, Senf, Meerrettich, Honig, Hanfsamen und dem Sauerrahm vermischen. Die Salatsauce mit Salz und Pfeffer abschmecken, Zwiebel, Knoblauch und gehackte Kräuter dazugeben.

- Blumenkohl und Brokkoli unter die Salatsauce mischen, wenn sie noch leicht warm sind – so nehmen sie den Geschmack der Salatsauce besser an.

- Gepellte Eier in kleine Stücke schneiden und in den Salat mischen.

- Das Vollkornbrot wird als Beilage serviert.

- **Tipp 1** Dies ist ein optimales Essen zum Mitnehmen. Einfach am Tag davor vorbereiten und dann im Büro genießen.

- **Tipp 2** Als Nachtisch gibt es pro Person 1 Kugel Vanilleeis mit 1 Esslöffel Fruchtsauce.

Abendessen

ZWIEBELKUCHEN

Für 2 Personen

Für den Teig

› 250 g Dinkelmehl
› 100 g Mandelmehl
› 1 Hefewürfel
› 1 TL Zucker oder Honig
› 100 g Mandeln (gemahlen)
› 220 ml Milch
› 1 TL Salz
› Evtl. etwas Kokosöl

Für den Belag

› 1,5 kg Zwiebeln
› Butterschmalz
› 4 Eier
› 200 ml saure Sahne (10 % Fett)
› 20 g Kümmel
› 30 g Kräuter
› Pfeffer aus der Mühle
› Salz
› 200 g gekochter Schinken, klein geschnitten

Zubereitungszeit: ca. 60 Minuten (ohne Backzeit)

• Dinkelmehl und Mandelmehl vermischen. Hefe zerbröckeln und mit etwas Zucker oder Honig verrühren und über das Mehl geben. Milch darunter rühren, dann Salz und eventuell etwas Kokosöl dazugeben. Aus den Zutaten einen Hefeteig bereiten.

• Den Hefeteig auf einem Blech ausrollen und für mindestens 30 Minuten gehen lassen.

• Zwiebeln in Ringe schneiden, 5 Minuten stehen lassen und dann mit Butterschmalz gut anbraten.

• Eier, Sauerrahm, Kümmel, Kräutermischung, Pfeffer und Salz miteinander verquirlen.

• Nun die angebratenen Zwiebeln, die Eiermischung und den Schinken auf dem Teig verteilen.

• Im nicht vorgeheizten Backofen bei 180° C etwa 40 Minuten backen.

TAG 26 – FREITAG

Voller Energie durch Woche 4

Trau lieber deiner Kraft als deinem Glück. (Publilius Syrus)

Vertrauen Sie in Ihre eigenen Fähigkeiten. Wer an sich glaubt, dem glauben andere.

Frühstück

ERDBEER-BANANE-DRINK

Für 2 Personen

- 250 g Naturjoghurt (3,5 % Fett)
- 100 g Banane
- 100 g Erdbeeren
- 25 g Ingwerwurzel
- 1 TL Zimt
- 1 Prise Chilipulver
- 1 Prise Pfeffer aus der Mühle
- 1 EL Mandelmehl
- 1 EL Fruchtsauce
- 125 g Quark
- 100 ml Milch (3,5 % Fett)
- 100 ml Orangensaft
- 2 TL Speiseleinöl
- 1 TL Kurkuma

Zubereitungszeit: ca. 10 Minuten

- Zutaten in der genannten Reihenfolge bis auf Speiseleinöl und Kurkuma in einen Mixer (Blender) geben.
- Speiseleinöl und Kurkuma in eine kleine Tasse geben, glatt rühren und in den Mixer geben. Alles 2 bis 3 Minuten gut durchmixen.
- **Tipp 1** Dazu gibt es 1–2 Scheiben Dinkel-Vollkornbrot mit 50 g Mandelbutter (alternativ: Nuss-Nougat-Creme)
- **Tipp 2** Zusätzlich können Sie sich 1–2 Tassen Kaffee ohne Zucker und mit etwas Milch gönnen.

Mittagessen

HIRSEAUFLAUF

mit Pfirsich

Für 4 Personen

- 3 reife Pfirsiche
- 3 Eier
- 100 ml Wasser
- 200 ml Kokosdrink
- 3 EL Honig
- 1–2 TL Zimt
- 15 g frischer Ingwer, gerieben
- 30 g Walnüsse
- 30 g Kokosraspel
- 50 g Hirse, gekocht

Zubereitungszeit: ca. 20 Minuten

- Pfirsiche in kleine Stücke schneiden.
- Die Eier mit dem Wasser, dem Kokosdrink, Honig, Zimt, Ingwer, Walnüssen und Kokosraspeln mischen.
- Hirse und Pfirsiche in eine Auflaufform geben, die flüssige Masse mit den Eiern und Gewürzen darüber gießen und gut umrühren.
- Den Auflauf für 20–30 Minuten im Ofen bei 160° C überbacken.

Abendessen

RINDERSTEAK

auf Paprikagemüse

Hauptspeise für 2 Personen

- 1 mittelgroße Zwiebel
- 400 g bunte Paprikaschoten
- 200 g Rinderfilet
- Pfeffer aus der Mühle, Salz
- Chilipulver
- 3 EL Bio-Kokosöl
- Saft von ½ Zitrone
- 1 EL Aceto balsamico
- 1 EL Pesto
- Frisches Basilikum, gehackt

Zubereitungszeit: ca. 35 Minuten

Dessert für 2 Personen

- 2–3 mittelgroße sehr reife Bananen in kleinen Stücken, mindestens 12 Stunden gefroren
- 30 g Kakaopulver
- 1 TL Vanilleextrakt
- 30 g Honig oder Agavensirup
- 1–2 TL Zimtpulver
- Etwas Milch
- 25 g Walnüsse, klein gehackt

Zubereitungszeit: ca. 15 Minuten (+ 12 Stunden Gefrierzeit der Bananen)

- Zwiebel und Paprika in dünne Streifen schneiden.
- Das Fleisch mit Pfeffer, Salz und Chili würzen.
- 2 Esslöffel Bio-Kokosöl auf mittlerer Stufe erhitzen, Zwiebel und Paprika für gute 10 Minuten anbraten.
- In einer zweiten Pfanne das Fleisch in 1 Esslöffel Bio-Kokosöl ebenfalls auf mittlerer Stufe auf beiden Seiten ca. 3 Minuten anbraten.
- Zitronensaft und Aceto balsamico über das Paprikagemüse geben. Das Ganze mit Pfeffer und Salz abschmecken.
- Das Fleisch mit Pesto bestreichen, das Steak auf dem Paprikagemüse servieren und alles mit gehacktem Basilikum bestreuen.

Dessert: Schokoladeneis mit Walnussstückchen

- Alle Zutaten für das Eis in einen Mixer füllen und die Masse für mehrere Minuten durchmixen, bis sie cremig wird.
- Das Eis mit den gehackten Walnüssen bestreuen und sofort servieren.

TAG 27 – SAMSTAG

Voller Energie durch Woche 4

Nach Liebe dürstet alle Welt. (Gottfried Keller)

Die liebe Tat ist an kleine Sachen gebunden. Üben Sie sich darin, unregelmäßig, aber immer wieder liebenswerte Gesten und Aufmerksamkeiten zu verschenken. Diese Liebe kommt zurück, und alles wird schöner

Frühstück

HAFERSCHMAUS MIT HÜTTENKÄSE

Für 2 Personen

- › 120 g Haferkörner
- › 200 g Bananen
- › 1 Apfel
- › 300 g Naturjoghurt (3,5 % Fett)
- › 150 g Hüttenkäse
- › 2 EL Fruchtsauce
- › 40 g Walnüsse, klein gehackt
- › 1 TL Zimtpulver

Zubereitungszeit: ca. 10 Minuten (+ 8 Stunden Quellzeit des Hafers)

- Die Haferkörner in eine Thermoskanne geben und mit sehr heißem, aber nicht mehr kochendem Wasser übergießen. Die Kanne verschließen und den Hafer über Nacht quellen lassen.

- Die Bananen zerdrücken, den Apfel in kleine Stücke schneiden, beides in eine Schüssel geben und den Hafer untermischen.

- Joghurt mit Hüttenkäse, Fruchtsauce und Walnüssen verrühren, über die Obst-Hafer-Mischung geben und alles mit Zimt bestreuen.

Mittagessen

QUINOASALAT

mit Mozzarella und Tomaten

Für 2 Personen

- 120 g Quinoa
- Salz
- 3 Tomaten
- 1 Zwiebel
- 125 g Mozzarella
- 60 g Rucola
- 2 EL Olivenöl
- Pfeffer aus der Mühle
- 1 Knoblauchzehe, fein gehackt
- 2 EL frisches Basilikum, gehackt
- Saft von ½ Zitrone

Zubereitungszeit: ca. 30 Minuten

- Quinoa in ein Sieb geben und mit heißem Wasser abspülen, damit die Bitterstoffe abgewaschen werden. Im Verhältnis 2 : 1 (2 Teile Wasser, 1 Teil Quinoa) mit etwas Salz zum Kochen bringen und dann auf kleine Stufe zurückschalten.
- Tomaten, Zwiebel und Mozzarella in kleine Würfel schneiden, Rucola klein schneiden.
- Sobald der Quinoa fertig ist, diesen etwas abkühlen lassen.
- Mozzarella, Tomaten, Rucola und Olivenöl zum Quinoa geben und alles mit Pfeffer, Knoblauch, Basilikum und Zitronensaft abschmecken.
- **Tipp 1** Als Nachtisch gibt es 1 Kugel Vanilleeis mit 1 Esslöffel Fruchtsauce pro Person.
- **Tipp 2** Quinoa ist häufig noch leicht sandig und sollte auch deshalb sehr gründlich gewaschen werden.

Abendessen

LACHSFILET

mit Apfel-Gurken-Salat

Für 2 Personen

- 1 ½ Äpfel
- ½ Gurke
- 1 kleine Zwiebel
- Frischer Koriander, gehackt
- 1 EL Olivenöl
- Saft von 1 Limette
- Pfeffer aus der Mühle, Salz
- Saft von 1 Zitrone
- 2 Lachsfilets à 125 g

Zubereitungszeit: ca. 20 Minuten

- Einen Topf mit Wasser aufsetzen.
- Äpfel, Gurke und Zwiebel in sehr kleine Würfel schneiden, in einer Schüssel mischen und mit Koriander, Olivenöl, Limettensaft, Pfeffer und Salz vermengen.
- Sobald das Wasser kocht, Salz und Zitronensaft hineingeben. Lachsfilets ins Wasser legen und für 8 Minuten im siedenden Wasser ziehen lassen.
- Die Lachsfilets gut abtropfen lassen und mit dem Salat servieren.
- **Tipp 1** Als Nachtisch gibt es Schokoladeneis mit Walnussstückchen vom Vortag.
- **Tipp 2** Äpfel und Gurken können Sie gerne mit der Schale essen, wenn diese beiden Lebensmittel aus biologischem Anbau stammen. Konventionell erzeugte Ware bitte schälen.

TAG 28 – SONNTAG

Voller Energie durch Woche 4

In dir muss brennen, was du in anderen entzünden willst.
(Augustinus von Hippo)

Stecken Sie mit innerer Begeisterung und Freude andere mit der Stoffwechseloffensive an. Überlegen Sie beim heutigen Lauftraining (siehe Seite 274ff.), wer das Training mit Ihnen teilen möchte.

Frühstück

MÜSLI NACH DR. FEIL

Für 2 Personen

- 1 mittelgroßer Apfel
- 70 g Haferflocken (alternativ: frisch gemahlener Hafer)
- 3 EL Mandelmehl
- 50 g Rosinen
- 50 g Walnüsse, gehackt
- 50 ml Milch (3,5 % Fett)
- 400 g Naturjoghurt probiotisch (3,5 % Fett)
- 2 EL Honig
- 100 g TK-Himbeeren
- 2 EL Hanfsamen
- ½ TL Zimtpulver
- Etwas frische Vanille

Zubereitungszeit: ca. 10 Minuten (+ 8 Stunden Einweichzeit)

- Apfel in eine mittelgroße Schüssel raspeln.
- Mit den restlichen Zutaten bis auf Zimt und Vanille zu einem Brei mischen. Je nach gewünschter Festigkeit noch etwas mehr Milch hinzufügen.
- Das Müsli über Nacht in den Kühlschrank stellen. So wird es besser verträglich.
- Vor dem Servieren mit Zimt und Vanille bestreuen.

Mittagessen

GEMÜSE

in Quark-Öl-Teig

Für 6 Personen

- 80 g Butterschmalz
- 200 g Magerquark (0,5 % Fett)
- Salz
- 40 ml Milch (3,5 % Fett)
- 1 TL Backpulver
- 400 g Dinkelmehl
- 200 g Zwiebeln, klein gehackt
- 2 EL Olivenöl
- 500 g Gemüsemix (Typ Toskana)
- 6 Scheiben Dinkel-Vollkornbrot
- 200 g geräucherter Lachs
- 100 g Sauerrahm (10 % Fett)
- 100 g Naturjoghurt (3,5 % Fett)
- 5 Eier
- Scharfmacher®-Gewürz-Blüten-Mischung aus dem Bioladen
- 1 Knoblauchzehe
- 50 g Kräutermischung
- Pfeffer aus der Mühle
- 1 kg Tomaten
- 300 g Radieschen

Zubereitungszeit: ca. 45 Minuten

- Für den Quark-Öl-Teig Öl, Quark, Salz und Milch miteinander vermengen. Das mit Backpulver vermischte Mehl darüber sieben und das Ganze schnell zu einem geschmeidigen Teig verkneten.

- Etwa ¼ vom Teig wegnehmen, eine Kastenform mit ¾ des Teigs auslegen.

- Für die Füllung Zwiebeln im heißen Butterschmalz goldgelb anbraten. Gemüsemix kurz dazugeben, damit er sich leicht erwärmt und gut mit den Zwiebeln vermischt ist. Herdplatte abschalten.

- Brot und geräucherten Lachs in kleine Würfel schneiden und zur Mischung geben.

- Sauerrahm, Joghurt, Eier, Salz, Scharfmachergewürz, durchgepressten Knoblauch, Kräutermischung und Pfeffer miteinander verrühren und unter die Mischung heben.

- Die Füllung in die vorbereitete Kastenform geben und das übrige Viertel des Teigs als Deckel aufsetzen. Im Ofen bei 180 °C ca. 25 Minuten backen.

- Tomaten und Radieschen als Beilage servieren.

- **Tipp** Dies ist eine ideale Mahlzeit auch zum Mitnehmen an den Arbeitsplatz.

Abendessen

GEBRATENE THAINUDELN

mit Gemüse und Ei

Für 2 Personen

- 100 g Thainudeln
- 2 EL Bio-Kokosöl
- 1 EL Ingwerwurzel, klein geschnitten
- 1–2 EL scharfe Sauce (Hot Sauce, Sambal oelek …)
- ½ Bund Frühlingszwiebeln
- 4 Eier
- 100 g Zuckerschoten
- 100 g Mungobohnenkeimlinge
- 2–3 EL Sojasauce
- 20 g Cashewkerne
- Frischer Koriander, gehackt

Zubereitungszeit: ca. 35 Minuten

- Die Nudeln nach Packungsanleitung garen.
- Bio-Kokosöl auf mittlerer Stufe in einer Pfanne erhitzen, Ingwer und die scharfe Sauce darin 5 Minuten anbraten.
- Frühlingzwiebeln in Ringe schneiden, in die Pfanne geben und für weitere 5 Minuten braten.
- Zuckerschoten und Mungobohnenkeimlinge dazugeben. Alles kurz weiterbraten und mit Sojasauce und eventuell noch etwas mehr scharfer Sauce abschmecken.
- Die gegarten Nudeln mit dem Gemüse und den Eiern vermengen und kurz anbraten.
- Mit Cashewkernen und klein geschnittenem Koriander bestreut servieren.
- **Turboversion** Lediglich 50 Gramm Thainudeln, dafür aber 150 Gramm Zuckerschoten verwenden.

TAG 29 – MONTAG

Voller Energie durch Woche 5

Aus vollem Herzen zu loben, heißt dabei zu sein.
(François de la Rochefoucauld)

Freuen Sie sich am Erfolg Ihrer Mitmenschen. Lassen Sie sich vom Erfolg anderer zu Ihrem Erfolg antreiben. Heute ist wieder Ihre Kräftigungseinheit (siehe Seite 287ff.). Bestimmt fallen Ihnen die Übungen inzwischen schon leichter, und Sie spüren den Fortschritt.

Frühstück

BEEREN-BANANE-DRINK

Für 2 Personen

- 250 ml Buttermilch
- 100 ml Orangensaft
- 1 reife Banane
- 100 g Heidelbeer-Erdbeer-Mix
- 25 g Ingwerwurzel
- 1 TL Zimtpulver
- 1 Prise Chilipulver
- 1 Prise Pfeffer aus der Mühle
- 1 EL Mandelmehl
- 1 EL Fruchtsauce
- 125g Quark
- 2 TL Speiseleinöl
- 1 TL Kurkuma

Zubereitungszeit: ca. 10 Minuten

- Zutaten in der genannten Reihenfolge bis auf Speiseleinöl und Kurkuma in einen Mixer (Blender) geben.
- Speiseleinöl und Kurkuma in eine kleine Tasse geben, glatt rühren und in den Mixer geben. Alles 2 bis 3 Minuten gut durchmixen.
- **Tipp 1** Dazu gibt es pro Person 1–2 Scheiben Dinkel-Vollkornbrot mit 20 Gramm Butter.
- **Tipp 2** Zusätzlich können Sie sich 1–2 Tassen Kaffee ohne Zucker und mit etwas Milch gönnen.

Mittagessen

MANDEL-TOMATEN-SUPPE

Für 2 Personen

- 100 g Vollkornreis
- 1 mittelgroße Zwiebel
- 10 g Bio-Kokosöl
- ½ EL Sojasauce
- 3 Tomaten, gewürfelt
- 1 EL Mehl
- 375 ml Gemüsebrühe
- 175–200 ml Milch (3,5 % Fett)
- 50 g Mandelbutter
- Salz, Pfeffer aus der Mühle
- Frische Petersilie, gehackt

Zubereitungszeit: ca. 35 Minuten

- Vollkornreis in 250 Milliliter Wasser geben, kurz aufkochen lassen und dann auf niedriger Stufe mit geschlossenem Deckel vor sich hinköcheln lassen, bis die Flüssigkeit vollkommen aufgesogen ist.

- Zwiebel in kleine Würfel schneiden und für mindestens 5 Minuten ruhen lassen.

- Bio-Kokosöl auf mittlerer Stufe erhitzen und die Zwiebel darin goldgelb braten.

- Sojasauce dazugeben, Tomaten und Mehl untermischen und das Ganze für weitere 5 Minuten braten.

- Mit Gemüsebrühe ablöschen, Milch, Mandelbutter und gekochten Reis dazugeben, mit Salz und Pfeffer abschmecken und alles gut umrühren.

- Die Suppe vor dem Servieren mit Petersilie bestreuen.

- **Tipp** Als Nachtisch gibt es 125 g Quark mit Beeren und etwas Honig oder Fruchtsauce.

Abendessen

QUINOASALAT

mit Zucchini und Himbeeren

Für 2 Personen

- 100 g Quinoa
- 2 Frühlingszwiebeln
- 200 g Zucchini
- 80 g Fetakäse
- 25 g Pinienkerne
- 2 EL Essig
- 2 EL Olivenöl
- 1 EL Senf
- 1 EL Hanfsamen
- ½ Bund frisches Basilikum, gehackt
- Pfeffer aus der Mühle, Kräutersalz
- 200 g Himbeeren

Zubereitungszeit: ca. 40 Minuten

- Quinoa mindestens 2-mal mit Wasser abspülen. Im Verhältnis 2:1 (2 Teile Wasser, 1 Teil Quinoa) in Wasser geben. Quinoa kurz aufkochen lassen und dann auf kleiner Stufe für mindestens 25 Minuten vor sich hinköcheln, anschließend auskühlen lassen.
- Frühlingszwiebeln in kleine Ringe, Zucchini in hauchdünne Ringe schneiden, Fetakäse würfeln.
- In einer Pfanne die Pinienkerne ohne Fett anrösten.
- Essig mit Olivenöl, Senf, Hanfsamen und Basilikum vermischen. Alle Zutaten zu einem Salat vermengen, mit Pfeffer und Salz abschmecken, ganz zum Schluss die Himbeeren dazugeben, damit diese nicht beim Rühren zerquetscht werden.
- **Turboversion** Nur 50 Gramm Quinoa, dafür aber 100 Gramm Fetakäse und 300 Gramm Zucchini verwenden.

TAG 30 – DIENSTAG

Voller Energie durch Woche 5

Unser Glück beruht darauf, dass wir tun, was wir für richtig und angemessen halten, und nicht, was andere sagen oder tun. (Mahatma Gandhi)

Genießen Sie Ihre Freiheit und gehen Sie Ihren Weg.

Frühstück

WALDBEER-BANANE-DRINK

Für 2 Personen

- 250 ml Mandeldrink
- 100 ml Orangensaft
- 100 g Banane
- 100 g Waldbeeren
- 25 g Ingwerwurzel
- 1 TL Zimtpulver
- 1 Prise Chilipulver
- 1 Prise Pfeffer aus der Mühle
- 1 EL Mandelmehl
- 1 EL Fruchtsauce
- 125 g Quark
- 2 TL Speiseleinöl
- 1 TL Kurkuma

Zubereitungszeit: ca. 10 Minuten

- Zutaten in der genannten Reihenfolge bis auf Speiseleinöl und Kurkuma in einen Mixer (Blender) geben.
- Speiseleinöl und Kurkuma in eine kleine Tasse geben, glatt rühren und in den Mixer geben. Alles 2 bis 3 Minuten gut durchmixen.
- **Tipp 1** Dazu gibt es pro Person 1–2 Scheiben Vollkornbrot mit 10 Gramm Butter und 70 Gramm Käse (z. B. Emmentaler, 45% Fettgehalt).
- **Tipp 2** Zusätzlich können Sie sich 1–2 Tassen Kaffee ohne Zucker und mit etwas Milch gönnen.

Mittagessen

PFLAUMENKUCHEN

mit Vanillesauce

Für 4 Personen

- 5 Eier
- 2 EL Zucker
- 1 Päckchen Vanillezucker
- Salz
- 100 g Dinkelmehl, 50 g Mandelmehl
- 1 TL Backpulver
- 4 TL Zimtpulver
- 350 ml Milch
- 20 g flüssige Butter
- 500 g Zwetschgen, entsteint und halbiert
- 30 g Walnüsse, gehackt

Für die Vanillesauce

- 500 ml Milch
- ½ Päckchen Vanillepuddingpulver
- 2 EL Zucker
- Etwas frische Vanille

Zubereitungszeit: ca. 60 Minuten

- Die Eier trennen. Eiweiß mit Zucker, Vanillezucker und 1 Prise Salz steif schlagen.
- Mehl mit Backpulver, Eigelben, Zimt und Milch glatt rühren. Den Eischnee vorsichtig unterheben.
- Ein Backblech mit der Butter bestreichen und den Teig darauf verteilen. Zwetschgen auf den Teig legen und mit Walnüssen bestreuen. Für 12 bis 15 Minuten bei 180 bis 200 °C backen.
- Für die Vanillesauce 450 Milliliter Milch erhitzen, bis sie anfängt zu köcheln.
- Puddingpulver mit Zucker und 50 Millilitern Milch vermischen. Die Masse in die köchelnde Milch rühren und die Vanille dazugeben.
- Die Vanillesauce unter ständigem Rühren kurz aufkochen und dann kurz vor sich hinköcheln lassen. Noch warm zum Pflaumenkuchen servieren.

Abendessen

GESUNDHEITSSALAT

mit Hühnchen

Hauptgericht für 2 Personen

Für das Zitrus-Honig-Dressing

› 2 EL Olivenöl › 1 TL Speiseleinöl
› 1 EL Aceto balsamico
› 1 EL frisch gepresster Zitronensaft
› ½ TL Meerrettich › 1 EL Hefeflocken
› 1 kleine Knoblauchzehe, gepresst
› 1 TL Honig
› Kräutersalz, Pfeffer aus der Mühle

Für den Salat

› 250 g Hühnchenbrustfilet
› 10 g Bio-Kokosöl
› Pfeffer aus der Mühle, Salz
› Scharfmacher®-Gewürz-Blüten-Mischung
› 50 g Rucola
› 200 g gemischte Blattsalate
› ½–1 grüne Paprikaschote
› ½ rote Zwiebel
› 30 g Walnüsse, gehackt
› 50 g Blauschimmel- oder Fetakäse
› 50 g Cranberrys
› Frische Kräuter, gehackt

Zubereitungszeit: ca. 25 Minuten

Dessert für 6 Personen

› 1 reife Avocado
› 75 g getrocknete Datteln
› 40–50 g Kakaopulver
› Je 1 TL Zimt- und Vanillepulver
› 60 g Honig oder Agavensirup
› Frische Minzeblätter

Zubereitungszeit: ca. 15 Minuten (+ Kühlzeit)

- Alle Zutaten für das Salatdressing gut miteinander vermengen.

- Hühnchen in Streifen schneiden und mit dem Bio-Kokosöl goldgelb anbraten. Mit Pfeffer, Salz und Scharfmachergewürz abschmecken.

- Rucola und Salate waschen und klein schneiden, Paprika würfeln, Zwiebel in dünne Scheiben schneiden.

- Alle Zutaten für den Salat außer dem Hühnchen in eine Schüssel geben und mit dem Dressing vorsichtig vermischen. Vor dem Servieren die Hühnchenstreifen über den Salat legen und alles mit frischen gehackten Kräutern bestreuen.

Dessert: Avocado-Schokoladen-Creme

- Alle Dessertzutaten bis auf die Minzeblätter in einen Mixer geben und für mehrere Minuten durchrühren, bis die Masse cremig ist. Während des Mixens langsam etwas Wasser dazugeben, bis die gewünschte Konsistenz erreicht ist.

- Die Creme auf kleine Schüsselchen verteilen und in den Kühlschrank stellen. Vor dem Servieren mit Minzeblättern dekorieren.

- **Tipp** Diesen leckeren Nachtisch können Sie sich auch morgen Mittag noch gönnen. Ziehen Sie damit Ihren Sündenjoker in dieser Woche.

TAG 31 – MITTWOCH

Voller Energie durch Woche 5

Selbstvertrauen ist das erste Geheimnis des Erfolgs.
(Ralph Waldo Emerson)

Glauben Sie daran, Ihre Ziele durch die Stoffwechseloffensive zu erreichen. Fühlen Sie sich leicht – das heutige Schokorezept wird dieses Gefühl der Leichtigkeit unterstützen.

Frühstück

SCHOKO-BANANE-MANDEL-MIX

Für 2 Personen

- › 250 ml Mandeldrink
- › 100 ml Orangensaft
- › 100 g Banane
- › 2 TL Kakaopulver
- › 25 g Ingwerwurzel
- › 1 TL Zimtpulver
- › 1 Prise Chilipulver
- › 1 Prise Pfeffer aus der Mühle
- › 1 EL Mandelmehl
- › 1 EL Fruchtsauce
- › 125 g Quark
- › 2 TL Speiseleinöl
- › 1 TL Kurkuma

Zubereitungszeit: ca. 10 Minuten

- Zutaten in der genannten Reihenfolge bis auf Speiseleinöl und Kurkuma in einen Mixer (Blender) geben.
- Speiseleinöl und Kurkuma in eine kleine Tasse geben, glatt rühren und in den Mixer geben. Alles 2 bis 3 Minuten gut durchmixen.
- **Tipp 1** Dazu gibt es 1–2 Scheiben Dinkel-Vollkornbrot mit 20 Gramm Butter und 50 Gramm Marmelade oder Honig (eventuell mit Ingwerscheiben belegt).
- **Tipp 2** Zusätzlich können Sie sich 1–2 Tassen Kaffee ohne Zucker und mit etwas Milch gönnen.

Mittagessen

CHILI NON CARNE

mit Erbsen

Für 2 Personen

- 1 mittelgroße Zwiebel
- 30 g Butterschmalz
- 100 ml Gemüsebrühe
- 1 TL Sojasauce
- ¼–½ Jalapeño, klein gehackt
- 100 g TK-Mais
- 250 g Erbsen
- ½ große Dose Tomaten (600 g)
- 1 TL Tomatenmark
- 1 TL Kumin
- ½ TL Paprikapulver
- ½ TL Chilipulver
- Eventuell Scharfmacher®-
- Gewürz-Blüten-Mischung aus dem Bioladen
- Salz, Pfeffer aus der Mühle
- 1 Knoblauchzehe, klein gehackt
- Petersilie, Schnittlauch, Liebstöckel, gehackt

Zubereitungszeit: ca. 60 Minuten

- Zwiebel abziehen, klein schneiden und 5 Minuten ruhen lassen. Bio-Kokosöl auf mittlerer Stufe in einer Pfanne erhitzen und die Zwiebel darin glasig dünsten.

- Gemüsebrühe leicht erwärmen und die Sojasauce einrühren, danach die Erbsen dazugeben, umrühren und ca. 20 Minuten vor sich hinköcheln lassen.

- Gemüsebrühe zur Zwiebel geben, leicht erwärmen und die Sojasauce einrühren.

- Mais, Tomaten, Tomatenmark, Gewürze und Knoblauch hinzufügen. Unter ständigem Rühren erwärmen und dann für weitere 20 Minuten vor sich hinkochen lassen. Vor dem Servieren mit Kräutern bestreuen.

- **Tipp 1** Als Nachtisch gibt es 1 Portion Avocado-Schokoladen-Creme vom Vorabend.

- **Tipp 2** Sollte Ihnen versehentlich eine zu große Menge Jalapeño in den Topf gerutscht sein – löschen Sie Ihren Gaumen anschließend mit einem Glas Buttermilch.

Abendessen

RINDFLEISCHSALAT

Hauptgericht für 2 Personen

- › 200 g Rinderfilet
- › 2 EL Olivenöl
- › Pfeffer aus der Mühle, Kräutersalz
- › Chilipulver
- › ½ Zwiebel
- › 1 Knoblauchzehe
- › 2 Tomaten
- › ¼ Gurke
- › 1 Paprikaschote
- › 50 g Rucola

Für die Salatsauce

- › 100 g Naturjoghurt (1,5 % Fett)
- › Pfeffer aus der Mühle
- › Kurkuma
- › Scharfmacher®-Gewürz-Blüten-Mischung aus dem Bioladen
- › 1 EL Hanfsamen
- › 1–2 TL Currypulver
- › 2 EL Schnittlauchröllchen

Zubereitungszeit: ca. 25 Minuten

Beilage für 12 Muffins

- › 1 Zwiebel
- › 2 Paprikaschoten
- › 2 Eier
- › 4 EL Olivenöl
- › 100 g Maisvollmehl
- › 125 g Dinkel-Vollkornmehl (Type 1700)
- › ½ Päckchen Backpulver
- › Pfeffer aus der Mühle, Salz
- › Chilipulver

Zubereitungszeit: ca. 30 Minuten

- Rindfleisch in grobe Stücke schneiden.
- Olivenöl auf mittlerer Stufe erhitzen und das Rindfleisch anbraten. Mit Pfeffer, Salz und Chili würzen.
- Zwiebel in kleine Würfel schneiden, Knoblauch durchpressen, beides für mindestens 5 Minuten ruhen lassen. Gemüse in kleine Würfel, Rucola in Streifen schneiden.
- Alle Zutaten für die Salatsauce miteinander verrühren und alles zu einem Salat zusammenmischen.

Beilage: Mexikanische Muffins

- Zwiebel und Paprika in kleine Würfel schneiden. Eier schaumig schlagen. Eine Muffinform mit 1 Esslöffel Olivenöl gut einfetten.
- Mehle mit Backpulver mischen und unter die Eier heben. 3 Esslöffel Olivenöl dazugeben. Sollte der Teig zu fest sein, etwas Wasser unterrühren. Das Ganze mit Pfeffer, Salz und Chili abschmecken, Paprika und Zwiebel dazumischen.
- Teig auf die 12 Muffinmulden verteilen und für 20 bis 25 Minuten bei 200 °C goldgelb backen.
- **Tipp** Pro Person gibt es 2 Muffins zum Rindfleischsalat. Die restlichen Muffins können Sie einfrieren.

TAG 32 – DONNERSTAG

Voller Energie durch Woche 5

Wenn du ärgerlich bist, erinnere dich daran, dass das Leben nur einen Augenblick währt. (Marc Aurel)

Heute ist wieder »Gute-Laune-Muskeltraining«: Wenn Sie negative Gedanken einmal nicht wegbekommen, machen Sie Ihr Kräftigungsprogramm (siehe Seite 287ff.) mit ein paar Wiederholungen mehr. Anschließend werden Sie mit guten Gedanken durchflutet sein.

Frühstück

BANANE-BEEREN-DRINK

Für 2 Personen

- 250 ml Buttermilch
- 100 ml Orangensaft
- 1 reife Banane
- 100 g Himbeer-Heidelbeer-Mix
- 25 g Ingwerwurzel
- 1 TL Zimtpulver
- 1 Prise Chilipulver
- 1 Prise Pfeffer aus der Mühle
- 1 EL Mandelmehl
- 1 EL Fruchtsauce
- 125 g Quark
- 2 TL Speiseleinöl
- 1 TL Kurkuma

Zubereitungszeit: ca. 10 Minuten

- Zutaten in der genannten Reihenfolge bis auf Speiseleinöl und Kurkuma in einen Mixer (Blender) geben.
- Speiseleinöl und Kurkuma in eine kleine Tasse geben, glatt rühren und in den Mixer geben. Alles 2 bis 3 Minuten gut durchmixen.
- **Tipp 1** Dazu gibt es 1 Dinkelbrötchen pro Person mit 20 g Butter.
- **Tipp 2** Zusätzlich können Sie sich 1–2 Tassen Kaffee ohne Zucker und mit etwas Milch gönnen.

Mittagessen

GEMÜSE-QUINOA

mit weichem Mozzarella

Für 6 Personen

- 140 g Quinoa
- ½ Zwiebel
- 1 Knoblauchzehe
- 10 g Bio-Kokosöl
- 125 g Mozzarella
- 1 gelbe Paprikaschote
- 150 g Champignons
- Kräutersalz, Pfeffer aus der Mühle
- 1 TL Chilipulver
- 3 EL Hanfsamen
- 1 TL Paprikapulver
- 1 kleine Dose Tomaten
- Frische Petersilie, gehackt

Zubereitungszeit: ca. 25 Minuten

- Quinoa mindestens 2-mal mit Wasser abspülen. In Wasser im Verhältnis 2 : 1 (2 Teile Wasser, 1 Teil Quinoa) kurz aufkochen und dann auf kleiner Stufe für mindestens 25 Minuten vor sich hinköcheln lassen.

- Zwiebel in kleine Würfel schneiden, Knoblauch durchpressen, beides für mindestens 5 Minuten ruhen lassen.

- Bio-Kokosöl erhitzen und die Zwiebel darin anbraten.

- Mozzarella und Paprika in kleine Würfel schneiden, Pilze vierteln. In die Pfanne zur Zwiebel geben und gut anbraten. Mit Salz, Pfeffer, Chili, Hanfsamen , Knoblauch und Paprikapulver abschmecken. Tomaten mit Saft dazugeben und das Ganze für weitere 5 Minuten köcheln lassen.

- Den gegarten Quinoa dazumischen und alles mit Petersilie bestreut servieren.

- **Tipp** Wer den Mozzarella noch leicht bissfest will, gibt diesen erst kurz vor dem Servieren zum Quinoa.

Abendessen

GAZPACHO MIT SPIEGELEI

Für 2 Personen

- ½ kleine Zwiebel
- 1 grüne Paprikaschote
- ½ Gurke
- 1000 ml passierte Tomaten
- 1 Knoblauchzehe
- 1 TL Speiseleinöl
- 1 TL Meerrettich
- 20 g Mandelmehl
- 1 TL Hanfsamen
- 20 g frische Kräuter, gehackt
- 10 g Ingwerwurzel
- Kräutersalz, Pfeffer aus der Mühle
- Kurkuma
- Chilipulver

Für die Spiegeleier

- 20 g Butter
- 4–6 Eier
- Kräutersalz, Pfeffer aus der Mühle
- Chilipulver
- 2 Scheiben Vollkornbrot

Zubereitungszeit: ca. 15 Minuten

- Zwiebel abziehen, das Gemüse waschen und alles grob zerkleinern.

- Zusammen mit den restlichen Zutaten mit einem Pürierstab fein zerkleinern. Gazpacho bis zum Servieren in den Kühlschrank stellen.

- Butter in einer Pfanne erhitzen, 4–6 Spiegeleier braten und mit Salz, Pfeffer und Chili leicht bestreuen.

- Zusammen mit Gazpacho und 1 Scheibe Vollkornbrot pro Person servieren.

- **Tipp 1** Denken Sie daran, dass Ihr Vollkornbrot immer auf Sauerteigbasis gebacken sein sollte. Ihr Körper kann dann nämlich aus dem Vollkorn wesentlich mehr Eisen, Magnesium, Chrom, Mangan und Selen verwerten.

- **Tipp 2** Spiegeleier sollten durchgebraten, aber nicht braungebraten sein. Braunfärbungen des Eiweißes entstehen bei zu langer großer Hitze – diese Eiweißanteile kann der Körper nicht mehr verwerten (Maillard-Reaktion).

TAG 33 – FREITAG

Voller Energie durch Woche 5

Nur das fröhliche Herz ist fähig, Wohlgefallen am Guten zu finden. (Immanuel Kant)

Betrachten Sie die Welt durch Ihre positive Brille. Sie können sich Ihre Gedanken und Einstellungen selbst formen und schaffen sich dadurch eine glücklichere Welt.

Frühstück

HEIDELBEER-BANANE-DRINK

Für 2 Personen

- › 250 g Naturjoghurt (3,5 % Fett)
- › 100 g Banane
- › 100 g Heidelbeeren
- › 25 g Ingwerwurzel
- › 1 TL Zimtpulver
- › 1 Prise Chilipulver
- › 1 Prise Pfeffer aus der Mühle
- › 1 EL Mandelmehl
- › 1 EL Fruchtsauce
- › 125 g Quark
- › 100 ml Milch (3,5 % Fett)
- › 100 ml Orangensaft
- › 2 TL Speiseleinöl
- › 1 TL Kurkuma

Zubereitungszeit: ca. 10 Minuten

- Zutaten in der genannten Reihenfolge bis auf Speiseleinöl und Kurkuma in einen Mixer (Blender) geben.
- Speiseleinöl und Kurkuma in eine kleine Tasse geben, glatt rühren und in den Mixer geben. Alles 2 bis 3 Minuten gut durchmixen.
- **Tipp 1** Dazu gibt es 1–2 Scheiben Dinkel-Vollkornbrot mit 25 Gramm Mandelbutter (alternativ: Nuss-Nougat-Creme).
- **Tipp 2** Zusätzlich können Sie sich 1–2 Tassen Kaffee ohne Zucker und mit etwas Milch gönnen.

Mittagessen

LINGUINE

mit Shrimps-Tomaten-Sahne-Sauce

Für 2 Personen

- › 150 g Linguine (Dinkel)
- › 1 kleine Zwiebel
- › 20 g Butterschmalz
- › 200 g Shrimps
- › 1 Knoblauchzehe, durchgepresst
- › 3 mittelgroße Tomaten
- › Pfeffer aus der Mühle, Kräutersalz
- › Chilipulver oder Scharfmacher®-Gewürz-Blüten-Mischung aus dem Bioladen
- › 100 g Sauerrahm (10 % Fett)
- › 1 Handvoll frisches Basilikum, gehackt

Zubereitungszeit: ca. 35 Minuten

- Linguine nach Packungsanleitung garen.
- Zwiebel fein würfeln, 5 Minuten ruhen lassen, anschließend bei mittlerer Hitze mit Butterschmalz goldgelb anbraten. Shrimps und Knoblauch dazugeben und für weitere 5 Minuten braten.
- Die Tomaten fein würfeln und ebenfalls in die Pfanne geben. Mit Pfeffer, Salz, Chili oder Scharfmachergewürz abschmecken und für etwa 3 Minuten auf mittlerer Stufe köcheln lassen.
- Sauerrahm dazugeben und die Sauce kurz warm werden lassen.
- Vor dem Servieren mit Basilikum bestreuen und die Linguine dazu reichen.
- **Tipp** Dieses Gericht kann auch mit frischem Lachsfilet, geräuchertem Lachs oder Hühnerbrustfilet zubereitet werden und bietet somit viele Variationsmöglichkeiten mit wenig Arbeit.

Abendessen

GEMÜSEAUFLAUF

Hauptgericht für 4 Personen

- 1 kg Karotten
- 200 g Kohlrabi
- 300 g Erbsen
- 6 Eier
- 500 ml Milch (1,5 % Fett)
- 20 g flüssige Butter
- 100 g Kräutermischung
- Pfeffer aus der Mühle, Salz
- Scharfmacher®-Gewürz-Blüten-Mischung aus dem Bioladen

Zubereitungszeit: ca. 45 Minuten

Dessert für 2 Personen

- 400 g Erdbeeren
- 10 g Zucker
- 100 g Sahne (10 % Fett)

Zubereitungszeit: ca. 10 Minuten

- Karotten in dünne Scheiben, Kohlrabi in Würfel schneiden. Beides ca. 15 Minuten dämpfen.

- Karotten und Kohlrabi zusammen mit den Erbsen in eine feuerfeste Form geben.

- Die Eier mit Milch und der Butter verquirlen, mit Kräutern, Pfeffer, Salz und Scharfmachergewürz abschmecken, über das Gemüse geben und im Ofen bei 180 °C ca. 20 Minuten garen.

Dessert: Erdbeeren mit Sahne

- Erdbeeren vierteln, in eine Schüssel geben, mit Zucker bestreuen und etwas durchziehen lassen.

- Nach dem Gemüseauflauf mit geschlagener Sahne servieren.

- **Tipp** Keine Angst vor der Sahne: Die darin enthaltenen gesättigten Fettsäuren sind gut für den Darm und stärken Ihr Immunsystem.

TAG 34 – SAMSTAG

Voller Energie durch Woche 5

Nie in die ferne Zeit verliere dich – den Augenblick ergreife. Der ist dein. (Friedrich von Schiller)

Leben Sie im Jetzt und seien Sie zu 100 % immer anwesend. So sehen Sie die kleinen Freuden des Tages. Achten Sie beim heutigen Lauftraining (siehe Seite 274ff.) auf die kleinen Sachen: fröhliche Gesichter, schöne Ausblicke, Bäume und Landschaften.

Frühstück

MEXIKANISCHES OMELETT

Für 2 Personen

- 1 Zwiebel
- 2 EL Butter
- 3 Eier
- 50 ml Milch (3,5 % Fett)
- 150 g TK-Erbsen
- 100 g TK-Mais, aufgetaut
- Pfeffer aus der Mühle, Salz
- Scharfmacher®-Gewürz-Blüten-Mischung aus dem Bioladen
- 25 g Kräutermischung
- 2 Scheiben Dinkel-Vollkornbrot

Zubereitungszeit: ca. 20 Minuten

- Zwiebel würfeln und 5 Minuten ruhen lassen.
- Butter in einer Bratpfanne erhitzen und die Zwiebel darin glasig dünsten.
- Eier in eine Schüssel schlagen, die anderen Zutaten außer dem Vollkornbrot dazugeben und alles gut miteinander verquirlen.
- Die Mischung in die Pfanne geben und durchbraten. Mit Vollkornbrot servieren.

Mittagessen

SPAGHETTI BOLOGNESE

Spezial

Für 2 Personen

- 100 g Dinkelspaghetti
- 1 Zwiebel
- 2 Karotten (150 g)
- 250 g Rinderhack
- 15 g Butterschmalz
- 1 Knoblauchzehe
- 1 Stück Ingwer, gerieben
- Kurkuma, Paprikagewürz, Chili, Pfeffer, Salz
- 400 g Tomaten (frisch oder aus der Dose)
- Frische Kräuter (Petersilie, Basilikum)

Zubereitungszeit: ca. 35 Minuten

- Die Zwiebel in kleine Stücke schneiden und mindestens 5 Minuten stehen lassen.
- Die Karotten raspeln.
- Das Butterschmalz erhitzen und die Zwiebeln darin anbraten.
- Nach ca. 3 Minuten die Karotten und das Rindfleisch in die Pfanne geben.
- Die Nudeln nach Packungsanleitung kochen.
- Das Fleisch in der Pfanne weitere 5 Minuten braten.
- Tomaten in die Pfanne geben und 10 Minuten köcheln lassen.
- Knoblauch, Ingwer, Gewürze und Kräuter dazugeben.

Abendessen

MEDITERRANE REISPFANNE

Für 2 Personen

- 80 g Vollkornreis
- 1 mittelgroße Zwiebel
- 1 Knoblauchzehe
- 20 g Bio-Kokosöl
- 1 ½ Paprikaschoten, gewürfelt
- 50 g getrocknete Tomaten, klein geschnitten
- 125 g Putenfleisch, in grobe Stücke geschnitten
- 50 g Oliven, klein geschnitten
- 70 g Fetakäse, zerbröckelt
- Pfeffer aus der Mühle, Salz
- 2 EL Schnittlauchröllchen

Zubereitungszeit: ca. 40 Minuten

- Reis nach Packungsanleitung garen.
- Zwiebel in kleine Würfel schneiden, Knoblauch durchpressen, beides für mindestens 5 Minuten ruhen lassen.
- Bio-Kokosöl in einer Pfanne erhitzen und die Zwiebel darin goldgelb braten.
- Paprika, Tomatenstücke, Putenfleisch und Oliven dazugeben und alles für etwa 10 Minuten braten.
- Knoblauch und Feta dazugeben und alles mit Pfeffer und Salz abschmecken. Gut umrühren und den Reis untermischen. Vor dem Servieren mit Schnittlauch bestreuen.
- **Tipp** Hierzu sollte ein Gläschen Rotwein nicht fehlen. 5 Gläschen Rotwein pro Woche bieten einen tollen Krebsschutz.
- **Turboversion** Nur 40 Gramm Vollkornreis, dafür 160 Gramm Putenfleisch verwenden.

TAG 35 – SONNTAG

Voller Energie durch Woche 5

Eine mächtige Flamme entsteht aus einem winzigen Funken. (Dante Alighieri)

Glückwunsch, Sie haben drei Wochen lang mit Freude etwas für Ihre Stoffwechseloffensive getan. Bleiben Sie dabei – die Ernte hat begonnen und wird zunehmend üppiger ausfallen. Schnüren Sie mit diesen Gedanken im Herzen heute Ihre Laufschuhe.

Frühstück

PANCAKES MIT OBSTSALAT

Für 2 Personen

- 75 g Apfel
- 75 g Birne
- 75 g Banane
- 50 g Ananas
- 125 g Weintrauben
- 50 g Walnüsse, gehackt
- 250 g Hüttenkäse
- 2 Eier
- 5 g Zucker
- 250 ml Milch (1,5 % Fett)
- ½ Päckchen Backpulver
- 1 Messerspitze Haushaltsnatron
- 50 g Dinkelmehl, 50 g Mandelmehl
- 1 TL Butter

Zubereitungszeit: ca. 20 Minuten

- Obst klein schneiden und zu einem Salat mischen. Walnüsse und Hüttenkäse unterheben.

- Für die Pancakes die Eier mit dem Zucker schaumig schlagen, die Milch dazugeben und das mit Backpulver und Natron vermischte Mehl darübersieben. Das Ganze vorsichtig mit einem Schneebesen zu einem recht flüssigen Teig verrühren.

- In einer beschichteten Pfanne die Butter erhitzen und den Teig auf mittlerer Stufe ausbacken. Die fertigen Pancakes bei ca. 100 °C im Backofen warm halten. Zusammen mit dem Obstsalat servieren.

- **Tipp** Zusätzlich können Sie sich 1–2 Tassen Kaffee ohne Zucker und mit etwas Milch gönnen.

Das Foto zu diesem Rezept finden Sie auf Seite 253.

Mittagessen

SALAT MIT PUTE

und Ei

Für 2 Personen

- ½ Zwiebel
- 1 Knoblauchzehe
- 150 g gemischte Salatblätter
- 60 g Rucola
- 2–3 Tomaten
- 50 g schwarze Oliven
- 3 Eier, hart gekocht
- 4 Scheiben fettarme Putenbrust à 25 g
- 4 Scheiben Vollkorn-Dinkelbrot

Für die Salatsauce

- 2 EL Aceto balsamico rosso
- 1 EL Senf
- 1 TL Meerrettich
- 2 EL frischer Schnittlauch, gehackt
- 2 EL Olivenöl
- 1 EL Würzhefe
- 1 TL Honig
- Salz, Pfeffer aus der Mühle

Zubereitungszeit: ca. 25 Minuten

- Zwiebel in kleine Stücke schneiden, Knoblauch durchpressen, beides für ca. 5 Minuten ruhen lassen.
- Alle Zutaten für die Salatsauce sowie Knoblauch miteinander verrühren.
- Salat und Rucola mischen. Tomaten in Scheiben schneiden, Oliven halbieren.
- Eier vierteln, Putenscheiben halbieren und aufrollen.
- Salat mit der Sauce vermengen, auf Teller verteilen und mit Eiern, Putenbrust, Tomaten und Oliven anrichten. Mit dem Brot servieren.

Abendessen

MEERESFRÜCHTERISOTTO

nach Torsten Oelscher *

Für 2 Personen

- 1 kleine Zwiebel
- 30 g Butterschmalz
- 120 g Risottoreis
- 2 Knoblauchzehen, klein gehackt
- 250 ml Hühner- oder Gemüsebrühe
- 2 EL Sahne
- 25 g Parmesan, frisch gerieben
- 2 EL frische Petersilie, gehackt
- 400 g TK-Meeresfrüchte (Shrimps, Muscheln ...), aufgetaut
- Pfeffer aus der Mühle, Salz

Zubereitungszeit: ca. 40 Minuten

- Zwiebel fein hacken und für mindestens 5 Minuten ruhen lassen. Butterschmalz auf mittlerer Stufe erhitzen und die Zwiebel darin glasig dünsten.

- Risottoreis und Knoblauch dazugeben. 1 Minute weiterrühren und dann mit etwas Brühe ablöschen, sodass der Reis gerade bedeckt ist.

- Rühren, bis die Flüssigkeit verdampft ist, dann wieder etwas Brühe dazugeben usw. (25 bis 30 Minuten lang). Bitte die Flüssigkeit nicht auf einmal hineingeben, sonst wird der Risotto nicht sämig.

- Wenn der Reis fast gar ist (er sollte noch bissfest sein), die Herdplatte abschalten. Sahne, Parmesan, Petersilie und die Meeresfrüchte dazugeben, den Deckel auf den Topf setzen und alles 3 Minuten ziehen lassen, damit die Meeresfrüchte erhitzt werden.

- Das Ganze mit Pfeffer und Salz abschmecken.

* alias Parisian aus der Achim-Achilles-Läufercommunity

TAG 36 – MONTAG

Voller Energie durch Woche 6

Ein Sonnenstrahl reicht, um viel Dunkel zu erhellen. (Franz von Assisi)

Schenken Sie am heutigen Tag Ihren Mitmenschen ein Lächeln und spüren Sie, wie gut es Ihnen dabei geht. Nicht vergessen: Heute steht Muskelkräftigung auf dem Plan *(siehe Seite 287ff.).*

Frühstück

HIMBEER-WALDBEER-DRINK

mit Banane

Für 2 Personen

- 250 ml Buttermilch
- 100 ml Orangensaft
- 1 reife Banane
- 100 g Himbeer-Waldbeer-Mischung
- 25 g Ingwerwurzel
- 1 TL Zimtpulver
- 1 Prise Chilipulver
- 1 Prise Pfeffer aus der Mühle
- 1 EL Mandelmehl
- 1 EL Fruchtsauce
- 125 g Quark
- 2 TL Speiseleinöl
- 1 TL Kurkuma

Zubereitungszeit: ca. 10 Minuten

- Zutaten in der genannten Reihenfolge bis auf Speiseleinöl und Kurkuma in einen Mixer (Blender) geben.
- Speiseleinöl und Kurkuma in eine kleine Tasse geben, glatt rühren und in den Mixer geben. Alles 2 bis 3 Minuten gut durchmixen.
- **Tipp 1** Dazu gibt es 1 Dinkel-Vollkornbrötchen mit 20 Gramm Butter.
- **Tipp 2** Zusätzlich können Sie sich 1–2 Tassen Kaffee ohne Zucker und mit etwas Milch gönnen.

Mittagessen

FISCH AUS DEM WOK

nach Dennis Rösch*

Für 2 Personen

- 180 g Vollkornreis
- 200 g gemischtes frisches Gemüse
- 20 g Butterschmalz
- 200 g Lachsfilets
- 10 g Ingwerwurzel, klein gehackt
- Salz, Pfeffer aus der Mühle
- 3 EL Weißwein

Zubereitungszeit: ca. 40 Minuten

- Reis nach Packungsanleitung garen.
- Gemüsemix mit Butterschmalz im Wok (oder einer Pfanne) anbraten.
- Lachsfilets in den Wok oder die Pfanne legen und mitbraten, Ingwer dazugeben.
- Mit Salz, Pfeffer und Wein abschmecken. Zum Reis servieren.
- **Tipp 1** Für den feinen Geschmack: Ingwer mit einer Ingwerreibe zerkleinern.
- **Tipp 2** Wenn Sie eine geöffnete Rotweinflasche haben, können Sie auch 3 Esslöffel Rotwein statt Weißwein verwenden.

* Chefkoch vom »Reefs« in Tübingen, Deutschlands erstes Restaurant mit Lauf-Diät-Gerichten

Abendessen

HIRSESALAT

orientalisch

Für 2 Personen

- 120 g Hirse
- ½ mittelgroße Zwiebel
- 1 Knoblauchzehe
- 20 g Butterschmalz
- 350 g Zucchini
- 60 g Fetakäse
- 55 g Oliven
- 200 g Hüttenkäse
- Pfeffer aus der Mühle, Salz
- Frisches Basilikum, gehackt

Zubereitungszeit: ca. 30 Minuten

- Hirse nach Packungsanleitung garen.
- Zwiebel in kleine Stücke schneiden, Knoblauch durchpressen, beides für mindestens 5 Minuten ruhen lassen.
- In einer Pfanne das Butterschmalz auf mittlerer Stufe erhitzen und die Zwiebel darin 5 Minuten anbraten.
- Zucchini in kleine Würfel schneiden, in die Pfanne geben und alles weiterbraten.
- Feta und Oliven in kleine Stücke schneiden.
- Alle Zutaten zu einem Salat mischen, mit Pfeffer und Salz abschmecken und mit Basilikum bestreuen.
- **Turboversion** Nur 60 Gramm Hirse verwenden, dafür 1 ganze Zwiebel und 150 Gramm Zucchini zusätzlich.

TAG 37 – DIENSTAG

Voller Energie durch Woche 6

*Wer das Ziel nicht weiß, kann den Weg nicht haben.
(Christian Morgenstern)*

Seien Sie sich stets Ihrer Ziele bewusst – und warum Sie diese Ziele erreichen wollen. An jedem Tag bilden Sie 100 Milliarden neue Körperzellen. Mit der stoffwechseloffensiven Ernährung der Lauf-Diät haben Sie die Sicherheit, dass diese 100 Milliarden Zellen top versorgt werden. So schaffen Sie Ihre Ziele.

Frühstück

HEIDELBEER-BANANE-DRINK

Für 2 Personen

- 200 ml Kokosdrink
- 100 ml Wasser
- 100 ml Orangensaft
- 100 g Banane
- 100 g Heidelbeeren
- 25 g Ingwerwurzel
- 1 TL Zimtpulver
- 1 Prise Chilipulver
- 1 Prise Pfeffer aus der Mühle
- 1 EL Mandelmehl
- 1 EL Fruchtsauce
- 125 g Quark
- 2 TL Speiseleinöl
- 1 TL Kurkuma

Zubereitungszeit: ca. 10 Minuten

- Zutaten in der genannten Reihenfolge bis auf Speiseleinöl und Kurkuma in einen Mixer (Blender) geben.
- Speiseleinöl und Kurkuma in eine kleine Tasse geben, glatt rühren und in den Mixer geben. Alles 2 bis 3 Minuten gut durchmixen.
- **Tipp 1** Dazu gibt es heute pro Person 2 Spiegeleier.
- **Tipp 2** Zusätzlich können Sie sich 1–2 Tassen Kaffee ohne Zucker und mit etwas Milch gönnen.

Mittagessen

PIZZA MARGHERITA

mit grünem Salat

Für 6 Personen

Für die Pizza

- 1 Würfel Hefe
- 1 TL Zucker oder Honig
- 250 g Dinkelmehl, 100 g Mandelmehl, 100 g gemahlene Mandeln, 220 ml Wasser
- Salz
- 25 g Butter
- 700 g Tomaten
- 1 große Zwiebel
- 250 g Mozzarella
- Pfeffer aus der Mühle
- 100 g italienische Kräutermischung
- 1 Knoblauchzehe, fein gehackt

Für den Salat

- 1 Zwiebel
- 1 EL Speiseleinöl
- 1 EL Olivenöl
- 200 g Hüttenkäse
- 1 ½ EL Essig
- 1 TL Hanfsamen
- 1 TL mittelscharfer Senf
- 1 TL Meerrettich
- 50 g Walnüsse, gehackt
- Salz, Pfeffer aus der Mühle
- Italienische Kräutermischung
- 1 kg Kopfsalat

Zubereitungszeit: ca. 50 Minuten (+ Gehzeit des Teigs)

- Hefe zerbröckeln und Zucker oder Honig dazugeben. Aufgelöste Hefe über das Mehl geben.

- Wasser, Salz und Butter dazugeben und alles zu einem elastischen Teig kneten. (Achtung, die Hefe darf nicht direkt mit der Butter und dem Salz in Berührung kommen – sie verliert sonst ihre Triebkraft. Also erst die Hefe mit etwas Mehl vermischen.) Den Hefeteig zugedeckt ca. 30 Minuten gehen lassen.

- In der Zwischenzeit Tomaten in Scheiben und Zwiebel in feine Ringe schneiden, Mozzarella zerzupfen.

- Teig durchkneten und zu einem dünnen Boden ausrollen. Mit Tomaten, Zwiebel und Mozzarella belegen, mit Salz, Pfeffer und der Kräutermischung würzen. Bei 200 °C ca. 25 bis 30 Minuten backen. Nach dem Backen Knoblauch mit dem restlichen Olivenöl vermischen und über die Pizza träufeln.

- Für den Salat die Zwiebel in kleine Würfel schneiden und für ca. 5 Minuten ruhen lassen.

- Lein- und Olivenöl, Hüttenkäse, Essig, Hanfsamen, Senf, Meerrettich und Walnüsse sowie Salz, Pfeffer und Kräuter zu einer pikanten Salatsauce vermischen.

- Den zerzupften Kopfsalat erst kurz vor dem Servieren in die Salatsauce geben.

- **Tipp** Als Nachtisch gibt es pro Person 1 Apfel.

Abendessen

LACHSSALAT

Hauptgericht für 2 Personen

- ½ rote Zwiebel
- 1 Knoblauchzehe
- 150 g gemischte Salatblätter
- 50 g Rucola
- 2 mittelgroße Tomaten
- 200 g geräucherter Lachs
- 2 Scheiben Vollkornbrot

Für die Salatsauce

- 1 EL Olivenöl
- 2 EL Aceto balsamico
- 1 EL Hanfsamen
- 1 TL Honig
- Salz, Pfeffer aus der Mühle
- Frisches Basilikum, gehackt
- 1 TL Senf
- 2 EL Orangensaft
- 2 EL Schnittlauchröllchen

Zubereitungszeit: ca. 15 Minuten

Dessert für 6 Portionen

- 500 g Naturjoghurt (3,5 % Fett)
- 50 g Honig
- 2 EL Kakaopulver
- 1 sehr reife Banane
- 1 Prise Pfeffer aus der Mühle
- 1 Prise Chilipulver

Zubereitungszeit: ca. 10 Minuten

- Zwiebel in feine Ringe schneiden, Knoblauch durchpressen, beides für mindestens 5 Minuten ruhen lassen.

- Salatblätter und Rucola zerzupfen, Tomaten in Scheiben, Lachs in Streifen schneiden.

- Alle Zutaten für die Salatsauce sowie den Knoblauch miteinander verrühren, mit dem Salat vermengen. Zusammen mit Tomaten, Zwiebel und Lachs auf einem Teller anrichten. Das Brot dazureichen.

Dessert: Schoko-Banane-Joghurt mit Chili

- Alle Zutaten in einen Mixer geben und für mindestens 3 Minuten gut durchschlagen.

- Sofort genießen oder einige Zeit kalt stellen.

- **Tipp** Sie können Ihren Sündenjoker ziehen und eine weitere Portion Nachtisch essen – oder Sie verschenken die restlichen Portionen an Freunde.

- **Turboversion** Das Vollkornbrot zum Salat weglassen.

TAG 38 – MITTWOCH

Voller Energie durch Woche 6

Freude an der Arbeit lässt das Werk trefflich geraten.
(Aristoteles)

Lieben Sie Ihre Arbeit oder überlegen Sie, wie Sie diese verändern können, damit Sie an jedem Tag Freude und Glück daraus ziehen. Vielleicht fallen Ihnen beim heutigen Lauftraining (siehe Seite 274ff.) ein paar Kleinigkeiten dazu ein, die eine große Wirkung haben werden. Falls Sie heute Laufpause haben, machen Sie einen kleinen Spaziergang.

Frühstück

ERDBEER-BANANE-DRINK

Für 2 Personen

- 200 ml Kokosdrink
- 100 ml Wasser
- 100 ml Orangensaft
- 100 g Banane
- 100 g Erdbeeren
- 25 g Ingwerwurzel
- 1 TL Zimtpulver
- 1 Prise Chilipulver
- 1 Prise Pfeffer aus der Mühle
- 1 EL Mandelmehl
- 1 EL Fruchtsauce
- 125 g Quark
- 2 TL Speiseleinöl
- 1 TL Kurkuma

Zubereitungszeit: ca. 10 Minuten

- Zutaten in der genannten Reihenfolge bis auf Speiseleinöl und Kurkuma in einen Mixer (Blender) geben.
- Speiseleinöl und Kurkuma in eine kleine Tasse geben, glatt rühren und in den Mixer geben. Alles 2 bis 3 Minuten gut durchmixen.
- **Tipp 1** Dazu gibt es pro Person 1–2 Scheiben Dinkel-Vollkornbrot mit 70 Gramm Käse.
- **Tipp 2** Zusätzlich können Sie sich 1–2 Tassen Kaffee ohne Zucker und mit etwas Milch gönnen.

Mittagessen

KÜRBISSUPPE

mit Garnelen

Für 2 Personen

- 1 kleine Zwiebel
- 1 EL Bio-Kokosöl
- 250 g Hokkaido-Kürbis, in Würfel geschnitten
- 300 ml Wasser
- 200 ml Kokosdrink
- Pfeffer, Salz, Chili
- 10 g frischer Ingwer, gerieben
- 25 g frische Kräuter oder TK-Kräuter (z. B. Koriander, Schnittlauch, Petersilie)
- 6 große Garnelen

Zubereitungszeit: ca. 20 Minuten

- Die Zwiebel klein schneiden und 5 Minuten stehen lassen.
- Das Kokosöl in einem Topf erhitzen und die Zwiebel darin anbraten.
- Die Kürbiswürfel dazugeben und das Ganze 5 weitere Minuten anbraten.
- Das Wasser hinzugeben, 15 Minuten köcheln lassen.
- Jetzt den Kokosdrink und die Gewürze dazugeben und alles mit dem Stabmixer pürieren.
- Garnelen in die Suppe geben, weitere 5 Minuten köcheln lassen, bis die Garnelen gar sind.
- **Tipp** Sprossen einsetzen. Gekeimte Samen aller Art erhöhen die Nährstoffversorgung einer Gemüsepfanne nochmals entscheidend. Sie können deshalb auf das fertige Gericht jegliche Sprossenart zum Garnieren dazugeben. Wenn Sojabohnen auskeimen, gehen die entzündungsfördernden Lektine der Soja kaputt. Deshalb können Sie auch Sojakeimlinge einsetzen.

Abendessen

TILAPIA MIT TOMATEN

und Kapern

Hauptgericht für 2 Personen

- 20 g Bio-Kokosöl
- 1 Zwiebel, klein gewürfelt
- 200 g Tilapia (2 Filets)
- 3 mittelgroße Tomaten, gewürfelt
- 3 EL Kapern
- 1 Chilischote, klein gehackt
- 2 Knoblauchzehen in dünnen Scheiben
- Pfeffer aus der Mühle, Salz
- Frisches Basilikum, gehackt

Zubereitungszeit: ca. 30 Minuten

Dessert für 8 Portionen

- 100 g dunkle Schokolade (mindestens 70 % Kakaoanteil)
- 2 Eier
- ½ EL Grand Marnier (Orangenlikör)
- 1 EL Zucker
- 1 EL Kakaopulver
- 1 Espresso
- 25 g weiche Butterflocken
- 100 ml Sahne

Zubereitungszeit: ca. 20 Minuten (+ 3 Stunden Kühlzeit)

- Bio-Kokosöl in einer Pfanne auf mittlerer Stufe erhitzen. Zwiebel darin goldgelb braten.
- Tilapiafilets auf die Zwiebel legen und den Fisch nach ca. 4 Minuten wenden. Die zweite Seite für 3 Minuten braten.
- Tomaten, Kapern, Chili, Knoblauch, Pfeffer und Salz dazugeben und das Ganze für weitere 5 Minuten sanft köcheln lassen.
- Kurz vor dem Servieren mit Basilikum bestreuen.

Dessert: Mousse au Chocolat

- Schokolade im Wasserbad zum Schmelzen bringen.
- Eier, Orangelikör, Zucker, Kakaopulver und den Espresso hinzufügen und alles für 5 Minuten im Wasserbad erwärmen.
- Nun unter ständigem Rühren die Butter hinzufügen, bis sie vollkommen aufgelöst ist.
- Die Masse 20 bis 30 Minuten kalt stellen.
- Die Sahne schlagen und unter die erkaltete Schokoladenmasse heben.
- 3 Stunden im Kühlschrank kalt stellen..

TAG 39 – DONNERSTAG

Voller Energie durch Woche 6

*Die einzige Konstante im Universum ist die Veränderung.
(Heraklit von Ephesus)*

Bleiben Sie flexibel im Geist und in Ihrem Handeln, dann werden Sie auf jede Veränderung gelassen reagieren können. Machen Sie die heutigen Kräftigungsübungen (siehe Seite 287ff.) »von hinten«: Die bisher letzte Übung wird zur ersten – raus aus der Routine.

Frühstück

HIMBEER-BANANE-DRINK

Für 2 Personen

- 200 ml Kokosdrink
- 100 ml Wasser
- 100 ml Orangensaft
- 100 g Banane
- 100 g Himbeeren
- 25 g Ingwerwurzel
- 1 TL Zimtpulver
- 1 Prise Chilipulver
- 1 Prise Pfeffer aus der Mühle
- 1 EL Mandelmehl
- 1 EL Fruchtsauce
- 125 g Quark
- 2 TL Speiseleinöl
- 1 TL Kurkuma

Zubereitungszeit: ca. 10 Minuten

- Zutaten in der genannten Reihenfolge bis auf Speiseleinöl und Kurkuma in einen Mixer (Blender) geben.
- Speiseleinöl und Kurkuma in eine kleine Tasse geben, glatt rühren und in den Mixer geben. Alles 2 bis 3 Minuten gut durchmixen.
- **Tipp 1** Dazu gibt es 1–2 Scheiben Dinkel-Vollkornbrot mit 20 Gramm Butter und 100 Gramm Schinken.
- **Tipp 2** Zusätzlich können Sie sich 1–2 Tassen Kaffee ohne Zucker und mit etwas Milch gönnen.

Mittagessen

CHAMPIGNONPFANNKUCHEN

Für 2 Personen

- 1 mittelgroße Zwiebel
- 1 Knoblauchzehe
- 40 g Butterschmalz
- 500 g Champignons
- 75 g gekochter Schinken (alternativ: Speck)
- 3 Eier
- Salz
- 80 g Mandelmehl
- 100 g Dinkelmehl
- 1 TL Backpulver
- Pfeffer aus der Mühle
- 1 EL Schnittlauchröllchen
- 1 EL frische Petersilie, gehackt
- 250 ml Milch (3,5 % Fett)

Zubereitungszeit: ca. 35 Minuten

- Zwiebel in kleine Würfel schneiden, Knoblauch durchpressen, beides für mindestens 5 Minuten ruhen lassen.
- 2 Esslöffel Butterschmalz in einer Pfanne auf mittlerer Stufe erhitzen.
- Pilze vierteln, Schinken klein schneiden.
- Zwiebel und Knoblauch goldgelb braten. Die Pilze und den Schinken dazugeben und alles braten, bis keine Flüssigkeit mehr in der Pfanne ist.
- Eier trennen, das Eiweiß mit etwas Salz zu Eischnee schlagen.
- Mehl, Backpulver, Eigelbe, etwas Pfeffer und Salz sowie die Kräuter mit der Milch verrühren. Eischnee vorsichtig unterheben und die Mischung aus der Pfanne dazugeben.
- 10 g Butterschmalz in einer Pfanne erhitzen und die Hälfte des Teigs hineingeben. Pfannkuchen nach ca. 3 bis 5 Minuten wenden. Den Vorgang wiederholen.
- **Tipp** Einfacher ist es, wenn Sie die Pfanne mit der Masse in den Ofen geben. (Achtung: Nicht alle Pfannen sind hitzeresistent!) Dann einfach für 10 Minuten bei 150 °C backen, aus dem Ofen nehmen, wenden und nochmals für 10 Minuten backen. Diese Variante erleichtert Ihnen das Wenden.

Abendessen

SALAT MIT PILZEN

und Ziegenkäsejoghurt

Für 2 Personen

- ½ Zwiebel
- 1 Knoblauchzehe
- 200 g gemischte Pilze
- 150–200 g gemischte Salatblätter (Rucola, Romana …)
- 20 g Butterschmalz
- Pfeffer aus der Mühle, Salz
- Scharfmacher®-Gewürz-Blüten-Mischung aus dem Bioladen
- 2–3 EL Naturjoghurt (3,5 % Fett)
- 75 g Ziegenfrischkäse
- Etwas frisches Basilikum, gehackt
- 2 Scheiben Dinkel-Vollkornbrot

Für die Salatsauce

- 1 EL Hanfsamen
- 1 EL Senf
- 1 TL Honig
- 75 g Naturjoghurt (3,5 % Fett)
- Pfeffer aus der Mühle, Salz
- Saft von ½ Zitrone
- ½ Bund Schnittlauch in Röllchen

Zubereitungszeit: ca. 30 Minuten

- Zwiebel in kleine Würfel schneiden, Knoblauch durchpressen, beides für mindestens 5 Minuten ruhen lassen.

- Pilze vierteln, Salat zerzupfen.

- Butterschmalz in einer Pfanne auf mittlerer Stufe erhitzen, Zwiebel darin goldgelb braten. Pilze dazugeben und alles für weitere 10 Minuten braten. Mit Pfeffer, Salz und Scharfmachergewürz abschmecken.

- Alle Zutaten für die Salatsauce sowie den Knoblauch miteinander verrühren.

- Joghurt und Ziegenfrischkäse mit einem Handmixgerät pürieren, mit Pfeffer und Basilikum abschmecken.

- Salat vorsichtig mit der Sauce vermischen und auf 2 Teller verteilen.

- Pilzmischung über den Salat geben und mit dem Ziegenkäsejoghurt anrichten. Mit dem Brot servieren.

- **Turboversion** Das Vollkornbrot weglassen, dafür 300 Gramm gemischte Pilze und 1 ganze Zwiebel verwenden.

TAG 40 – FREITAG

Voller Energie durch Woche 6

Jeder Tag wird dir gereicht, um glücklich zu werden.
(Johann Wolfgang von Goethe)

Beginnen Sie jeden Tag mit positiven Gedanken, einem Lächeln oder einem Dank für Ihren Lebenspartner oder für Ihre Freunde. Das Leben ist so schön, wie Sie es zulassen. Besinnen Sie sich auf gute Gedanken.

Frühstück

GANZ NACH WUNSCH!

- Heute dürfen Sie Ihren Lieblingsdrink und Ihre Lieblingsfrühstückskombination aussuchen. Blättern Sie einfach zurück in die letzten Wochen und wählen Sie freudig aus.

Mittagessen

CHINESISCHER FLEISCHSALAT

Für 2 Personen

- 125 g chinesische Mie-Nudeln oder Thainudeln
- 5 EL Essig
- 1 große Zwiebel
- 30 g Bio-Kokosöl
- 1–2 EL Ingwerwurzel, klein gehackt
- 250 g Rindfleisch, in Streifen geschnitten
- 100 g Landschwein
- 2–3 mittelgroße Karotten, in Streifen geschnitten
- 1 TL Currypulver
- 1 TL Kumin
- 1 TL Kurkuma
- Salz, Pfeffer aus der Mühle
- 1 EL Sesam
- 1 EL Koriander, gehackt

Für die Salatsauce

- 1 EL Honig
- Saft von 1 Limette
- 200 ml Orangensaft

Zubereitungszeit: ca. 45 Minuten

- Nudeln nach Packungsanleitung garen. Direkt nach dem Kochen den Essig hinzufügen, damit die Nudeln nicht zusammenkleben.

- Zwiebel in dünne Streifen schneiden und für mindestens 5 Minuten ruhen lassen.

- Bio-Kokosöl in einer Pfanne auf mittlerer Stufe erhitzen. Zwiebel und Ingwer hineingeben und die Zwiebel goldgelb braten.

- Fleisch, Karotten und Gewürze dazugeben und das Ganze für mindestens 10 Minuten braten.

- Alle Zutaten für die Salatsauce miteinander verrühren und mit den Nudeln und dem Mix aus der Pfanne zu einem Salat mischen.

- Vor dem Servieren den Salat mit Sesam und Koriander bestreuen.

- **Tipp** Dieser Salat schmeckt heiß, lauwarm oder kalt.

Abendessen

SOUTH-BEACH-SALAT

mit Chili

Für 2 Personen

- 2–3 Frühlingszwiebeln
- 300 g Pangasiusfilet
- Scharfmacher®-Gewürz-Blüten-Mischung aus dem Bioladen
- Chiliflocken
- Salz, Pfeffer aus der Mühle
- 10 g Bio-Kokosöl
- 30 g Rucola
- 1 große rote Paprikaschote
- 250 g Ananas

Für die Salatsauce

- 2 EL Olivenöl
- 3 EL Orangensaft
- 1 TL Senf
- 1 EL Kokosraspel
- Salz, Pfeffer aus der Mühle
- Chiliflocken

Zubereitungszeit: ca. 20 Minuten

- Frühlingszwiebeln in kleine Ringe schneiden und für mindestens 5 Minuten ruhen lassen.
- Fisch mit Scharfmachergewürz, Chiliflocken, Salz und Pfeffer würzen.
- Bio-Kokosöl auf mittlerer Stufe in einer Pfanne erhitzen und den Fisch darin für gute 5 Minuten anbraten, anschließend wenden.
- Rucola klein schneiden, Paprika in dünne Ringe, Ananas in kleine Stücke schneiden.
- Alle Zutaten für die Salatsauce miteinander verrühren, Gemüse und Ananas damit anmachen.
- Salat auf 2 große Teller verteilen und den gebratenen Fisch darauf legen.
- **Tipp** Leben Sie die South-Beach-Stimmung: Kleiden Sie sich zum Abendessen leger und salopp und spüren Sie, wie leicht das Leben sein kann.

TAG 41 – SAMSTAG

Voller Energie durch Woche 6

Wenn du glücklich sein möchtest – lebe. (Leo Tolstoi)

Genießen Sie den heutigen Tag bis ins kleinste Detail. Natürlich auch wieder die Zeit bei Ihrem heutigen Lauftraining (siehe Seite 274ff.).

Frühstück

TROPISCHES MÜSLI

nach Dr. Feil

Für 2 Personen

- 1 mittelgroßer Apfel
- 150 g Mango
- 70 g Hirseflocken (Alternative: Haferflocken)
- 70 g Kokosnussraspel
- 50 ml Milch (3,5 % Fett)
- 400 g Naturjoghurt (3,5 % Fett)
- 2 EL Honig
- 2 EL gehackte Walnüsse oder Mandeln

Zubereitungszeit: ca. 15 Minuten (+ 8 Stunden Einweichzeit)

- Apfel in eine mittelgroße Schüssel raspeln, Mango in kleine Würfel schneiden.
- Mit den restlichen Zutaten zu einem Brei vermischen. Je nach gewünschter Festigkeit noch etwas mehr Milch dazugeben.
- Müsli über Nacht in den Kühlschrank stellen – dann ist es magenverträglicher.
- **Tipp** Wenn die Mango nicht reif ist, geben Sie 1 Esslöffel Fruchtsauce dazu, damit sich das tropische Aroma entwickeln kann.

Mittagessen

LINSENSALAT

mit Amaranth

Für 2 Personen

- 150 g rote Linsen
- 80 g Amaranth
- ½ Bund Frühlingszwiebeln
- 250 g Cocktailtomaten, halbiert
- 1 Knoblauchzehe, durchgepresst
- 1 EL Kresse
- 4–5 EL Olivenöl
- Salz, Pfeffer aus der Mühle
- Scharfmacher®-Gewürz-Blüten-Mischung aus dem Bioladen
- Frische Kräuter, gehackt

Zubereitungszeit: ca. 20 Minuten

- Linsen nach Packungsanleitung nicht zu weich kochen. Amaranth gut waschen und nach Packungsanleitung kochen.
- Frühlingszwiebeln in kleine Ringe schneiden.
- Mit den Linsen, Tomaten, Amaranth, Knoblauch und Kresse zu einem Salat vermengen, das Olivenöl dazugeben.
- Alles mit Salz, Pfeffer und Scharfmachergewürz abschmecken.
- Vor dem Servieren mit frischen Kräutern bestreuen.
- **Tipp 1** Linsen mit 1 Messerspitze Natriumbikarbonat oder Backpulver kochen – das erhöht ihre Bekömmlichkeit.
- **Tipp 2** Nach dem Essen ½ Teelöffel Kümmel- oder Fenchelsamen kauen. Auch das erhöht die Bekömmlichkeit der Linsen.

Abendessen

ANTIPASTITELLER

italienisch

Für 2 Personen

- 2 rote Zwiebeln
- 1 Aubergine
- 2 Paprikaschoten, gelb und rot
- 1 kleine Zucchini
- 25 g Bio-Kokosöl
- 3 EL Olivenöl
- Pfeffer aus der Mühle, Kräutersalz
- Scharfmacher®-Gewürz-Blüten-Mischung aus dem Bioladen
- 250 g TK-Meeresfrüchte
- 1 Knoblauchzehe, durchgepresst
- ½ Bund frisches Basilikum, gehackt
- 2 EL Balsamicocreme aus 2 EL Aceto Balsamico und 5 g Honig
- 100 g Baguette oder Ciabatta

Zubereitungszeit: ca. 1 Stunde 10 Minuten

- Zwiebeln in Spalten, Aubergine in 1 Zentimeter dicke Scheiben, Paprika in Streifen und Zucchini ebenfalls in Scheiben schneiden.

- Gemüse auf einem Backblech verteilen und mit 2 Esslöffel Bio-Kokosöl beträufeln. Mit Pfeffer, Kräutersalz und Scharfmachergewürz bestreuen. Bei 200 °C 40 Minuten im Ofen backen.

- In der Zwischenzeit 1 Esslöffel Bio-Kokosöl auf mittlerer Stufe erhitzen und darin die Meeresfrüchte braten, bis die Flüssigkeit vollends verdampft ist. Mit Salz und Pfeffer würzen und Knoblauch dazugeben, mit Basilikum bestreuen.

- Gemüse auf einer großen Platte anrichten und die Meeresfrüchte in die Mitte setzen. Balsamicocreme und 3 EL Olivenöl gleichmäßig über allem verteilen.

- Baguette oder Ciabatta dazu servieren.

- **Tipp** Der Antipastiteller kann warm und kalt genossen werden und eignet sich auch optimal als Mitbringsel zu einem Fest.

- **Turboversion** Anstelle von Baguette oder Ciabatta pro Person ½ Zucchini extra verwenden.

TAG 42 – SONNTAG

Voller Energie durch Woche 6

Denn mit der Größe der Aufgabe wächst die Kraft des Geistes.
(Publius Cornelius Tacitus)

Mit jeder Herausforderung, die Sie bewältigen, gewinnen Sie an Stärke. Machen Sie die Stoffwechseloffensive weiter. Die Lauf-Diät ist die Ernährung, mit der Sie gesund und vital alt werden können. Fangen Sie einfach wieder bei der ersten Woche an oder setzen Sie zukünftig nur noch auf Ihre Lieblingsrezepte. Bei Ihrer heutigen Laufeinheit (siehe Seite 274ff.) analysieren Sie, wie viel mehr an Energie Sie seit Beginn der Lauf-Diät bekommen haben.

Frühstück

KAISERSCHMARRN

Für 2 Personen

- 300 g Pflaumen, frisch oder TK-Ware
- 1 EL Fruchtsauce oder Agavensirup
- 1 TL Zimtpulver
- 3 Eier
- 75 g Dinkelmehl
- 25 g Mandelmehl
- 1 TL Backpulver
- 250 ml Milch
- 1 Päckchen Vanillezucker
- 15 g Butterschmalz
- 30 g Mandelstifte
- 5 g Puderzucker

Zubereitungszeit: ca. 20 Minuten

- In einem Topf 100 Milliliter Wasser, Pflaumen, Fruchtsauce bzw. Agavensirup und Zimt zum Kochen bringen und köcheln lassen, bis ein Pflaumenmus entstanden ist.

- Eier trennen. Für den Teig Mehl, Backpulver, Milch und Eigelbe glatt rühren. Eiweiß mit dem Vanillezucker steif schlagen und unter den Teig heben. Masse in eine Pfanne ins heiße Butterschmalz geben und braten. Sobald die Unterseite leicht braun ist, den Pfannkuchen mit einer Gabel in kleine Stücke teilen und in ca. 10 Minuten vollständig durchbacken. Mandelstifte mit in die Pfanne geben und leicht anrösten.

- Kaiserschmarrn mit Pflaumenmus und mit etwas Puderzucker bestreut servieren.

Mittagessen

TROPISCHER GEMÜSETOPF

mit Garnelen

Für 2 Personen

- 150 g Vollkornreis
- 2 Tomaten
- 2 Paprikaschoten, rot und gelb
- 130 g frische Ananas
- 50 g Frühlingszwiebeln
- 30 g Bio-Kokosöl
- 300 g Garnelen
- 1 TL Paprikapulver
- Pfeffer aus der Mühle, Salz
- Frischer Schnittlauch in Röllchen

Zubereitungszeit: ca. 25 Minuten

- Reis nach Packungsanleitung garen.
- Tomaten, Paprika und Ananas würfeln, Frühlingszwiebeln in grobe Stücke schneiden.
- Bio-Kokosöl auf mittlerer Stufe in einer Pfanne erhitzen. Garnelen darin 5 Minuten braten. Gemüse und Ananas dazugeben und alles weitere 10 Minuten braten.
- Mit Paprika, Pfeffer und Salz abschmecken. Mit Schnittlauch garnieren und mit dem Reis servieren.
- **Tipp 1** Trinken Sie zu diesem Essen einen grünen Tee mit frischer Minze.
- **Tipp 2** Ergänzen Sie den Gemüsetopf nach Belieben mit weiteren frischen Kräutern.

Abendessen

SPANISCHE TORTILLA

Für 2 Personen

- 1 Zwiebel
- 30 g Butterschmalz
- 200 g Kartoffeln, gekocht
- 3 Eier
- ¼ TL Salz, Pfeffer

Beilage

- Rohkost: z. B. 2 Karotten, 1 Paprika, ½ Gurke
- 50 g Rohmilchkäse

Zubereitungszeit: ca. 30 Minuten

- Die Zwiebel klein schneiden und 5 Minuten stehen lassen.
- Die Hälfte vom Butterschmalz in einer Pfanne erhitzen und die Zwiebeln gut anbraten.
- Kartoffeln in dünne Scheiben schneiden.
- Eier verquirlen, Kartoffeln und die gedünsteten Zwiebeln, Pfeffer und Salz hinzufügen.
- Den Rest vom Butterschmalz in der Pfanne erhitzen und die Kartoffel-Ei-Masse hinzufügen.
- Die Tortilla wenden, sobald sie auf der ersten Seite goldgelb gebraten ist, und dann von der anderen Seite anbraten.
- **Tipp** Die Tortilla lässt sich gut mit einem Teller wenden: Den Teller umgekehrt auf die Pfanne legen, umdrehen, so dass die Tortilla auf dem Teller liegt. Dann vorsichtig wieder in die Pfanne gleiten lassen.
- Dazu gibt es Rohkostgemüse und ein Stück Rohmilchkäse.

PLANVOLLE BEWEGUNG

Ganz im grünen Bereich

Sie haben beschlossen, mit Walking oder Jogging einzusteigen, abzunehmen und sich um Ihre Fitness zu kümmern. Sie haben vom Arzt grünes Licht für Sport erhalten, sich ordentliche Laufschuhe geleistet, sind hoch motiviert und möchten am liebsten gleich loslaufen? Gratulation! Nun ist es Zeit, dafür Pläne zu schmieden.

Der Weg ist das Ziel

Wer abnehmen und seine Gesundheit verbessern möchte, muss dafür keinesfalls Wettkampf oder sogar Marathon laufen. Für ein gesundes Herz-Kreislauf-System sollten Sie mittelfristig erreichen, pro Woche rund 2500 Kilokalorien mit Ausdauersport und Gymnastik zu verbrennen. Bei diesem Verbrauch hat man eine deutliche Verringerung des Herzinfarktrisikos gemessen. Sie sollten als Einsteiger anstreben, mittelfristig drei bis vier Stunden in der Woche zu laufen, wofür man ungefähr jeden

Fitnesszuwachs und Risiken

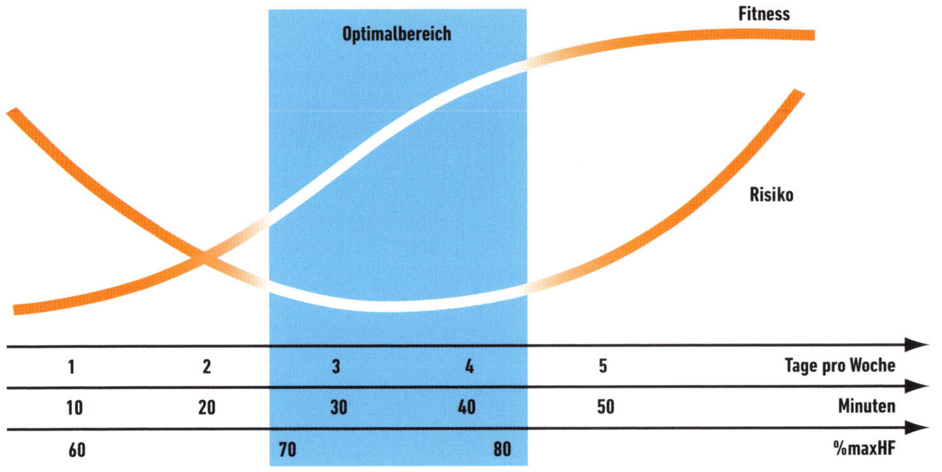

Quelle: Herbert Steffny, »Das große Laufbuch«, Südwest Verlag

Ein Dutzend Gründe für langsames Laufen

- Wirksamer Bereich für Herz- und Kreislauftraining
- Vermindertes orthopädisches Risiko
- Stabilisierung des passiven Bewegungsapparats
- Kürzere Regenerationsdauer
- Verbesserte Durchblutung durch vermehrte Kapillarisierung
- Zunahme der Sauerstoffspeicher im Muskel (Myoglobin)
- Vermehrung und Vergrößerung der Zellkraftwerke (Mitochondrien)
- Stärkung des Immunsystems
- Kalorienverbrauch mit einem hohen Anteil Fettverbrennung
- Entspannung vom Alltagsstress in der Natur statt erneuter Hetze
- Sauerstoffüberschuss zum ausgiebigen Nachdenken oder auch für lockere Gespräche mit Laufpartner(n)
- ... und fast unglaublich: Sie werden dabei sogar schneller!

zweiten Tag aktiv sein sollte. Bei diesem Pensum tun Sie alles, was das Herz für sich und seine Gesundheit begehrt. Zum Abnehmen kann pro Woche eine zusätzliche langsame Einheit hinzugefügt werden. Beim Fitnesslaufen ist der Weg noch das Ziel – der Spaß, Abnehmen und die Gesundheit stehen im Vordergrund.

Der richtige Laufeinstieg

Walking oder Jogging? Nur Ihr Kopf weiß, ob Sie laufen oder gehen. Dem Hüftspeck, Herz und Kreislauf, dem Blutdruck und Cholesterinwert ist es vollkommen egal, ob Sie mit flottem Gehen oder Laufen abnehmen und fit und gesund werden. Woher weiß man eigentlich, ob man zu Beginn gleich laufen oder doch besser erst walken sollte? Im Zweifelsfall stapeln Sie lieber etwas tiefer. Wenn man auf einen Berg will, fängt man im Tal an. Denken Sie immer daran, dass das Übergewicht beim Laufen viel mehr auf die Knochen geht als beim Walking. Ihr Bewegungsprogramm sollte nicht beim ersten Versuch schon mit Beschwerden enden.

Im grünen Bereich bleiben

Flottes Walking oder Nordic Walking mit betontem Armeinsatz ist also zunächst besser als langsames Joggen, bei übrigens gleichem Kalorienverbrauch. Noch mal: Wenn Sie zu schnell zu viel wollen, wenn Sie außer Atem sind, sich quälen und starken Muskelkater bekommen oder gar Schmerzen verspüren, dann haben Sie übertrieben! Erwarten Sie weniger, und Ihr Körper wird in die neue Aufgabe bestens hineinwachsen. Wenn Sie in diesem sanfteren Bereich der sogenannten Grundlagenausdauer regelmäßig trainieren, werden Sie mittelfristig immer fitter und flotter werden, ohne sich einmal gequält zu haben. Im grünen Bereich treiben Sie Aufbau, im roten Raubbau!

Laufen ist an der frischen Luft am schönsten. Im Winter können Sie bei miesem Wetter auch im Fitnesscenter auf einem Laufband üben.

Jogging und Walking – kein Gegensatz

Laufen und Walking sind verschwistert und haben viel mehr Gemeinsamkeiten als Gegensätze. Laufen boomt gewaltig, und auch die Schwestersportarten Walking und Nordic Walking haben seit der Jahrtausendwende enorme Zuwachsraten. Warum? Zwar hat die Laufbewegung bei uns schon Millionen erfasst. Die meisten sind aber noch inaktiv. Gerade für diese ist Walking, vor allem bei Übergewicht, als sanftes Bindeglied zwischen Nichtstun und Laufen ideal. Laufen ist für viele zu Beginn einfach noch zu schwierig. Nicht wenige werden sich wundern, dass sie die optimale Herzfrequenz bereits bei einem Spaziergang erreichen.

Die schlechte Nachricht dabei ist, dass die Fitness offenbar arg durchhängt. Die gute Nachricht aber ist, dass ein flotter Spaziergang eigentlich leicht machbar ist. Nicht wenige haben übergewichtig zunächst mit Walking begonnen und sind Jahre später – nahezu unglaublich – sogar Marathonläufer geworden.

Sanfter Einstieg beim Walktreff

Der Schlüssel liegt im sanften Einstieg und dem kontinuierlichen Weitertrainieren. Walking kann dabei eine Durchgangsstation zum Laufen sein oder auch die lebenslang bevorzugte Sportart bleiben. Viele der rund 3800 Lauftreffs in Deutschland bieten heute auch eine Walkinggruppe an. Dieses Angebot gibt übrigens skeptischen Fitnesseinsteigern Vertrauen, dass man sich bei dieser Gruppe auch wirklich um sie kümmert. Die Angst, sich zu Beginn zu blamieren, ist groß und hält viele vom reinen Lauftreff ab. Adressen von Walk- oder Lauftreffs in Ihrer Nähe erfahren Sie beim Lauffachgeschäft, Stadtsportamt oder örtlichen Sportverein.

Bei Übergewicht – Walking oder Jogging?

Bei Übergewicht könnte Walking also zumindest zu Beginn sinnvoll sein. Berechnen Sie Ihren Body-Mass-Index BMI (siehe Seite 66ff.). Wenn Sie stark übergewichtig oder adipös sind, so bedenken Sie, dass beim Laufen das Gewicht wenigstens doppelt so stark auf den Knochen lastet wie beim Walking.

- BMI 18,5 bis 26: Sie sind normalgewichtig, es gibt zumindest vom Gewicht her keine Einschränkung, mit Laufen zu beginnen.

- BMI > 26: Sie haben Übergewicht. Walking wäre zu Beginn besser als Laufen; falls Sie doch mit Jogging einsteigen, dann zunächst sehr langsam oder mit Gehpausen!

- BMI > 30: Bei solchen Werten sind Sie adipös bzw. fettsüchtig. Spazierengehen und Walking kommen als Einstieg infrage, Laufen ist schon sehr riskant. Sie sollten auf jeden Fall vor dem Trainingsbeginn einen sporterfahrenen Arzt konsultieren! Bei einem Body-Mass-Index von über 30 ist die Auswahl stabiler Laufschuhe besonders wichtig.

So läuft's richtig beim Einstieg

- Machen Sie einen Gesundheitscheck beim sporterfahrenen Arzt.
- Besorgen Sie sich gute Laufschuhe im Fachgeschäft (siehe Seite 73ff.).
- Bei guter Funktionskleidung gibt es kein schlechtes Wetter.
- Suchen Sie Gleichgesinnte im Bekanntenkreis oder beim Lauftreff.
- Beginnen Sie auf einer flachen Strecke mit Naturboden.
- Rollen Sie über den ganzen Fuß ab.
- Laufen Sie aufrecht und ohne künstlich große Schritte.
- Pendeln Sie locker mit den Armen neben dem Körper nach vorne.
- Atmen Sie frei und ungezwungen durch den Mund.
- Stapeln Sie tief und beginnen Sie mit Walking oder Jogging mit Gehpausen.
- Üben Sie zu Beginn ganz langsam dreimal pro Woche 30 Minuten.
- Lassen Sie dem Körper Zeit, in die neue Belastung hineinzuwachsen.
- Trainieren Sie zunächst öfter oder länger, bevor Sie schneller werden.
- Trinken Sie reichlich Mineralwasser und Fruchtsaftschorlen.
- Essen Sie eine Stunde zuvor etwas Leichtes wie eine Banane.
- Ergänzen Sie das Training mit Dehnungs- und Kräftigungsübungen (siehe Seite 285ff.).
- Führen Sie von Beginn an ein Trainingstagebuch (siehe Seite 81).

Der 30-Minuten-Test nach Steffny

Es ist für Ungeübte nicht einfach herauszufinden, wo man sportlich wirklich steht. Daher haben wir für Sie einen seit vielen Jahren bewährten Test vorgesehen. Ein einfaches von Herbert Steffny entwickeltes Verfahren mit dem nachfolgenden Fragebogen und Auswertung können weiterhelfen. Sie kommen nicht daran vorbei, zunächst einmal für eine halbe Stunde auszuprobieren, was Sie gut schaffen. Das kann Walking oder Jogging sein. Was fühlt sich machbar an, und womit kommen Sie auch nach einer halben Stunde nicht außer Atem? Sollten Sie bereits einen Herzfrequenzmesser haben, können Sie versuchen, neben dem Körpergefühl die nach Seite 60f. ermittelten Pulswerte für Ihr Fitnesstraining einzuhalten.

Eile mit Weile

Beim ersten Test haben Sie noch keine Erfahrung, wie man die Kräfte über eine halbe Stunde einteilt. Tipp hierzu: Beginnen Sie lieber scheinbar zu langsam, dann halten Sie auch am Ende gleichmäßig durch. Der häufigste Fehler beim Einsteigertraining ist ein zu schneller Beginn. Am Ende erfolgt ein frustrierender Einbruch. Die ersten Minuten sind immer leicht und einfach, aber halten Sie das Tempo auch eine halbe Stunde lang durch? Benutzen Sie eine flache Strecke mit Wendepunkt, an dem Sie nach 15 Minuten umkehren. Benutzen Sie danach zur Überprüfung das nachfolgende Abfrageschema. Seien Sie ehrlich und protokollieren Sie Folgendes in Ihrem Trainingstagebuch:

So gelingt der Einstieg leichter: Zu Beginn Ihrer Laufkarriere sollten Sie auf Naturboden laufen und eine flache Strecke auswählen.

Der 30-Minuten-Test für Einsteiger nach Steffny

Wie lange waren Sie für die erste Hälfte, die zweite und insgesamt unterwegs?			
Wie hoch war gegebenenfalls der Puls, nach der Hälfte, am Ende, wo lag der geschätzte Mittelwert?			
Ging der Puls auf dem Rückweg deutlich, vielleicht 10 bis 20 Schläge höher, oder blieb er nahezu gleich oder ging sogar runter?			
WIE WAR IHR BEFINDEN? WAR DAS TRAINING ...			
1. kinderleicht			☐
2. ziemlich leicht			☐
3. locker, kein Problem			☐
4. schon fordernd, aber gut zu schaffen			☐
5. anstrengend			☐
6. sehr anstrengend, unangenehm, quälend			☐
WIE WAR DIE ATMUNG?			
1. Atmung überhaupt nicht gespürt			☐
2. Atmung kaum gespürt, Unterhaltung locker möglich			☐
3. Atmung gespürt, Unterhaltung möglich			☐
4. Atmung deutlich spürbar, Unterhaltung mit Atempausen			☐
5. Atmung unangenehm, Unterhaltung kaum möglich			☐
6. Atmung am Anschlag, hastig und überschlagend, Unterhaltung unmöglich			☐
Bekamen Sie danach Muskelkater? Keinen, nur ganz leicht, mäßig oder sogar stark?			
Bekamen Sie beim Training oder danach orthopädische Beschwerden?			

Testauswertung

- Hinterher vergleichen Sie: War die zweite Hälfte zeitlich deutlich länger und viel schwieriger zu bewältigen? Kamen Sie außer Atem oder tat Ihnen sogar etwas weh? Ging der Puls stark nach oben? Dann sind Sie jeweils viel zu schnell gestartet und haben zu hoch belastet! Wiederholen Sie den Test zwei Tage später auf einer deutlich niedrigeren Stufe.
- Bei Befinden und Atmung der Bewertung 5 oder 6 oder starkem Muskelkater haben Sie sich überfordert und müssten beim nächsten Mal ebenfalls viel moderater testen. Das kann noch langsamer laufen bedeuten oder zunächst doch mit Walking zu beginnen.
- Befinden und Atmung bei 4 oder mäßiger Muskelkater sind an der Grenze, Sie sollten sich etwas ruhiger belasten.
- 2 und 3 oder kaum Muskelkater sind genau richtig. Sie haben Ihre ideale Belastungszone gefunden.
- Trifft die Bewertung 1 auf Sie zu, ist das Tempo vielleicht doch etwas zu lasch gewesen. Sie dürfen eine Stufe höher testen.
- Bei orthopädischen Beschwerden war die gewählte Intensität beim Test unabhängig von Atmung oder Puls auf jeden Fall eine Überforderung! Pausieren Sie einige Tage und versuchen es schmerzfrei noch einmal, aber langsamer. Treten Schmerzen erneut auf oder verschwinden diese nach einigen Tagen nicht, so gehen Sie zum Arzt.

Quelle: Herbert Steffny, »Das große Laufbuch«, Südwest Verlag

DIE TRAININGSPLÄNE

So läuft es optimal

Nachdem Sie den 30-Minuten-Test durchgeführt haben, können Sie nun den für sich passenden Trainingsplan aussuchen. Der nach Ihrem momentanen Trainingszustand richtig ausgewählte Einstieg ist die beste Garantie für den langfristigen Erfolg. Die Pläne bauen aufeinander auf. Sie können sich mit deren Hilfe gegebenenfalls über Wochen und Monate vom Walking- oder Laufeinsteiger bis zum Fitnessläufer entwickeln.

Sie sollten sich aber Zeit lassen und die einzelnen Stufen nicht überspringen. Umso sicherer wird Ihr Weg verletzungs- und überforderungsfrei vom Erfolg gekrönt werden. Mit den Plänen in diesem Kapitel können Sie Ihr derzeitiges Leistungsvermögen zunächst sinnvoll steigern und letztlich zum fitten Spaß-, Genuss- und Gourmetläufer werden.

Den richtigen Plan finden

Was war Ihr Ergebnis beim 30-Minuten-Test oder was können Sie zurzeit regelmäßig mindestens zweimal pro Woche ohne orthopädische Beschwerden, ohne außer Atem zu geraten und ohne sich zu quälen? Suchen Sie das am ehesten zu Ihnen passende Programm heraus. Ziel der ersten zwei Pläne ist es, zunächst über Walking oder Laufen mit Gehpausen dreimal eine halbe Stunde in der Woche laufen zu lernen. Wenn Sie das schon können, baut der dritte Plan »Vom Einsteiger zum Fitnessläufer« Seite 278 darauf auf.

Sie gehen bereits mindestens 30 bis 60 Minuten zusammenhängend spazieren?
▶ Plan 1: »Einstieg mit Walking«
Sie können mindestens 30 Minuten ziemlich flott gehen oder sind bereits Walker und möchten jetzt das Laufen lernen?
▶ Plan 2: »Vom Walking zum Jogging«
Sie können bereits über 30 Minuten mit einigen Gehpausen langsam joggen?
▶ Plan 2 (ab 5. Woche): »Joggen mit Gehpausen«
Sie können bereits ohne Gehpause eine halbe Stunde am Stück langsam joggen?
▶ Plan 3: »Vom Einsteiger zum Fitnessläufer«

Trainingspläne richtig umsetzen

Die Pläne gehen davon aus, dass Sie wenig Zeit haben, während der Woche arbeiten und daher wochentags weniger trainieren können. Im Winter wird es morgens oder wenn Sie von der Arbeit zurückkommen dunkel sein. Daher ist Samstag und Sonntag zwei Tage hintereinander ein Training eingeplant. Sie haben vorher und nachher jeweils zwei Ruhetage. Sollte es Ihnen aber beruflich möglich sein, so verschieben Sie die Samstageinheit auf Freitagnachmittag. Das wäre für die Erholung natürlich noch besser. Sollten Sie noch mehr Zeit haben, so spricht nichts dagegen, nach ein bis zwei Monaten auch viermal zu üben. Sie verbrennen noch mehr Kalorien.

Für eine optimale Trainingsgestaltung sollten Sie Folgendes beachten, damit nichts schiefläuft:

- Haben Sie Geduld! Biologische Anpassungsprozesse brauchen Zeit. Der Kopf will oft Dinge viel zu schnell erreichen, die der Körper noch nicht kann.
- Laufen Sie Ihr geplantes Tempo und lassen Sie sich in einer Gruppe von niemandem zu einer intensiveren Belastung verführen.
- Steigern Sie den Umfang Ihres Trainings pro Woche nie um mehr als 20 %. So kann der verletzungsempfindliche passive Bewegungsapparat mitwachsen. Achten Sie frühzeitig auf Ihre Körpersignale.
- Steigern Sie nicht jede Woche Ihr Pensum, sondern wiederholen immer einen Wochenzyklus oder bestimmte Trainingsformen, bevor Sie ein weiteres Eisen auflegen. Die langen Einheiten am Sonntag steigern Sie nicht jede, sondern nur alle zwei bis drei Wochen.
- Überspringen Sie nicht einzelne Wochen in den Plänen. Je sanfter und geduldiger Sie die Trainingsreize zu Beginn steigern, desto stabiler wird sich Ihr Körper anpassen.
- Vertauschen Sie nicht beliebig die Einheiten des Plans über die Woche. Intensives Training sollte immer vor langen Einheiten stehen. Auf Belastungstage sollten immer Regenerationstage folgen.
- Sollten Sie sich in einer Woche deutlich überfordert fühlen, so stufen Sie sich wieder einen 14-Tages-Zyklus tiefer ein.

Herzfrequenzkontrolle nach individuell ermittelten Trainingszonen verhindert den häufigsten Fehler: zu schnelles Laufen. Wenn Sie glauben, es wäre zu langsam, stimmt das Tempo meist.

- Üben Sie regelmäßig! Wenn Sie eine Woche fleißig sind und dann das Training wieder ausfallen lassen, bedeutet das immer wieder einen Rückgang Ihrer Fitness.

- Bei Trainingsausfall oder einer Erkrankung von einigen Tagen sollten Sie die vorhergehende Woche unbedingt noch einmal wiederholen. War Ihre Trainingspause länger als eine Woche, so sollten Sie sich doppelt so lange zurückstufen, wie die Unterbrechung gedauert hat.

- Nach dem Training bitte die Dehnungsübungen in keinem Fall vergessen (siehe Seite 285ff.)!

Legende zu allen Plänen

DL = Dauerlauf

%maxHF = Prozent der maximalen Herzfrequenz

FSP = Fahrtspiel

PLAN 1

Einstieg mit Walking

In diesem Plan lernen Sie über sechs Wochen, erst einmal mit Walking oder Nordic Walking fitter zu werden, also flottem Gehen mit betontem Armeinsatz oder Stöcken. Zunächst trainieren Sie dreimal pro Woche 40 Minuten. Ab der zweiten Woche wird eine etwas längere Walkingeinheit eingeführt. Das Tempo dieser Belastung ist aber langsamer. Nach sechs Wochen sollten Sie bereits über eine Stunde trainieren können. Ab der dritten Woche wird das Training durch ein flotteres Powerwalking einmal pro Woche noch variabler. Nach rund sechs Wochen beherrschen Sie ein sehr effizientes Mischtraining für Walker und könnten in den nächsten Plan mit Jogging einsteigen oder durch Verlängerung einzelner Einheiten bzw. einen vierten Trainingstag beim Walking lebenslang fit bleiben.

Auf die verbrannten Kalorien kommen Sie, wenn Sie Ihr Gewicht mit den zurückgelegten Kilometern multiplizieren. Wer 80 Kilogramm wiegt, verbraucht in der ersten Woche 1080 und in der sechsten Woche bereits 1520 Kilokalorien.

PLAN 1: 1. TRAININGSWOCHE		
Tag	Training	ca. km
Mo	–	–
Di	–	–
Mi	Walking 40 Min. (65–75 % maxHF)	4–5
Do	–	–
Fr	–	–
Sa	Walking 40 Min. (65–75 % maxHF)	4–5
So	Walking 40 Min. (65–75 % maxHF)	4–5

PLAN 1: 2. TRAININGSWOCHE		
Tag	Training	ca. km
Mo	–	–
Di	–	–
Mi	Walking 40 Min. (65–75 % maxHF)	4–5
Do	–	–
Fr	–	–
Sa	Walking 40 Min. (65–75 % maxHF)	4–5
So	Walking 50 Min. (65–75 % maxHF)	6

PLAN 1: 3. TRAININGSWOCHE		
Tag	Training	ca. km
Mo	–	–
Di	–	–
Mi	Walking 40 Min. (65–75 % maxHF)	4–5
Do	–	–
Fr	–	–
Sa	Walking 40 Min., darin flott 15 Min. bei 75–80 % maxHF	5
So	Walking 50 Min. (65–75 % maxHF)	6

PLAN 1: 4. TRAININGSWOCHE		
Tag	Training	ca. km
Mo	–	–
Di	–	–
Mi	Walking 40 Min. (65–75 % maxHF)	4–5
Do	–	–
Fr	–	–
Sa	Walking 40 Min., darin flott 15 Min. bei 75–80 % maxHF	5
So	Walking 50 Min., darin 3 x 5 Min. Jogging bis 80 % maxHF)	7

PLAN 1: 5. TRAININGSWOCHE		
Tag	Training	ca. km
Mo	–	–
Di	–	–
Mi	Walking 45 Min. (65–75 % maxHF)	5
Do	–	–
Fr	–	–
Sa	Walking 45 Min., darin flott 20 Min. bei 80 % maxHF	5–6
So	Walking 60 Min. (70 % maxHF)	6–7

PLAN 1: 6. TRAININGSWOCHE		
Tag	Training	ca. km
Mo	–	–
Di	–	–
Mi	Walking 45 Min. (70–75 % maxHF)	5
Do	–	–
Fr	–	–
Sa	Walking 50 Min., darin flott 25 Min. bei 80–85 % maxHF	6
So	Walking 70 Min. (70 % maxHF)	8

PLAN 2

Vom Walking zum Jogging

Mit diesem Übergangsplan lernen Sie, wie man in zehn Wochen vom Walker zum Läufer wird. Sie sollten dafür kein starkes Übergewicht mehr aufweisen. Im vorhergehenden Plan 1 haben Sie zunächst Walking gelernt. Nun werden zunehmend ganz langsame Joggingabschnitte eingestreut. Im Lauf der Wochen wird Gehen mehr und mehr durch Laufen ersetzt. Ab der achten Woche überwiegen die Joggingeinheiten. Bei den kurzen Laufabschnitten sollten Sie nicht außer Atem kommen, also immer unterhalb der anaeroben Schwelle bleiben. Wichtig: die ersten fünf bis zehn Minuten warm gehen und auch am Ende einige Minuten locker ausgehen.

PLAN 2: 1. TRAININGSWOCHE

Tag	Training	ca. km
Mo	–	–
Di	–	–
Mi	Walking 40 Min., darin 5 x 2 Min. Jogging bis 80 % maxHF	5
Do	–	–
Fr	–	–
Sa	Walking 45 Min., darin 5 x 2 Min. Jogging bis 80 % maxHF	5–6
So	Walking 60 Min., darin 5 x 2 Min. Jogging bis 80 % maxHF	7–8

PLAN 2: 2. TRAININGSWOCHE

Tag	Training	ca. km
Mo	–	–
Di	–	–
Mi	Walking 40 Min., darin 5 x 2 Min. Jogging bis 80 % maxHF	5
Do	–	–
Fr	–	–
Sa	Walking 45 Min., darin 4 x 3 Min. Jogging bis 80 % maxHF	5–6
So	Walking 60 Min., darin 5 x 2 Min. Jogging bis 80 % maxHF	7–8

PLAN 2: 3. TRAININGSWOCHE

Tag	Training	ca. km
Mo	–	–
Di	–	–
Mi	Walking 40 Min., darin 4 x 3 Min. Jogging bis 80 % maxHF	5
Do	–	–
Fr	–	–
Sa	Walking 45 Min., darin 3 x 5 Min. Jogging bis 80 % maxHF	5–6
So	Walking 60 Min., darin 4 x 3 Min. Jogging bis 80 % maxHF	7–8

PLAN 2: 4. TRAININGSWOCHE

Tag	Training	ca. km
Mo	–	–
Di	–	–
Mi	Walking 40 Min., darin 4 x 3 Min. Jogging bis 80 % maxHF	5
Do	–	–
Fr	–	–
Sa	Walking 45 Min., darin 3 x 5 Min. Jogging bis 80 % maxHF	5–6
So	Walking 60 Min., darin 3 x 5 Min. Jogging bis 80 % maxHF	7

PLAN 2: 5. TRAININGSWOCHE		
Tag	**Training**	**ca. km**
Mo	–	–
Di	–	–
Mi	Walking 45 Min., darin 3 x 5 Min. Jogging bis 80 % maxHF	5
Do	–	–
Fr	–	–
Sa	Walking 45 Min., darin 3 x 5 Min. Jogging bis 80 % maxHF	5–6
So	Walking 50 Min., darin 2 x 8 Min. Jogging bis 80 % maxHF	6–7

PLAN 2: 6. TRAININGSWOCHE		
Tag	**Training**	**ca. km**
Mo	–	–
Di	–	–
Mi	Walking 45 Min., darin 2 x 8 Min. Jogging bis 80 % maxHF	5–6
Do	–	–
Fr	–	–
Sa	Walking 45 Min., darin 2 x 8 Min. Jogging bis 80 % maxHF	5–6
So	Walking 45 Min., darin 4 x 5 Min. Jogging bis 80 % maxHF	5–6

PLAN 2: 7. TRAININGSWOCHE		
Tag	**Training**	**ca. km**
Mo	–	–
Di	–	–
Mi	Walking 45 Min., darin 4 x 5 Min. Jogging bis 80 % maxHF	5–6
Do	–	–
Fr	–	–
Sa	Walking 45 Min., darin 2 x 8 Min. Jogging bis 80 % maxHF	6–7
So	Walking 50 Min., darin 3 x 8 Min. Jogging bis 80 % maxHF	6–7

PLAN 2: 8. TRAININGSWOCHE		
Tag	**Training**	**ca. km**
Mo	–	–
Di	–	–
Mi	Walking 45 Min., darin 3 x 10 Min. Jogging bis 80 % maxHF	6
Do	–	–
Fr	–	–
Sa	Walking 45 Min., darin 3 x 8 Min. Jogging bis 80 % maxHF	6
So	Walking 45 Min., darin 2 x 15 Min. Jogging bis 80 % maxHF	6–7

PLAN 2: 9. TRAININGSWOCHE		
Tag	**Training**	**ca. km**
Mo	–	–
Di	–	–
Mi	Walking 45 Min., darin 3 x 10 Min. Jogging bis 80 % maxHF	6–7
Do	–	–
Fr	–	–
Sa	Walking 45 Min., darin 3 x 10 Min. Jogging bis 80 % maxHF	6–7
So	Walking 45 Min., darin 30 Min. Jogging bis 80 % maxHF	6–7

PLAN 2: 10. TRAININGSWOCHE		
Tag	**Training**	**ca. km**
Mo	–	–
Di	–	–
Mi	Walking 45 Min., darin 2 x 15 Min. Jogging bis 80 % maxHF	6–7
Do	–	–
Fr	–	–
Sa	Walking 45 Min., darin 2 x 15 Min. Jogging bis 80 % maxHF	6–7
So	Walking 45 Min., darin 30 Min. Jogging bis 80 % maxHF	6–7

Das variable Training des vorhergehenden Walkingplans wird zunehmend gleichförmiger, aber auch kürzer, da Laufen zu Beginn orthopädisch noch anspruchsvoller ist. Ziel ist es, zunächst lediglich dreimal 30 Minuten am Stück joggen zu können. Zwischen den Joggingabschnitten sind jeweils Gehpausen von zwei Minuten zur Erholung. Wenn Sie mit diesem Plan bis zur zehnten Woche gelangt sind, würden Sie mit Plan 3 weiterlaufen.

Wer 80 Kilogramm wiegt, verbrennt pro Woche bei Plan 2 übrigens knapp 1500 Kilokalorien.

PLAN 3

Vom Einsteiger zum Fitnessläufer

Nachdem Sie nun über einen der vorhergehenden Pläne dreimal pro Woche eine halbe Stunde mühelos am Stück zu laufen gelernt haben, sollten Sie Ihr Programm vorsichtig weiter steigern. Bisher verbrauchen Sie nämlich dabei je nach Gewicht nur rund 1300 bis 1700 Kilokalorien. Täglich müssen Sie aber nicht unterwegs sein. Im folgenden Zwölf-Wochen-Plan mit dreimal Training pro Woche werden Sie in der letzten Woche etwa 30 Kilometer zurücklegen. Das sind je nach Körpergewicht rund 2000 bis 3000 Kilokalorien. Hinzu kommen die Sportkalorien der Kräftigungsgymnastik und der erhöhte Grundstoffwechsel durch den beim Training entstandenen Muskelaufbau. Insgesamt erreichen Sie somit die gesundheitliche Vorgabe, rund 2500 Kilokalorien pro Woche durch Sport zu verbrennen. Mehr müssten Sie für Ihre Fitness und Ihr Wohlbefinden nicht laufen. Es spricht aber nichts dagegen, noch mehr zu tun. Wenn Sie die Zeit dazu aufbringen können und Spaß am Laufen gefunden haben, werden Sie noch fitter und verbrennen mehr Kalorien.

Der lebenslange Laufplan

Dieser Plan wird Sie über zwölf Wochen zu einem Laufprogramm führen, das Sie lebenslänglich fortführen sollten. Sie müssten dazu lediglich nahezu ganzjährig das Training der elften und zwölften Woche alternierend beibehalten. Der zeitliche Aufwand bei diesem Plan wird bei dreimal Laufen pro Woche bleiben, aber Sie werden länger und zunehmend variabler trainieren, um noch mehr aus diesen Trainingseinheiten herauszuholen. Am Sonntag wird zunächst ein längerer, aber langsamer Lauf eingeführt, der bei 70 bis höchstens 75 % des Maximalpulses gelaufen wird. Nach elf Wochen schaffen Sie bereits 90 Minuten. Ab der neunten Woche kommt am Sams-

Nach einigen Monaten kontinuierlichen Trainings wird das Laufen immer leichter. Man will es nicht mehr missen. Nun wird das fortgeschrittenere Training variabler.

tag eine etwas flottere Einheit hinzu, die 14-tägig alternierend entweder als Tempodauerlauf oder als Belastungswechsel auf bergiger Strecke oder in einem Fahrtspiel durchgeführt wird. Sie erinnern sich: Beim sinnvollen Trainingsaufbau wird zuerst der Umfang, erst dann die Intensität gesteigert.

Der flotte Dauerlauf

Bisher liefen Sie mehr oder weniger alles im gleichen Trott bei 70 bis 80 % des Maximalpulses. Das ist zu Beginn auch in Ordnung. Doch das Training wird effizienter, wenn Sie nun vielseitiger trainieren. Der Bewegungsapparat sollte nach einigen Monaten Lauftraining nun stabil genug sein, schnellere Dauerläufe bei 80 bis 85 % ohne Risiko zu verkraften. Dieses Tempo ist nicht etwa »volle Kanne«, sondern eher »locker, flott und unverkrampft«. Es liegt noch nicht im roten Bereich, und Sie geraten dabei nicht außer Atem! Läufe über 90 % des Maximalpulses sind beim Fitness- und Gesundheitstraining fehl am Platz. Selbst bei Wettkampfläufern machen sie nie mehr als 5 bis 10 % des Trainings aus. Die Tempoeinheit sollte immer samstags oder wenn möglich freitags vor dem langen Lauf am Sonntag sein. Nach einer wenigstens 10- bis 15-minütigen Aufwärmphase mit Jogging laufen Sie kontinuierlich zunächst 20, zwei Wochen später 30 Minuten flott. Zum Abschluss des schnellen Teils laufen Sie sich zehn Minuten langsam aus und machen Dehnungsübungen. Diesen Tempodauerlauf alternieren Sie 14-tägig mit dem nachfolgenden Tempowechsellauf.

Alle Tempoeinheiten sollten im Winter bei Frost wegen der Verletzungsgefahr durch Dauerlauf ersetzt werden. Alternativ kann man sie auf einem Laufband durchführen.

Fahrtspiel als Tempospritze

Das Fahrtspiel in der elften Woche könnten Sie dann je nach Lust und Laune abwechselnd mit flotten und langsamen Tempoabschnitten gestalten. Wenn Sie feste Vorgaben brauchen, können Sie es beispielsweise so durchführen:

- 10 bis 15 Minuten Warmlaufen, dann geht's los:
- 2 Minuten flott bei 90 % Maximalpuls,
- 2 Minuten traben bei 65 % Maximalpuls,
- 4 Minuten flott bei 90 % Maximalpuls,
- 3 Minuten traben bei 65 % Maximalpuls,
- 7 Minuten flott bei 85 % Maximalpuls,
- 4 Minuten traben bei 65 % Maximalpuls,
- 4 Minuten flott bei 90 % Maximalpuls,
- 3 Minuten traben bei 65 % Maximalpuls,
- 2 Minuten flott bei 90 % Maximalpuls,
- 5 bis 10 Minuten ganz langsam auslaufen und Dehnungsübungen.

Belastungswechsel am Berg

Auch ein Dauerlauf in bergig-welligem Gelände wie in der neunten Woche ist ein empfehlenswerter und spielerischer Belastungswechsel und daher fast schon ein Fahrtspiel. Sollten Sie kein bergiges Gelände zur Verfügung haben, so könnten Sie diese Einheit auch als Fahrtspiel oder auf einem Laufband mit wechselnder Steigung durchführen. Sollte auch das nicht möglich sein, so wiederholen Sie das Fahrtspiel wie in der elften Woche.

Wenn Sie bei kurzen Anstiegen bergan das Tempo etwas verschärfen, können Sie kurzfristig sogar leicht in den roten Bereich über 90 % des Maximalpulses gelangen. Bei längeren Anstiegen sollten Sie aber immer darunter bleiben. Kommt ein fortgeschrittener Läufer kurz in den roten Bereich, ist das kein Problem, solange das Haupttraining in der aeroben Zone, also im Sauerstoffüberschuss war.

Auch hier gilt: Sie sollten das Training vom Samstag, wenn es Ihnen beruflich möglich ist, auf den Freitag wegen der besseren Regeneration vorziehen. Beachten Sie unbedingt auch die vor den Einsteigerplänen gemachten Empfehlungen zur Trainingsgestaltung.

So läuft es weiter

Für Gesundheitstraining wäre aber auch ein gemischter Plan mit Crosstraining möglich, beispielsweise mit Laufen, Radfahren und Schwimmen (siehe Seite 290ff.). Der Zeitaufwand ist allerdings größer, dafür trainieren Sie aber optimal neben dem Herz-Kreislauf-System die Ausdauer variabler mit verschiedenen Muskelgruppen. Ob triathlonartiges Mischtraining oder reines Laufen, noch leistungsfähiger würden Sie, wenn Sie Ihr Training auf viermal pro Woche ausbauen. Es käme ein weiterer Dauerlauf bei 70 bis 80 % hinzu. Dann wäre statt nur mittwochs je ein ruhiger Dauerlauf von 45 Minuten am Dienstag und Donnerstag einzuplanen.

Wenn Sie so weit gekommen sind, packt Sie vielleicht doch der Appetit auf einen Wettkampf? Dann empfehlen wir Ihnen Herbert Steffnys Standardwerk: »Das große Laufbuch«, ebenfalls erschienen im Südwest Verlag.

PLAN 3: 1. TRAININGSWOCHE		
Tag	**Training**	**ca. km**
Mo	–	–
Di	–	–
Mi	Ruhiger DL 30 Min. (70–80 % maxHF)	4–5
Do	–	–
Fr	–	–
Sa	Ruhiger DL 30 Min. (70–80 % maxHF)	4–5
So	Ruhiger DL 30 Min. (70–80 % maxHF)	4–5

PLAN 3: 2. TRAININGSWOCHE		
Tag	**Training**	**ca. km**
Mo	–	–
Di	–	–
Mi	Ruhiger DL 30 Min. (70–80 % maxHF)	4–5
Do	–	–
Fr	–	–
Sa	Ruhiger DL 30 Min. (70–80 % maxHF)	4–5
So	40 Min. langsamer DL (70 % maxHF)	6

PLAN 3: 3. TRAININGSWOCHE		
Tag	**Training**	**ca. km**
Mo	–	–
Di	–	–
Mi	Ruhiger DL 30 Min. (70–80 % maxHF)	4–5
Do	–	–
Fr	–	–
Sa	Ruhiger DL 30 Min. (70–80 % maxHF)	4–5
So	45 Min. langsamer DL (70 % maxHF)	6-7

PLAN 3: 4. TRAININGSWOCHE		
Tag	**Training**	**ca. km**
Mo	–	–
Di	–	–
Mi	Ruhiger DL 30 Min. (70–80 % maxHF)	4–5
Do	–	–
Fr	–	–
Sa	Ruhiger DL 30 Min. (70–80 % maxHF)	4–5
So	50 Min. langsamer DL (70 % maxHF)	7–8

PLAN 3: 5. TRAININGSWOCHE		
Tag	**Training**	**ca. km**
Mo	–	–
Di	–	–
Mi	Ruhiger DL 40 Min. (70–80 % maxHF)	6
Do	–	–
Fr	–	–
Sa	Ruhiger DL 30 Min. (70–80 % maxHF)	4–5
So	60 Min. langsamer DL (70 % maxHF)	8–9

PLAN 3: 6. TRAININGSWOCHE		
Tag	**Training**	**ca. km**
Mo	–	–
Di	–	–
Mi	Ruhiger DL 40 Min. (70–80 % maxHF)	6
Do	–	–
Fr	–	–
Sa	Ruhiger DL 35 Min. (70–80 % maxHF)	5
So	70 Min. langsamer DL (70 % maxHF)	10

PLAN 3: 7. TRAININGSWOCHE		
Tag	**Training**	**ca. km**
Mo	–	–
Di	–	–
Mi	Ruhiger DL 40 Min. (70–80 % maxHF)	6
Do	–	–
Fr	–	–
Sa	Ruhiger DL 40 Min. (70–80 % maxHF)	6
So	70 Min. langsamer DL (70 % maxHF)	10

PLAN 3: 8. TRAININGSWOCHE		
Tag	**Training**	**ca. km**
Mo	–	–
Di	–	–
Mi	Ruhiger DL 40 Min. (70–80 % maxHF)	6
Do	–	–
Fr	–	–
Sa	Ruhiger DL 40 Min. (70–80 % maxHF)	6
So	80 Min. langsamer DL (70 % maxHF)	11-12

PLAN 3: 9. TRAININGSWOCHE		
Tag	**Training**	**ca. km**
Mo	–	–
Di	–	–
Mi	Ruhiger DL 40 Min. (70–80 % maxHF)	6
Do	–	–
Fr	–	–
Sa	DL 45 Min., bergiges Gelände (70–90 % maxHF)	6–7
So	80 Min. langsamer DL (70 % maxHF)	11–12

PLAN 3: 10. TRAININGSWOCHE		
Tag	**Training**	**ca. km**
Mo	–	–
Di	–	–
Mi	Ruhiger DL 40Min. (70–80 % maxHF)	6
Do	–	–
Fr	–	–
Sa	Tempo-DL 45 Min., darin 20 Min. flott (80–85 % maxHF)	7
So	80 Min. langsamer DL (70 % maxHF)	11–12

PLAN 3: 11. TRAININGSWOCHE		
Tag	**Training**	**ca. km**
Mo	–	–
Di	–	–
Mi	Ruhiger DL 45 Min. (70–80 % maxHF)	7
Do	–	–
Fr	–	–
Sa	50 Min. Fahrtspiel (Tempowechsel, 70–90 % maxHF)	8
So	90 Min. langsamer DL (70 % maxHF)	13

PLAN 3: 12. TRAININGSWOCHE		
Tag	**Training**	**ca. km**
Mo	–	–
Di	–	–
Mi	Ruhiger DL 45 Min. (70–80 % maxHF)	7
Do	–	–
Fr	–	–
Sa	Tempo-DL 50 Min., darin 30 Min. flott (80–85 % maxHF)	8
So	90 Min. langsamer DL (70 % maxHF)	13

GYMNASTIK

Dehnen und Kräftigen

Ausdauertraining ist gut für das Herz-Kreislauf-System, und Laufen oder flottes Walking verbrennt in kurzer Zeit mit die meisten Kalorien unter allen Sportarten. Joggen allein ist aber zu einförmig. Daher sollten Sie es zumindest mit Gymnastik, Dehnen und Kräftigen ergänzen. Krafttraining gibt einen knackigeren Körper und verhindert nicht nur Rückenprobleme, sondern erhöht durch den Muskelaufbau auch dauerhaft den Grundstoffwechsel. Mit diesem Nachbrennereffekt verlieren Sie einige Pfunde so ganz nebenbei.

Gymnastik schafft Ausgleich

Rückenbeschwerden, verspannter Nacken und zwackende Beinmuskulatur kommen fast immer vom Sitzen und Nichtstun, seltener vom Sport. Faulenzen, aber auch monotones und überzogenes Training fördern Verspannungen und muskuläre Ungleichgewichte, sogenannte Dysbalancen.

Beim Laufen wird die Beinmuskulatur sehr stark trainiert, aber die Bauchmuskeln beispielsweise nur wenig. Die Rumpfmuskulatur muss also separat gestärkt, die verspannten Beinmuskeln sollten dagegen durch Dehnungsübungen gelockert werden. Die Körpermuskulatur ist in ihrer Faserzusammensetzung nicht überall gleich. Durch einseitig betriebene Tätigkeiten im Beruf und Fehlhaltungen, aber auch durch Sport neigen sogenannte tonische Muskeln zum Verkürzen. Die phasischen Muskeln dagegen schwächen eher ab. Ist ein Muskel verkürzt, sein Gegenspieler für eine Bewegung dagegen verkümmert, kommt es zu einer Dysbalance, was den Laufstil verschlechtert – oder schlimmer beispielsweise zu orthopädischen Beschwerden führen kann. Beispiel: Bei zu schwacher Bauchmuskulatur und verkürzten Hüftbeugermuskeln durch Sitzmarathons kommt es zum Hohlkreuz, und das kann Rückenbeschwerden verursachen.

Gute Gründe für Gymnastik

Das folgende Gymnastikprogramm entspannt und kräftigt, fördert zudem das Balancegefühl und hilft übrigens auch nach langem Sitzen im Büro oder im Auto. Es gibt für Dehnungs- und Kräftigungsübungen viele gute Gründe:

- Verspannungen und Verhärtungen werden abgebaut.

- Fehlhaltungen werden beseitigt.
- Rückenprobleme werden verhindert oder vermindert.
- Die Durchblutung wird gefördert.
- Die Regeneration beschleunigt sich.
- Die Beweglichkeit wird verbessert.
- Sie laufen schöner, ökonomischer und schneller.
- Die Verletzungsanfälligkeit wird verringert.
- Der Grundstoffwechsel wird durch Muskelaufbau erhöht.
- Sie bekommen einen strafferen Körper und kommen der Bikini- oder Badehosenfigur immer näher.

Wie soll man dehnen?

Statisches Dehnen ist eine einfache, aber wirksame Variante des Stretchings. Sie sollten in die Übung langsam hineingleiten und nur so weit dehnen, bis Sie ein deutliches, vielleicht sogar unangenehmes Ziehen, keinesfalls aber Schmerzen im Muskel verspüren. Halten Sie die gefundene Endposition und dehnen ohne zu wippen jeweils für rund 15 bis 20 Sekunden. Wer beim Dehnen stark wippt, löst nur eine reflektorische Anspannung sozusagen gegen das Zerrissenwerden der betroffenen Muskulatur aus. Sie erreichen also genau das Gegenteil. Zudem kann der Muskel oder ein Gelenk verletzt werden. Üben Sie nach jedem Training, wenn die Muskulatur noch etwas warm ist. Das Dehnen danach ist noch wichtiger als vor dem Training, denn auch längeres oder intensives Laufen verspannt die Muskeln. Sie brauchen für das Dehnprogramm rund zehn Minuten. Wiederholen Sie jede Übung zwei- bis dreimal für beide Seiten, bevor Sie zur nächsten übergehen. Dehnen Sie Ihre Problemstellen häufiger. Es spricht auch nichts dagegen, diese unabhängig vom Sport zwischendurch im Alltag zu dehnen. Achten Sie immer auf eine saubere Durchführung und atmen Sie dabei ruhig weiter. Sie sollten niemals in bestehende Schmerzen hineindehnen. Bei leichtem Muskelkater dehnen Sie etwas vorsichtiger, bei starken Muskelschmerzen überhaupt nicht. Die Muskelfasern sind durch überzogenes Training angeschlagen und werden gerade repariert. Hier wären ein Wannenbad, ein Spaziergang oder Schwimmen sinnvoller.

Einfaches Grundprogramm

Die hier empfohlenen und bewusst einfach gehaltenen, aber effizienten Übungen sollten Sie beherrschen. Sie können sie überall, auch auf Reisen, und ohne Geräte durchführen. Die Varianten auf dem Boden können Sie zu Hause auf dem Teppich durchführen. Sollten Sie bei einer Übung starke Defizite feststellen, so reagieren Sie nicht entmutigt. Frauen sind von Natur aus beweglicher. Insbesondere Männer vergleichen sich mit ihrer Partnerin und vernachlässigen daher das Dehnen. Ein konsequenter Sportler trainiert selbstverständlich auch seine Schwachstellen! Das Grundprogramm lässt sich später nach Ihren individuellen Anforderungen erweitern.

Wenn Sie momentan orthopädische Beschwerden oder akute Rückenschmerzen haben, sollten Sie sich bei einem selbst sporttreibenden Orthopäden oder sporterfahrenen Krankengymnasten in Behandlung begeben.

DAS DEHNUNGSPROGRAMM

Wadenmuskel und Achillessehne

Mit den Händen an einem Baum, einer Wand oder dergleichen abstützen, ein Bein gestreckt so weit nach hinten schieben, dass dabei die Ferse gerade noch flach auf dem Boden bleibt, die Fußspitze muss nach vorne zeigen, Körper gerade halten. Wichtig zur Vermeidung von Waden- und Achillessehnenbeschwerden.

Oberschenkelvorderseite

Im Stand ein Bein anwinkeln, am Fußgelenk mit beiden Händen umfassen und zum Gesäß ziehen, das Knie zeigt nach unten, mit der anderen Hand eventuell festen Halt suchen, Hohlkreuz durch Anspannen der Gesäß- und Bauchmuskulatur vermeiden; Sie können dazu auch mit dem Standbein ganz leicht in die Hocke gehen. Verkürzung dieser Muskulatur führt zur Beckenkippung nach vorne und oft zu einer Entzündung des Ansatzes einer Sehne unterhalb der Kniescheibe und des darunter liegenden Knorpels im Knie.

Oberschenkelrückseite

Ferse auf eine nicht zu hohe Auflage, etwa in Stuhlhöhe, setzen, Knie leicht beugen, nicht strecken, und den Oberkörper mit geradem Rücken aus dem Becken nach vorne kippen. Der Fuß des senkrecht stehenden Standbeins sollte nach vorne zeigen. Wichtig: Wer nur einen Rundrücken buckelt, wird nichts spüren, und wer das Knie vollkommen streckt, wie es oft dargestellt wird, dehnt die Kniekehlen, aber nicht den Hauptteil des Muskels!

Hüftbeuger- oder Hüftlendenmuskel

Aus dem Stand in den Ausfallschritt gehen, das hintere Bein möglichst gestreckt ganz weit nach hinten schieben, dabei den Fuß nicht seitlich drehen. Das vordere Bein steht senkrecht zum Boden. Der Oberkörper ist aufrecht, nicht vorgebeugt, ohne Hohlkreuz.

Oberschenkelinnenseite, Adduktoren

Aus dem Stand auf festem Untergrund zunächst mit aufrechtem Körper in die Grätsche gleiten, bis es auf den Innenseiten zieht, Hohlkreuz durch Anspannen der Rumpfmuskulatur vermeiden, nach 20 Sekunden nach vorne vorbeugen, um andere Anteile der Adduktorengruppe zu dehnen, möglichst mit den Händen abstützen, um den Rücken zu schonen.

Hüft- und tiefe Gesäßmuskulatur

Ausgestreckt auf dem Rücken liegend ein Bein anwinkeln, am Fußgelenk und Knie ergreifen und seitlich zur gegenüberliegenden Schulter ziehen, das Knie sollte dabei im rechten Winkel und das andere Bein gestreckt bleiben, das Becken liegt flach dem Boden auf. Diese Übung dehnt vor allen Dingen auch Ihren Piriformismuskel, der verkürzt ischiasartige Beschwerden verursachen kann.

Brustmuskulatur

Sie stehen mit beiden Beinen neben einem Baum oder Türrahmen und lehnen den Arm hinter dieses Widerlager, ohne es festzuhalten. Nun gehen Sie mit dem Bein derselben Seite einen Schritt nach vorne und schieben Schultern und Brust vor. Sie spüren bei richtiger Ausführung die verkürzten Brustmuskeln. Sie können die Übung durch unterschiedliche Höhe, wo Sie den Arm anlehnen, variieren. Sie dehnen damit andere Anteile dieses breiten Muskels. Die Übung verbessert die Armhaltung beim Laufen.

DAS KRÄFTIGUNGSPROGRAMM

Sie setzen beim Kräftigen nur Ihr Körpergewicht ein und brauchen keine Geräte. Anders als beim Dehnen müssen Sie die Übungen nicht unmittelbar nach dem Lauf durchführen. Eine ideale Unterlage wäre Rasen, Teppich, ein Handtuch oder eine Matte. Sie sollten sich vorher ein wenig aufwärmen und dabei zur Not auf der Stelle tippeln.

So kräftigen Sie richtig

Um einen Kraftzuwachs zu erreichen, gehen Sie vorsichtig bis an Ihre individuelle Erschöpfungsgrenze. Sie müssen sich kurzzeitig intensiver bis in den roten, anaeroben Bereich belasten. Es ist für Frauen zum Training der Kraftausdauer besser, etwas weniger Gewicht aufzulegen und eine höhere Wiederholungszahl anzustreben. Beispiel: Frauen machen Liegestütze mit den Knien am Boden, während Männer die Arm- und Schulterpracht intensiver von den aufgestützten Füßen stählen.

Die Kräftigungsübungen sollten Sie wegen ihrer höheren Belastung nur zwei- bis dreimal pro Woche durchführen, am besten an Zwischentagen oder nach lockeren Läufen. Machen Sie bei allen Übungen mehrere Wiederholungen, wechseln gegebenenfalls die Seiten ab und lockern dazwischen die Muskulatur durch Ausschütteln oder Massieren. Halten Sie während der Übungen nicht die Luft an. Bei den meisten Kräftigungsübungen können Sie die Endstellung entweder halten oder dynamisch etwa im Sekundentakt wippen.

Bauchmuskulatur

Sie winkeln in Rückenlage die Beine an und lassen diese aber entspannt. Nun heben Sie nur die Schultern von der Unterlage und halten diese Position oder wippen mit den Armen nach vorne gestreckt links, zwischen und rechts neben die Beine und zurück. Die Lendenwirbelsäule soll rückenschonend flach am Boden bleiben. Sie können mit den Händen den Nacken abstützen, aber dabei nicht den Oberkörper am Kopf hochziehen.

Rückenmuskulatur

Aus dem Vierfüßlerstand heben Sie diagonal den linken Arm und das rechte Bein, also nicht Arm und Bein derselben Seite, in die Waagerechte. Halten Sie diese Position bis zur Ermüdung und nehmen sich dann die andere Seite vor. Sie sollten dabei das Becken nicht seitlich hochdrehen. Schauen Sie bei der Übung nach unten.

Oberkörper- und Armmuskulatur

Zur Kräftigung der Vorder- und Rückseiten des Oberkörpers, Schulterbereichs und der Armmuskulatur können Sie Liegestütze in zwei Varianten durchführen. Diese Übung wird normalerweise dynamisch ausgeführt, wobei Sie den gestreckten Körper nach unten schauend zur Unterlage absenken, ohne diese zu berühren. Einsteigerinnen oder Übergewichtige sollten sich zunächst mit den Knien aufstützen. Wenn Sie mehr Kraft haben, können Sie auch die normalen »Männerliegestütze« auf Fußspitzen und Händen trainieren.

Seitliche Rumpfmuskulatur

Sie legen sich auf die Seite und stützen sich mit dem Unterarm flach auf dem Boden ab. Der Körper ist gestreckt wie ein Lineal. Nun heben Sie die Hüfte vom Boden ab und gehen in den Seitstütz. Halten Sie diese Position eine Weile (Foto oben). Wenn Sie noch nicht so kräftig sind, sollten Sie zur Vereinfachung das obere Bein vor dem Körper aufsetzen (Foto unten). Dadurch nehmen Sie etwas Gewicht aus der Übung. Auch diese Kräftigung können Sie dynamisch durchführen, indem Sie das Becken anheben und wieder ablegen.

Oberer Rücken, Muskeln zwischen den Schultern

Stellen Sie sich eine Fußlänge entfernt von einer Wand auf und lehnen sich mit den Schultern dagegen. Je weiter Sie von der Wand wegstehen, desto schwerer wird die Übung. Heben Sie seitlich die Oberarme, bis sie einen rechten Winkel zum Oberkörper bilden. Nun stemmen Sie den gerade gestreckten Körper dynamisch mit den Ellenbogen von der Wand ab. Sie sollten die Arme dabei nicht absinken lassen. Diese Übung wirkt gegen einen Rundrücken und verbessert außerdem die Armhaltung beim Laufen.

Bauch-, Rücken- und rückwärtige Oberschenkelmuskeln

In Rückenlage winkeln Sie ein Bein an, das andere ist gestreckt. Heben Sie Becken und das gestreckte Bein in eine gerade Linie. Diese Position halten oder dynamisch ausführen. Haben Sie noch wenig Kraft, winkeln Sie beide Beine an und heben das Gesäß an, bis der Oberkörper eine gerade Linie mit den Oberschenkeln bildet.

ALTERNATIVES TRAINING

Gut in Form bleiben

Damit Sie beim Fitnesslaufen oder Walking nicht den Spaß verlieren, sollten Sie besonders auch in der kalten Jahreszeit gelegentlich weitere Trainingsalternativen einplanen. Das erhält Ihre Vielfältigkeit, Beweglichkeit, Kraft und Geschicklichkeit und dient außerdem der intensiven Entspannung.

Nur Laufen ist zu einseitig. Üben Sie doch auch mal in einem guten Fitnesscenter.

Ergänzungs- oder Crosstraining

Abnehmwillige profitieren über das Lauf- und Gymnastikprogramm hinaus von zusätzlichen Bewegungseinheiten. Das kann mal ein Spaziergang, Treppensteigen statt Lift oder auch mal wieder Tanzen sein. Vielleicht könnten Sie den Weg zur Arbeit ganz oder teilweise zu Fuß oder mit dem Fahrrad zurücklegen?

Je nach Neigung könnten Sie auch inlineskaten, rudern, Aerobic und Spielsportarten als sogenanntes Crosstraining für die Ausdauerfitness und zur Erhöhung des Kalorienverbrauchs einsetzen. Auch eine gelegentliche Bergwanderung in sauerstoffärmerer Höhenluft ist ein prima Fitnesstraining. Legen Sie sich einfach einen aktiveren Lebensstil zu.

Indoortraining im Winter

Im Spätherbst, wenn die dunkle und kalte Jahreszeit beginnt, hören viele mit dem Training auf. Wenn Sie sich im Winter jedoch mit viel Willensstärke durchbeißen, verlieren Sie Ihre wertvolle Fitness nicht, die Muskeln bauen nicht ab, und Sie starten ohne die überflüssigen Pfunde bereits in den Frühling.

Auch in der dunklen Jahreszeit ist ein Ergänzungs- oder Alternativtraining möglich. Im Hallenbad könnten Sie abends schwimmen oder beim Aquajogging mit einem

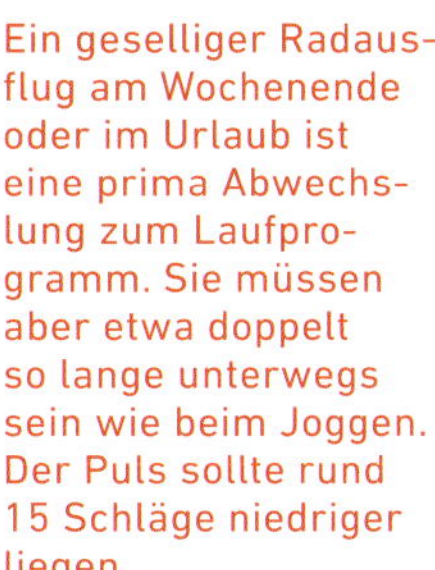

Ein geselliger Radausflug am Wochenende oder im Urlaub ist eine prima Abwechslung zum Laufprogramm. Sie müssen aber etwa doppelt so lange unterwegs sein wie beim Joggen. Der Puls sollte rund 15 Schläge niedriger liegen.

Auftriebsgurt im Wasser laufen. Im Sportverein wird oft ein Hallentraining angeboten. Mit Spielsportarten schulen Sie Ihre Ausdauer, Geschicklichkeit und Reflexe. Joggen auf dem Laufband, eine Rudermaschine oder Spinning ohne Hetzcharakter sind im Fitnessstudio eine gute Alternative.

Fit zu Hause

Wenn Sie sich selbst ein zusammenklappbares Laufband oder Fahrradergometer anschaffen, könnten Sie dabei zu Hause sogar Ihre Kleinkinder beaufsichtigen oder vor dem Fernseher üben. Vielleicht gibt es im Fernsehen etwas Motivierendes im Sportkanal? Selbst Seilspringen auf der Stelle könnte man auf kleinstem Raum einplanen.

Radfahren als Alternative

Radfahren ist fast ganzjährig geeignet, allerdings erfordert es für den gleichen Trainingseffekt und Kalorienverbrauch etwa doppelt so lange Übungszeiten wie das Laufen, da man einen Teil mit Inaktivität beim Rollen verbringt. Der Sattel trägt das Körpergewicht, und die Beinmuskeln arbeiten fast allein. Die Pulswerte sollten daher im Vergleich zum Laufen um rund 15 Schläge niedriger liegen. Treten Sie nicht zu schwere Gänge. Sie könnten bei schönem Wetter natürlich einzelne Laufeinheiten durch Radfahren ersetzen. Wer halbwegs fit ist, kann auf dem Rad orthopädisch schonend viele Stunden im Grundlagenausdauerbereich fahren und die Gegend erkunden oder mit Freunden eine schöne Radwanderung unternehmen.

Übrigens: Sattel, Lenker und Rahmen sollten vom Fachmann richtig auf Sie eingestellt sein. Fahren Sie auch nie ohne Fahrradhelm!

RICHTIG ERHOLEN

Regenerieren und Entspannen

Trotz aller guten Vorsätze bleibt im Training vor allem bei Übergewichtigen der Bewegungsapparat die Schwachstelle. Wie in der Steinzeit lernen wir an Versuch und Irrtum, wie viel die Knochen letztlich aushalten. Umso wichtiger sind die richtigen Maßnahmen zur Regeneration der beanspruchten Systeme.

Kaltes Wasser und Sauna

Wechselduschen, kaltes Abbrausen der Beine und Gehen in kaltem Wasser sind eine wirkungsvolle Maßnahme zur Steigerung der Durchblutung. Optimal ist auch Schwimmen in warmem Wasser eines Thermalbades. Auch Wannenbad oder Sauna wirken nach dem Training entspannend auf Körper und Seele. In der Sauna schwitzen Sie viel Wasser, Mineralstoffe und Umweltgifte aus. Diese Gewichtsabnahme ist natürlich kein Fettabbau, und Sie sollten das Defizit hinterher unbedingt mit Mineralwasser auffüllen. Kalte Güsse nach den Saunagängen stärken ebenfalls Kreislauf, Immunsystem und die Durchblutung der Muskeln.

Massage und Schlaf

Nach einer sportlichen Belastung ist eine Massage eine Wohltat für die verspannten Muskeln. Durch Streichen, Kneten, Walken und Reiben werden die Regeneration angeregt und Verhärtungen abgebaut. Nach dem Training erfährt aber nicht nur der Körper eine Streicheleinheit und Zuwendung, denn ein guter Masseur versteht es nämlich, auch die Seele zu massieren.

Man erholt sich natürlich ebenfalls im Schlaf, und der sollte nicht zu kurz kommen, denn über Nacht regenerieren im Körper alle Energiesysteme, Enzyme, Botenstoffe – und die Muskeln werden repariert.

Verletzungen vermeiden

Walking ist kaum verletzungsanfällig, und selbst Laufen ist vernünftig betrieben keine Risikosportart. Zahlreiche Verletzungen resultieren aus Unvernunft und falschem Ehrgeiz. Wenn Sie vorausschauend Ihr Training planen und die häufigsten Trainingsfehler und Ursachen für Verletzungen vermeiden, können Sie viele Jahre lang mit Spaß laufen.

Der Körper will uns mit Schmerzen signalisieren, dass etwas schiefläuft. Leider wird oft weitergelaufen, bis es nicht mehr geht. Statt mit Schmerzmitteln die Symptome zu betäuben, wäre es natürlich besser, die Ursachen zu finden und abzustellen. Die wichtigsten Verletzungsursachen sind:

- Übergewicht, daher ist Walking zu Beginn oft besser
- Unerkannte Fuß- und Beinfehlstellungen
- Falsches Schuhwerk
- Kein Warmlaufen
- Zu hohes Trainingstempo
- Training zu rasch gesteigert
- Zu harter, schiefer oder unebener Untergrund
- Mangelnde Gymnastik
- Ernährungsfehler

Steigern Sie weder Intensität noch Umfang des Trainings zu abrupt. Lassen Sie Ihrem Körper immer Zeit, sich an ein neues Belastungsniveau zu gewöhnen. Wenn Sie jahrelang keinen Sport getrieben haben, erwarten Sie kein Wunder in zwei Wochen! Ein dauernd überforderter Körper kann sich nicht anpassen.

Sie können durch rechtzeitiges Reagieren auf die ersten Alarmsignale des Übertrainings, wie erhöhter Ruhepuls, Verspannungen und Abgeschlagenheit oder, schlimmer, Schmerzen am Bewegungsapparat langwierige Überlastungsschäden verhindern. Reagieren Sie gleich am ersten Tag auf eine Verletzung, nicht erst nach Wochen, wenn das Problem bereits chronisch geworden und oft alles zu spät ist.

Warmlaufen und nicht hetzen

Laufen Sie sich zu Beginn des Trainings immer ein paar Minuten langsam warm, um den Stoffwechsel und die Durchblutung anzukurbeln. Die Muskulatur ist anfangs steif und bei sofortiger hoher Belastung sehr verletzungsanfällig. Die Gelenke werden geschmiert, und die Erhöhung der Körpertemperatur beschleunigt die Stoffwechselreaktionen. Die Muskeln werden leistungsfähiger.

Zur sportlichen Anspannung gehört auch die Entspannung wie beim Relaxen in der Sauna.

Rund drei Viertel aller Läufer rennen im Training zu schnell. Je flotter Sie laufen, desto höher belasten Sie den Bewegungsapparat; das gilt natürlich insbesondere für Übergewichtige. Außerdem werden die notwendigen Erholungszeiten erheblich verlängert. Sie betreiben Raubbau und nicht Aufbau.

PECH gehabt – was tun?

Sollte trotz aller Vorsicht etwas schiefgegangen sein und Sie spüren Schmerzen am Knie, an der Achillessehne, am Schienbein oder Sie haben sich den Fuß verstaucht, so haben Sie Pech gehabt. Das Wort PECH steht eigentlich für die Merkregel der Sofortmaßnahmen: »P« für Pausieren, »E« für Eisbeutel, also rasche, durchblutungsfördernde und schmerzlindernde Kühlung. »C« steht für C(K)ompression und »H« für Hochlagern zur Verhinderung und zum Abfluss einer Schwellung. Kühlen Sie die gereizte Stelle mit Eiswürfeln in einem Wasserbeutel für zehn Minuten. Legen Sie unter Kältepacks immer einen feuchten Lappen, um Hautverbrennungen zu vermeiden. Oft hilft ein Fußbad in Eiswasser. Beginnen Sie damit schon beim ersten Verdacht einer Überlastung. Kühlen Sie immer nach dem Training. Vorher kann Aufwärmen mit einem Heizkissen oder Infrarot sinnvoll sein. Joggen Sie weniger und langsamer oder steigen vorübergehend auf Radfahren, Walking oder Schwimmen um. Sollte es etwas Schlimmeres sein, so erkundigen Sie sich nach einem sporterfahrenen Orthopäden beim Verein, Lauftreff oder im Sportfachgeschäft.

Bei Fieber nicht laufen

Wenn die Körpertemperatur erhöht ist, muss mit dem Training pausiert werden, da sonst eine Herzschädigung durch eine Herzmuskelentzündung auftreten kann. Bleiben Sie also vernünftig und laufen Sie bei Fieber nicht. Wie lange es dauert, bis Sie wieder Ihr Training aufnehmen

Bei kleinen Wehwehchen helfen Entlastung und Kühlen. Reagieren Sie gleich bei den ersten Anzeichen!

können, hängt von der Schwere und Art Ihrer Erkrankung ab. Ihr Ruhepuls und der Körper sagen es Ihnen, wenn Sie nur in sich hineinhören. Regelmäßig Sporttreibende haben in der Regel ein gutes Körpergefühl. Haben Sie nur eine leichte Erkältung ohne Fieber, können langsame und kürzere Läufe absolviert werden.

Seitenstechen – bremsen!

Seitenstiche treten bei Einsteigern häufig auf. Das hat verschiedene Ursachen: zu viel, falsch oder zu spät gegessen und getrunken? Sie sollten nur leicht verdauliche Nahrung vor dem Laufen essen, z. B. eine Banane eine Stunde vorher. Trinken Sie nicht zu viel auf einmal!

Sind Sie zu schnell losgelaufen? Das Blut wird ruckartig von den Eingeweiden aus der Milz, Leber und dem Darm in die Beine abgezogen. Wer schon länger läuft, optimiert diese Blutumverteilung. Wenn Sie zu schnell laufen und außer Atem sind, kann es zu einer vorzeitigen Ermüdung und Verkrampfung des Zwerchfells, des stärksten Atemmuskels, kommen. Auch die Aufhängebänder des Darms im Bauchraum können durch die Erschütterungen beim Laufen gereizt sein. Laufen Sie bei Seitenstechen sofort langsamer. Außerdem hilft es, die schmerzenden Stellen mit der Faust zu drücken und zu massieren.

Muskelkater bei Überforderung

Ungewohnte hohe und neuartige Belastungen, zu schnelles, zu langes oder bergab führendes Laufen führen zu Muskelkater. Starker Muskelkater ist ein Zeichen von zu hartem Training und ungenügender Vorbereitung. Leichter Muskelkater ist dagegen eine unangenehm kribbelnde Begleiterscheinung eines natürlichen Anpassungsprozesses an eine neue Anforderung. Er tritt oft erst ein bis zwei Tage nach dem Training auf.

Muskelkater kommt nicht von Übersäuerung, sondern in den Muskeln wurden feinste Fasern beschädigt. Diese sogenannten Mikrotraumen erfordern zum verbesserten Faseraufbau einige Tage Zeit, in denen Sie zur aktiven Erholung langsam laufen, schwimmen oder Rad fahren sollten.

Blasen und blaue Zehennägel

Durch Reibung im falschen oder neuen Schuh, an der Einlage oder an faltenwerfenden Socken kann die Haut gereizt werden. Als Reaktion bildet sich eine Flüssigkeitsansammlung darunter. Werden Gefäße verletzt, so entsteht eine Blutblase. Laufen Sie neue Schuhe und Einlagen erst mit kürzeren Läufen ein. Besorgen Sie sich elastische Synthetiksocken, die keine Falten werfen. Reiben Sie die Füße mit Vaseline ein, um die Scherkräfte zu vermindern.

Geschlossene Blasen können Sie vorsichtig mit einer ausgeglühten Nadel punktieren und ausdrücken. Lassen Sie die obere Hautschicht zum Schutz daran. Vorher sollten Sie den Hautbezirk mit Alkohol desinfizieren und nachher steril abdecken. In schweren Fällen gehen Sie zum Arzt.

Blaue Zehennägel kommen von zu engen, zu kurzen Laufschuhen, aber auch durch Anstoßen beim Bergablaufen. Bei längeren Läufen verlängert sich der Fuß durch Absinken des Längsgewölbes. Der Fuß schwillt zudem an heißen Tagen an. Das macht wieder deutlich, wie wichtig die Auswahl eines guten Laufschuhs ist, der kein auf die Schnelle gekauftes Billigmodell sein darf!

SACHREGISTER

A bis Z

REZEPTREGISTER

A bis Z

DR. WOLFGANG FEIL

Die Dr. Feil Stoffwechselkur

Von einem aktiven Stoffwechsel profitieren Sie gleich doppelt: Ihr Körper wird unabhängig von Kohlenhydraten und greift im Alltag und sogar im Schlaf stattdessen verstärkt auf Fettreserven zurück. So erreichen Sie ganz nebenbei und wie von selbst Ihr Wunschgewicht.

Deshalb mein Tipp: Aktivieren Sie Ihren Stoffwechsel!

Die Grundlage hierfür ist immer eine Verbesserung Ihrer Ernährung: weniger Kohlenhydrate, viel Eiweiß und gute Fettsäuren sowie viele Nährstoffe, die die Fettverbrennung richtig ankurbeln. Wie Sie aus dem vorliegenden Buch wissen, zählen hierzu besonders die Nährstoffe Chrom, Magnesium, Zink und Bor.

Leider sind genau diese Nährstoffe aufgrund intensiver Landwirtschaft und industrieller Verarbeitung nicht mehr ausreichend in unseren Lebensmitteln enthalten. Somit reicht eine Ernährungsumstellung allein kaum mehr aus, um die Fettverbrennung schnell und nachhaltig zu aktivieren. Auch Abnehmversuche, die nur auf Sport und Bewegung setzen, können den Nährstoffmangel nicht ausgleichen.

Meine Lösung: Um Ihre Nährstoffspeicher wieder aufzufüllen und Ihre Fettverbrennung endlich auf Hochtouren zu bringen, habe ich die Dr. Feil Stoffwechselkur entwickelt. In nur 10 Tagen schaffen Sie so ein Nährstoff- und Stoffwechselniveau, für das andere bis zu drei Monate benötigen.

Melden Sie sich an, Sie werden begeistert sein!

Jetzt anmelden: https://allsani.com/stoffwechselkur.html

Viele weitere Tipps zum Stoffwechsel erhalten Sie außerdem in meinem kostenlosen, siebentägigen E-Mail-Kurs. Hier können Sie sich zum Kurs anmelden: https://dr-feil.com/kursanmeldung/stoffwechsel

HERBERT STEFFNY

Laufseminare

Mit diesem Buch haben Sie bestimmt viel gelernt und Lust bekommen, endlich mit mehr Bewegung, Laufen und Ernährungsumstellung anzufangen. Doch nicht Wissen, sondern Handeln ist Macht! Wir helfen Ihnen beim Einstieg, damit gleich zu Beginn nichts schiefläuft und Ihre Laufkarriere nicht vorzeitig endet. Wenn Sie bereits laufen können, so vertiefen wir Ihre Vorkenntnisse und bringen mehr System in Ihr Training.

Für Genussläufer

Herbert Steffny und sein erfahrenes Expertenteam veranstalten bereits seit 1989 über das ganze Jahr Lauf- und Walkingseminare im herrlichen Schwarzwald, aber auch Laufurlaube und -wochen im In- und Ausland. Einsteiger und Fortgeschrittene lernen dabei in lockerer und familiärerer Atmosphäre in Theorie und Praxis alles Wichtige rund ums Laufen. Wir sind vollkommen unabhängig und nicht industriegesteuert. Hintergrundwissen und Know-how werden von uns nur aus erster Hand vermittelt. Dazu gehören fachkundige, aber auch für Laien verständliche Vorträge und Workshops zu Motivation, Training und Ernährung, Abnehmen und Gewichtsmanagement, individuelle Beratung, Dehnungs- und Kräftigungsübungen, Faszientraining und Rückenschule, Laufstilanalyse, Lauf-ABC, Herzfrequenz-, Laktatmessung und natürlich Lauftreffs in Gruppen vom Walking bis zum Marathonläufer. Einsteiger sind bei uns willkommen!

Herbert Steffny leitet selbstverständlich persönlich die Seminare. Aber auch der Genuss bleibt nicht auf der Strecke. In unseren Kursen gilt das Motto: »Laufen, Genießen, Entspannen!« Unsere Partnerhotels in schönster Urlaubslandschaft verwöhnen Sie neben dem Seminar mit herrlichen Wellness-, Sauna- und Fitnessangeboten. Natürlich achten wir auch auf vollwertige, gesunde und schmackhafte Küche für Gourmetläufer. Ausführliche Infos finden Sie im Internet unter www.herbertsteffny.de.

LITERATUR

Feil, W./Grandjean, W./Feil, F.: LAUF DICH GESUND. Forschungsgruppe Dr. Feil. Tübingen, 2. Auflage 2018

Feil, W./Feil, F./Homburg, T.: Die F-AS-T Formel 4.0. Was erfolgreiche Sportler anders machen. Forschungsgruppe Dr. Feil. Tübingen, 2. Auflage 2019

Feil, W./Brüderlin, U./Feil, F.: Die Dr. Feil Strategie. Arthrose und Gelenkschmerzen überwinden. Forschungsgruppe Dr. Feil. Tübingen 2018

Kasper, H.: Ernährungsmedizin und Diätetik. Urban & Fischer Verlag. München, 12. Auflage 2014

Mateljan, G.: The world's healthiest foods. George Mateljan Foundation. Seattle 2007

Steffny, H.: Das große Laufbuch. Südwest Verlag. München, 9. Auflage 2019

Steffny, H: Optimales Lauftraining. Südwest Verlag. München, 3. Auflage 2020

Steffny, H./Pramann, U./Doll, C.: Perfektes Lauftraining – Das Ernährungsprogramm. Südwest Verlag. München, 4. Auflage 2008

Steffny, H.: Walking, Nordic Walking. Südwest Verlag. München, 5. Auflage 2004

Watzl, B./Leitzmann, C.: Bioaktive Substanzen in Lebensmitteln. Hippokrates Verlag. Stuttgart, 3. Auflage 2005

Zimmermann, M./Schurgast, H./Burgerstein, U.: Burgersteins Handbuch der Nährstoffe. Haug-Verlag. Stuttgart, 12. Auflage 2012

Internetadressen/Bezugsquellen

Aktuelle Gesundheitsthemen, Ernährungs-Blog sowie weitere Ernährungs- und Abnehmtipps: www.dr-feil.com

Walking-, Lauf-, Abnehm- und Ernährungsseminare von Herbert Steffny mit Theorie und Praxis: www.herbertsteffny.de

Mandelmehl, frische Dinkelkeimlinge und Chilibalsam nach Dr. Feil, Scharfmacher®-Gewürz-Blüten-Mischung: www.fit-food-service.com

Nahrungsergänzungen nach Dr. Feil zur Stoffwechselaktivierung und zur Kräftigung der Darmflora: www.allsani.de

Bio-Kokosöl: www.allsani.com

Anregungen zum Tagesmotto – Jahreskalender von Jörg Löhr: www.joerg-loehr.com

Homepage des Bestsellerautors und Internisten Dr. Ulrich Strunz mit dem Motto »Bewegung – Ernährung – Denken«: www.strunz.com

1. Auflage

Hinweise:

Das vorliegende Buch ist sorgfältig erarbeitet worden. Dennoch erfolgen alle Angaben ohne Gewähr. Weder Autoren noch Verlag können für eventuelle Nachteile oder Schäden, die aus den im Buch gegebenen Hinweisen resultieren, eine Haftung übernehmen.

Sollte diese Publikation Links auf Webseiten Dritter enthalten, so übernehmen wir für deren Inhalte keine Haftung, da wir uns diese nicht zu eigen machen, sondern lediglich auf deren Stand zum Zeitpunkt der Erstveröffentlichung verweisen.

Bildnachweis:

Coverfoto: Anke Politt/Südwest Verlag
Innenteil: AdobeStock: 27 (Africa Studio), 33 (Mara Zemgaliete), 37 (dusk), 52 (Robert Kneschke), 56 (Dmytro Panchenko), 59 (bnenin), 62 (matimi) 78 (Maridav), 83 (fotoduets), 89 (Rido), 268 (nenetus), 270 (Flamingo Images), 273 (Criene Images), 290 (bernardbodo); F1online: 55 (Polka Dot); iStock: 98 (Portra), 279 (Nomad), 300 (sanjeri); Polar: 80; Shutterstock: 2 (G-Stock Studio), 10 (RossHelen), 39 (Rido), 45 (olis Images), 46 (baranq), 61, 64, 294 (Jacob Lund), 76 (kikovic), 77 (LStockStudio), 86 (portpoint), 96 (Rodica Ciorba), 291 (Rawpixel.com); Steffny Run Fit Fun GmbH: 7 l., 79, 301; Südwest Verlag: 75 (v*büro Jan-Dirk Hansen), 105, 107, 111, 115, 119, 123, 127, 131, 135, 138, 141, 144, 147, 153, 155 (Maja Smend), 161, 164, 167, 171, 175, 178, 183, 187, 189, 194, 195, 203, 205, 209, 215, 219, 225, 231, 237, 243, 245, 251, 253, 255, 257, 261, 263 (Anke Politt), 285, 286, 287, 288, 289 (Nicolas Olonetzky); Twinkle Images: 293 (Kristiane Vey); ultraSPORTS: 7 r., 14

Projektleitung: Eva Wagner
Bildredaktion: Annette Baur
Redaktion: Nicola von Otto
Korrektorat: Barbara Kohl
Herstellung: Elke Cramer
Covergestaltung: OH, JA! (www.oh-ja.com), München
Coverfoto: Anke Politt/Südwest Verlag
Layout, Satz, DTP: OH, JA! (www.oh-ja.com), München
Litho: Mohn Media Mohndruck GmbH, Gütersloh
Druck & Bindung: Alcione Litotipigrafia S. r.l., Lavis

Printed in Italy

Penguin Random House Verlagsgruppe FSC® N001967
ISBN 978-3-579-09982-8